制胜之道
换个视角看战争

武器装备的命名和外号

师出有名

2

杜东冬 等著

江苏凤凰文艺出版社

图书在版编目（CIP）数据

师出有名：武器装备的命名和外号 / 杜东冬等著 . -- 南京：江苏凤凰文艺出版社，2019.12（2023.3重印）
（制胜之道：换个视角看战争）
ISBN 978-7-5594-4290-1

Ⅰ. ①师… Ⅱ. ①杜… Ⅲ. ①武器装备 – 介绍 – 世界 Ⅳ. ① E92

中国版本图书馆 CIP 数据核字 (2019) 第 272288 号

师出有名：武器装备的命名和外号

杜东冬等 著

出 版 人	张在健
责 任 编 辑	张恩东　汪　旭
装 帧 设 计	观止堂_未　氓
责 任 印 制	刘　巍
出版社地址	南京市中央路165号，邮编：210009
出版社网址	http://www.jswenyi.com
印　　　刷	江苏凤凰通达印刷有限公司
开　　　本	718×1000 毫米 1/16
印　　　张	22
字　　　数	341千字
版　　　次	2019年12月第1版　2023年3月第2次印刷
标 准 书 号	ISBN 978-7-5594-4290-1
定　　　价	498.00元（全七册）

（江苏凤凰文艺版图书凡印刷、装订错误可随时向承印厂调换）

《师出有名》撰写组

主　笔：杜东冬
副主笔：归玉晓　赵大鹏　段文双

撰写者：（以下按姓氏笔画排名）
龙　俊　许　诺　朱学文　陈中华
陈　健　李　龙　李　昶　杨蕃瑞
张向忠　周倩如　林彬彬　郭志超
贾辉锋　程　鹏

总序
TOTAL PREFACE

让青年人爱军事

在新中国成立 70 周年来临之际，江苏凤凰文艺出版社送来了一群年轻人创作的军事丛书《制胜之道：换个视角看战争》，想约我为新书写篇序言。手抚其卷之余，我欣喜地看到，在市场经济与信息时代的浪潮中，共和国 80 后、90 后不仅没有成为"垮掉的一代"，反而更加关心国防、关注军事、关切战争，正在成为国防和军队现代化建设的主力军。

在这个年轻的创作团队中，既有机关参谋、军校教员、基层军官等现役军人，也有地方高校老师、军刊编辑等军事专家。尽管大家天各一方、职业不同，却出于对国防的共同热爱，从五湖四海走到一起来，一手拿笔、一手执枪，重返战场、追思战史、复盘战例、推敲战法，充分体现了当代中国青年一代直面现代战场、打赢未来战争的勇气和胆识。作为一个从军几十年的共和国老兵，特意为这套丛书写几句发自肺腑的推荐语。

军事本来就很精彩，值得悉心品味。自近现代以来，战争与工业文明紧密结合在一起，军事逐渐成为一门科学，战法逐渐成为一门艺术。这套丛书用讲故事的方式，从名将战法、空中作战、传奇海战、武器迭代、战场环境、军队服饰、装备命名等剖面入手，生动呈现了人与战的关系、铁与火的洗礼、生与死的考验、胜与负的转换、钢与硅的结合……绘就了一幅浓墨重彩的战争画卷，把军事斗争的矛盾性、对抗性、科学性、艺术性生动地呈现在读者面前。

军事本来就很传奇，时常引人入胜。《孙子兵法》开篇一句："兵者，国之大事，死生之地，存亡之道，不可不察也。"古往今来，为了打赢战争、消灭敌人，世界各国军人无不在战争中迸发出了最高智慧和最大力量。这套丛书纵横陆海空战场，精心遴选大众普遍关心而又了解不深的交叉选题，写活了出奇制胜的战法技术，解析了涤荡起伏的战局转折，再现了超越极限的战史传奇，还原了经典战例的神韵色彩，是不可多得的精品力作。

军事本来就很有趣，令人忍俊不止。《战争论》的作者克劳塞维茨指出："战争是不确定性的王国。"在与战争有关的军事领域，什么阴差阳错的事情也可能发生，时而充满苦涩，时而可笑无奈。这套丛书跳出了传统军事科普堆砌资料、数字的窠臼，在不失严肃准确的同时，大胆采用启发式行文结构、网络化叙事方式、趣味性语言风格，把幽默风趣的军事素材挖掘出来、让"正襟危坐"的军事叙事轻松活泼起来，努力成就大众喜闻乐见的轻松阅读体验，吸引读者想看、爱看、真正钻进去看。

梁启超先生昔日曾言："少年强则国强；少年雄于地球，则国雄于地球。"当今时代，天下虽安、忘战必危。中华民族要实现伟大复兴，中国军队要成为一流军队，离不开全民国防的支撑，离不开青年人对军事、对战争的关注和热爱。希望更多的青年人通过这套丛书，关心国家安全，支持国防和军队建设，以更多热情擎起父辈的旗帜，推动新时代强军之路，拥抱明天的星辰大海。这也正是这套丛书的创作初衷和价值所在。

是为序。

中国人民解放军国防大学教授　马骏

二〇一九年六月于京

开 篇 词
OPENING WORD

以武器的名义

命名既是一个源远流长的语言学问题,也是一个纷繁复杂的社会学现象。自古以来,人们都非常重视事物的命名。早在春秋战国时期,孔子就提出了"名不正,则言不顺;言不顺,则事不达"的著名论断。《汉书·高帝》也有"兵出无名,事故不成"的典故。

姓名、代号、绰号、外号都是命名的衍生品。尤其是那些名不见经传却又口口相传的绰号、外号,具有非常鲜明的刻画功能和表达评价功能,对人物的描写如同像镜子一样"直接"和"精确"。对于很多人来说,名字可能会被人忘记,但外号却牢牢地印刻在人们的脑海中。《水浒传》中的"黑旋风"李逵、"浪里白条"张顺、"霹雳火"秦明等,直接把人物性格体现到外号别称中。也正因如此,水浒一百单八将的形象在中国民间深入人心。

武器的命名,是人类社会称名行为的延伸。其最初的功能就是标识。近现代以来,为了区别不断增加的各类陆海空武器装备,很多武器都被授以独特的名称,不仅出现了官方规范的代号、型号、编号,还有工厂和民间的昵称、外号。各国在武器装备的命名中,纷纷采用具有本国特色的人物、神话、地名、动物、植物、物品等词汇,从而使各国的政治、军事、民族、历史、文化等特点,不可避免地体现在武器装备的命名中。时而传递的是狂暴酷烈的威慑性,时而表达出春风化雨的艺术性,时而承载的又是厚重悠远的历史性、旗帜鲜明的民族性,成为一种独特的军事符号体系。

本书讲的是武器的命名,介绍的是武器装备命名的分类、由来和反差,反映的是各国军队的历史和轶事,传递的是轻松阅读的军事正能量,浓缩的是军地多所高校集体创作的心血,很多团队成员也是80后、90后军官,是同读者一起走过改革开放40年、迎来新中国成立70年的同龄人。

本书第1、2、3章节由杜东冬撰写,第4、5章节由归玉晓撰写,第6、

7章节由赵大鹏撰写，第8、9章节由段文双撰写，第10章节由杨蕃瑞撰写，第11章节由龙俊撰写，第12章节由李昶撰写，第13章节由程鹏撰写，第14章节由陈中华撰写，第15章节由贾辉锋撰写，第16章节由陈健撰写，第17章节由郭志超撰写，第18章节由张向忠撰写，第19章节由林彬彬撰写，第20章节由李龙撰写，第21章节由朱学文撰写，第22章节由周倩如撰写，第23章节由许诺撰写。

衷心希望我们的这本小书，能给各位读者带来愉悦和欢乐。唯愿岁月静好，我们伴您继续前行。

本书撰写组
二〇一九年六月

目 录
CONTENTS

01 **百思不得其解**

　　——超级"奇葩"的武器命名　　002

02 **城头变幻大王旗**

　　——多次更名的各国军舰　　014

03 **竞相争抢的热词**

　　——被跨国命名的武器名号　　028

04 **你方唱罢我登场**

　　——外军武器装备的袭名现象　　042

05 **消失的号段（上）**

　　——美国战机代号空白　　058

06 **消失的号段（下）**

　　——苏联战机代号空白　　074

07 **"萌萌哒"小号最传神**

　　——官方名称之外的武器俗称　　086

08 **偷鸡摸狗一场空**

　　——二战日军自杀式武器命名　　100

目录

09 **从"达姆弹"到"比基尼"**

　　——炮打响原产地的武器命名　　112

10 **敌人的恐惧是褒奖**

　　——来自战场死敌的武器外号　　124

11 **风雷动变化瞬息间**

　　——以天气命名的武器　　130

12 **复活的军团**

　　——以将帅命名的武器　　142

13 **迷死你不偿命**

　　——以女性命名的武器　　160

14 **我家开了动物园**

　　——以动物命名的武器　　174

15 **目标是星辰大海**

　　——以天体命名的武器　　200

16 **为了忘却的纪念**

　　——以民族命名的武器　　210

17 艺术源于生活

——以物品命名的武器　　　　　　　　**232**

18 最美不过家乡水

——以地名命名的武器　　　　　　　　**262**

19 名字吓死人，性能"渣渣灰"

——那些名不副实的武器　　　　　　　**274**

20 蝎子耙耙独一份

——地域特色鲜明的武器命名　　　　　**288**

21 谁是战争之王

——以设计师命名的武器　　　　　　　**298**

22 三百六十行，行行出状元

——以职业命名的武器　　　　　　　　**312**

23 你是矛来我是盾

——针锋相对的武器命名　　　　　　　**326**

01

百思不得其解
超级"奇葩"的武器命名

每个国家都有为本国武器起名字的固定套路，命名的基本标准之一，是响亮大方、便于识别，有时还要考虑威慑效应。然而，世界各国武器装备中，偏偏起了一些非常奇怪的离谱名字，有的听起来好吃，有的听起来好玩，有的听上去甚至是无厘头，其命名缘由让人啼笑皆非。

武器中的"吃货"

意大利人的"龙虾"。龙虾是中国人餐桌上的最爱之一，无论是"高端大气上档次"的海鲜餐厅，还是夏日街头小巷随处可见的撸串摊位，从来都少不了龙虾的身影。令人吃惊的是，意大利二战后一款海军装备，竟然就以这个吃货命名。而且，意大利海军中的"龙虾"是个舶来品，其源头是英国二战后发展的"Ham"型扫雷艇，在英军中全部以英国境内"Ham"结尾的乡村、城镇来命名，从1953到1960年，英国皇家海军总共建成93艘该艇。意大利海军于1957年引入"Ham"型扫雷艇技术，其本土自造版本命名为"龙虾（Aragosta）级"，主要用于对付近岸、河流、海港等浅流水域的水雷，先后建造

> "龙虾级"扫雷艇是英国"Ham级"扫雷艇的意大利版，英国同型艇"天鹅Ham"号、"威尔Ham"号

> "龙虾级"扫雷艇在英国海军建成很多，查尔斯王子曾经服役过的"布郎宁Ham"号

了20艘，分别编号为M5450～M5469。

"战斗民族"的"甲鱼"。甲鱼是中国人餐桌上的"硬菜"，据说有大补气血的食疗功效，野生甲鱼更是被吹捧上了高价位。出人意料的是，被称为"战斗民族"的俄罗斯也非常好这一口。苏联军队装备最早的一种反坦克导弹，中文译名就叫"甲鱼"。该导弹型号为AT-1，苏军代号为"3M6"，该导弹弹径140毫米，长1160毫米，全重22.25千克，战斗部5.5千克，射程为400米～2500米，采用短圆柱形弹头，头部呈锥形，无鸭式前翼，尾部有"十"字形三角弹翼，翼后有空气扰流片。该导弹自1961年起装备苏军摩托化步兵团属反坦克导弹连，1964年装备华约国家军队，南斯拉夫、埃及、叙利亚和阿富汗等国也均有装备，曾经伴随埃及军队参加过第四次中东战争。"甲鱼"由于导弹体积大、飞行速度慢，且操作不便，在苏军中很快就被小型化的AT-3所取代。

难吃的英国"海参"。海参是一种海洋棘皮动物，在中国人的眼中，是和人参、燕窝、鱼翅齐名的珍品食材，据说有提高记忆力、延缓衰老、防止动脉硬化等功效。但就是这种肉虫一样"人畜无害"的食材，竟然成了英国舰空导弹的命名。20 世纪 50 年代末，随着英国第一款"郡级"导弹驱逐舰的建造，英国海军开始设计发展其配套舰空导弹。英国人先后花了十几年时间，耗资 7000 万英镑，终于开发出了 GWS.1 舰空导弹，命名为"海参"（有时翻译为"海蛞蝓"）。从性能指标看，该导弹采用固态推进器发射、液态燃料发动机续航，战斗全重 2080 千克，长 6 米，内径 420 毫米，翼展 1.44 米，射程却只有 27 千米，飞行速度不足 1 马赫，和同时代美国海军射程 120 千米的"黄铜骑士"导弹相比，简直无法望其项背。更要命的是，"海参"庞大而臃肿，复杂而笨重，再装填速率缓慢，每次仅能对付一个目标，对低空掠海目标基本来不及反应，作战效能实在"感人"。

在 1982 年的马岛战争中，装备"海参"的 3 艘"郡级"防空型导弹驱逐舰，只进行过无制导的威慑性射击，不仅未能帮助友军击中一个来袭目标，3 艘载舰中的 2 艘反倒被阿军击伤，验证了"海参"舰空导弹真是一个彻头彻尾的软体动物。战争结束后，连向来讲究绅士风度英国人也顾不得脸面了，很快就把"郡级"导弹驱逐舰和"海参"踢出了军队，为这个"吃货"的军旅生涯匆匆画上了句号。

> 装备"海参"舰空导弹的英国"郡级"驱逐舰

> "海参"舰空导弹之丑陋，实在令人无力吐槽

坦克中的"百货柜"

在第二次世界大战爆发前一段时间，多炮塔坦克的发展蒸蒸日上，这是各国对坦克构型以及使用战术上所做的尝试。在当时那些"脑洞大开"的设计师眼里，坦克的创意本来就源自陆地巡洋舰，把巡洋舰上安装的多炮塔移植到坦克上，自然是最佳优化联合之选，这种拍脑门的想法，终于造就了二战前的一些奇形怪状的坦克创意。

1925 年，英国的维克斯公司制造出了维克斯 A1E1 "独立"号重型坦克，以此作为突破壕沟的坦克，除了车体中央的炮塔以外还安装了 4 座机枪炮塔，目的是突破壕沟之后可以进行周边扫荡，这种设计震撼了各国的坦克制造业。美国、苏联等国家纷纷加入，竞相追赶这股"多炮塔神教"的发展潮流。

在参考英国独立式重型坦克的设计后，苏联自行设计出了"双炮塔"的 T-26、"三炮塔"的 T-28、"五炮塔"的 T-35 重型坦克并投入量产。T-35 很快作为苏联装甲力量的象征，成为阅兵式上的常客，以向外界展示苏联生产复杂重型坦克的实力。在第二次世界大战爆发前，苏联成为全世界使用多炮塔坦克最多的国家。

但是，在参加过诺门坎战役和苏芬战争的苏军眼中，多炮塔坦克就是个"中看不中用"的样子货——为了安装复数炮塔，导致坦克越造越大，重量直线上升，机动力随之下降，而为了减轻重量，坦克就无法安装厚重装甲。同时，

师出有名：武器装备的命名和外号

> 芬兰装备的"维克斯"B型坦克

> T-35五炮塔重型坦克

> 博物馆中的T-35重型坦克

> 被斯大林喊停的T-100双炮塔坦克

操作人员过多，也给坦克内部指挥带来混乱，内部空间的狭小也造成了维修困难的问题。因此，看似威风凛凛的多炮塔坦克，一上战场就原形毕露，被打成"渣渣"。

尽管如此，在T-35坦克之后，苏联设计师又拿出了下一代多炮塔坦克样车：SMK和T-100，他们都采用了多炮塔设计：一门45毫米副炮在前，一门76.2毫米主炮在后。看着这股"多炮塔"潮流渐行渐远，当时的苏联领导人斯大林不禁提出了质疑："同志们，你们想在坦克里开百货商店么？"在最高统帅的干预下，苏联

> 博物馆中的 M3 "李" 坦克

多炮塔坦克的"不正之风"总算是得到了遏制。

在苏德战争中,以"形象工程"著称的多炮塔坦克进一步暴露出了问题。以 T-35 为例,其平均装甲厚度仅 11 毫米~20 毫米,最厚处也才 30 毫米,难以抵挡当时主流的 37 毫米反坦克炮的攻击。而它搭载的大量火炮和机枪,由于射界受限,无法有效集中火力。结果,这些华而不实的"百货柜"被丢弃在战场的各个角落,变成了德军的战利品。

被苏军嫌弃的不仅是本国的"多炮塔神教",连美国援助苏联的 M3"格兰特·李"中型坦克也在鄙视链之列。该坦克目标高大、装甲薄弱,"奇葩"的主炮位于车体上方,根本无法攻击侧面和后方的敌人。苏联坦克兵在驾驶这种坦克与德军交手时经常吃亏,德军的 50 毫米反坦克炮甚至 37 毫米小口径炮,都能对 M3 坦克的正面装甲造成威胁。驾驶 M3 的苏联红军经常连敌人都没看见,坦克炮塔就被德国人掀翻了。万般无奈之下,苏军给这种多炮塔坦克起了一个外号"七兄弟棺材"。到 1942 年,有了 T-34 坦克的苏军,索性将 M3 全部转入后方二线部队,作为防御机动火力使用。这股"奇葩"的"多炮塔"歪风,总算是彻底终结了。

自带"臭气"的"斯登"冲锋枪

武器界不仅有外表光鲜不好用的样子货,也有样子不好看、"味道不好闻"的丑(臭)家伙。1940 年,敦刻尔克大撤退之后,英国远征军的所有重装备全部扔在了法国海滩上。为了防止德国登陆英伦三岛,英国紧急扩编陆海空三军。对于一支军队来说,凑齐人数只是第一步,给这支队伍配上武器就是迫在眉睫的任务。

为了在最短的时间里给军人配上冲锋枪,英国恩菲尔德兵工厂采取采用简化内部设计和横置式弹匣、开放式枪机、后座作用原理,以及冲压、焊接、铆接等工艺,研发出了低成本、便于大量生产的"斯登"(Sten)冲锋枪。这个官方名字来自该枪的 3 位设计师谢波德(Shepherd)、杜宾(Turpin)和恩菲尔德(Enfield)的字头简写。

正常情况下,批量生产的枪械是没有什么异味的。问题就出在"斯登"(Sten)这个名字上。"Sten"的英文复数形式是"Stens",读起来就与英文中的"恶臭"(Stench)一词非常相似。擅长冷幽默的英国人就给"斯登"冲锋枪起了一个外号——"臭气枪"。

从外观上看,"斯登"冲锋枪确实是够丑的,其造型粗糙简陋,由 47 个零件组成,绝大多数零部件都是冲压而成。不仅枪管是圆的,套筒是圆的,

> 博物馆中的"斯登"式冲锋枪

> 左加拿大女工制造的"斯登"冲锋枪，右"市场花园"行动中手持"斯登"式冲锋枪的英国伞兵

枪托也是圆的，连枪机拉柄也是小圆形，弹匣装上后可充当前握把，简直就是由大小不等的管子攒出来的枪。有人因此调侃"斯登"是"水管工人的杰作"。同时，由于该枪省时省料，造价仅为 10 美元，又有人拿当时美国廉价商品商人伍尔沃思的名字打趣，把"斯登"冲锋枪称为"伍尔沃思玩具枪"——伍尔沃思卖的都是 5 美分～10 美分的小商品。

无论是"臭气枪"也好，"水管枪"也好，还是"玩具枪"也好，都不能抵消"斯登"冲锋枪的低成本优势。英国大型兵工厂、小型的手工作坊都能够生产"斯登"，生产的人手更是包含了妇女、老人和儿童。到了二战末期，连经济困难的德国人都开始仿制"斯登"冲锋枪。

从战术性能看，"斯登"外形纤细不显眼、零件少易拆卸、便于隐藏，非常适合隐蔽战、游击战、丛林战。在整个 20 世纪 40 年代，设计简单、造价低廉的"斯登"式共制造了 400 多万支。该枪不仅大量装备英军等盟国军队，出现在诺曼底登陆取得了不俗的战绩，同时还支援了许多国家的地下反抗组织，成为反法西斯游击队最易于仿制的武器之一。英军中的"斯登"一直使用到了 60 年代。

美国《二次大战武器调查报告》指出："'斯登'冲锋枪在阿伯丁试验场做过试验。对它的责难主要集中在外表难看，不合常规。但是，'斯登'也有很多优点：首先，它是一支威力颇好的武器；其次是成本低；第三是便于迅速大量生产。"这是对"斯登"冲锋枪最中肯的评价。

要命的"芝加哥打字机"

在著名的虚拟游戏《绝地求生》中,很多玩家都喜爱的"汤姆逊"冲锋枪,曾经是第二次世界大战前后的一代名枪。它以射速快、可靠性强而著称;值得一提的是,该枪是先在民间走红之后,才投入军用的,要放在今天,绝对算是一款"网红"级别的神枪。

"汤姆逊"冲锋枪,顾名思义,由约翰·T·汤姆逊将军创办的自动军械公司研发;最初的目的是设计一款类似德国 Mp-18 冲锋枪那样的"堑壕扫帚",以取代已被证明不适合堑壕战的"勃朗宁"自动步枪。在研发设计过程中,放弃了导气式结构,采用了结构简单、运动件少的自由枪机结构,选用了直单筒的点45口径(11.43毫米)大威力手枪弹,第一次让轻武器有了像机枪一样的高射速。

在1919年的自动军械公司董事会会议上,汤姆逊为了与使用步枪弹药的机枪区别,创造了"冲锋枪"(Submachine Gun)术语,最后决定更名为"汤姆逊""冲锋枪",这也是全世界第一款被贴上"冲锋枪"标签的武器。

> 博物馆中的弹鼓式"汤姆逊"M1921(上)和"汤姆逊"弹匣式 M1A1 冲锋枪(下)

"汤姆逊"冲锋枪最早出现在战场上，是在爱尔兰独立战争及随后的爱尔兰内战中。第二次世界大战爆发时，英国、法国紧急向自动军械公司订购了"汤姆逊"冲锋枪，美国后来也为美军和盟国军队采购了不同型号的"汤姆逊"冲锋枪。当然，职业军人和黑帮最大的不同在于，战场上的"汤姆逊"冲锋枪大多是弹匣而不是大容量弹鼓，看似方便的弹鼓携带不便、容易破损，而且经常导致卡弹，简单耐用的弹匣反而更受美军欢迎。二战期间共生产了一百五十多万支军用型"汤姆逊"冲锋枪。

> 使用"汤姆逊"冲锋枪向日军攻击的美国海军陆战队

在《拯救大兵瑞恩》《兄弟连》《风语者》等二战题材的美国大片中，"汤姆逊"冲锋枪已经成为美国大兵的"标配"。同时，具有重要历史纪念价值，今天的"汤姆逊"冲锋枪已经成为收藏家追寻的珍品，一把可正常操作的M1928原型枪昔日造价200多美元，如今在美国的售价超过了2万美元。

M3为何叫作"注油枪"？

M3冲锋枪堪称是美国版的"斯登"冲锋枪，它的诞生，某种程度上要感谢"汤姆逊"冲锋枪。二战一开始时，美军使用的是一战末期研发的"汤姆逊"冲锋枪，但大量装备之后，美军发现"汤姆逊"冲锋枪不仅造价高昂，生产中还大量使用了铣削工艺，物料使用率低、生产速度慢，产量始终提不上去。1942年10月，急于列装冲锋枪的美军公开招标新枪，要求全金属枪身、容易使用，弹药为点45口径的自动手枪子弹，可在只转换少数零件后同时兼容9毫米鲁格弹，拥有与"斯登"冲锋枪一样的强性能和低成本。

一番激烈竞争之后，美国通用汽车公司内陆分部工程师乔治·海德和弗莱德瑞克·桑普森合作研制的T-15型冲锋枪脱颖而出，在当年11月组织的试验测试中，发射5000发子弹只有两次故障，得到95分的高分。1942年底，

师出有名：武器装备的命名和外号

> 早期的 M3 冲锋枪

美军将该枪正式列装为制式武器，命名为"M3 冲锋枪"。

M3 冲锋枪在外形设计上参考了英国"斯登"冲锋枪，机匣是简单的圆筒形，前面接有外露的枪管，伸缩枪托由钢条压成，除了作为肩托外，还可把枪托拆下来，用作清洁枪管的通条。同"斯登"一样，M3 冲锋枪大量使用了冲压部件，连机匣都是由冲压而成的左右各半个机匣焊接而成，复进簧、枪机等零部件全部从机匣前方装入，扳机、阻铁等零件也都是冲压部件，这种简化工艺设计，使它的生产效率超过了以往任何一款冲锋枪。从外型看，M3 冲锋枪非常像当时给汽车注入润滑油（黄油）的润滑油枪，因此也被命名为"注油枪"（Grease Gun），有时也误传为"黄油枪"。

M3 一经投入实战，射击时便于控制，很快就得到了美军士兵的青睐。二战期间，美国共生产了近 60 万支 M3 冲锋枪，大多数的 M3 使用点 45 口径的手枪子弹，还有 2.5 万支 M3 冲锋枪使用 9 毫米鲁格手枪子弹。这些使用 9 毫米鲁格弹的 M3，拥有不同的枪管、枪机和弹匣槽，可以直接使用"斯登"冲锋枪的弹匣，专门提供给欧洲反法西斯地下反抗组织使用。还有一部分 M3，配备了 9 毫米枪弹的口径转换套件，由枪机、枪管和弹匣插入口的弹匣转换套组成，手工组装后也可以发射 9 毫米枪弹、使用英国"斯登"冲锋枪的弹匣。较为特别的是 1000 支 M3 冲锋枪，在枪口上加装了贝尔实验室设计的消音器，以供情报人员使用。

在 1957 年以后，美军收回了大部分的 M3 冲锋枪和改进型 M3A1。但少量装甲车乘员与卡车驾驶员手中的 M3 冲锋枪，一直使用到 20 世纪 90 年代。在 1991 年海湾战争中，还有部分美军工兵驾驶员配备使用 M3A1 冲锋枪。在海外，M3 冲锋枪的服役时间一直持续到 21 世纪。阿根廷军队通过接收美国军援与本土制造，使用过一部分 9 毫米版本的 M3 冲锋枪，曾在英阿马岛战争中投入使用。菲律宾海军陆战队因经费不足，对库存的 M3 冲锋枪进行改造，以满足特种部队低分贝作战要求，2004 年，菲军手中 M3 冲锋枪加装了消音器与红外瞄准镜，成为老枪新用的成功典范。看来，"注油枪"果然和润滑油一样好用。

> 1944 年 8 月在法国战场使用 M3 冲锋枪的盟军士兵

> 至今仍装备 M3 冲锋枪的菲律宾军队

02 城头变幻大王旗
多次更名的各国军舰

舰名是军舰身份的象征。一般来说,一艘军舰在正式命名之后,它的舰名都是固定的,不会中途进行变更。然而,凡事总有例外,由于军舰出售、赠送、赔偿等原因,有些军舰下水时的舰名和退役后的舰名却是前后不一致的,在这些舰名变更的背后,隐藏着许多历史的悲喜剧。

战败与迷信

斯大林曾经说过一句名言:"胜利者是不需要被指责的。"这句听上去非常霸气的话,其实强调的是胜利者对历史的主导权和话语权。具体到军舰命名领域,战争结束以后,战败者的残存军舰,一般都会沦为对手的战利品。而对敌人的军舰重新进行命名,往往也是胜利一方"赢者通吃"的特权。比如,二战结束后,意大利曾将"凯撒"号战列舰作为战争赔偿移交苏联,苏联人

> "凯撒"号战列舰是意大利海军"加富尔公爵级"的2号舰,其姊妹舰"加富尔公爵"号战列舰

> 美国海军"洛杉矶级"攻击型核潜艇

将其改名为"新罗西斯克"号。

战争胜负带来的军舰易主,是舰名变更的不可抗拒因素。但也有一些国家的军舰在服役期间,就因为某些特殊的原因,对舰名做出了调整修改。比如,1899年,英国海军首次在"蝮蛇"号驱逐舰上安装了蒸汽涡轮机,在试航中跑出了36节高航速。"蝮蛇"的2号、3号姊妹舰原计划命名为"眼镜蛇"号、"大蟒"号。谁也没想到的是,首舰"蝮蛇"号在服役18个月后突然失事,2号舰"眼镜蛇"也在不久后拦腰折断、沉入大海。尽管这两次事故没有什么必然联系,英国海军却迷信起来,认为用蛇名给军舰命名不吉利。结果是第三艘军舰"大蟒"号改名为"维洛克斯"号。英国海军也从此"一朝被蛇咬,十年怕井绳",

015

再也不用蛇类命名军舰。

导致军舰中途更名的，还有宗教文化因素。美国"洛杉矶级"核潜艇中的SSN-705最初命名为"科珀斯克里斯蒂"号，结果，美国第97届国会通过了一项反对海军舰艇命名决定的动议，认为"科珀斯克里斯蒂"虽然是地名，但在拉丁语系中又被解释为耶稣的"圣体"，SSN-705有可能因此被误读为"圣体"号。按照美国海军的命名规则，类似带有宗教神话色彩的舰名，只能用在非杀伤性的舰船头上。而SSN-705号核潜艇作为攻击型舰艇，必须重新命名。在国会的强烈要求下，美国海军1982年5月10日变更了SSN-705的舰名，改名为"科珀斯克里斯蒂城"号，巧妙地规避了舰名和翻译的冲突。

时局变迁的悲喜剧

军舰半路改名最多的，是苏联在二战后建造的9艘航空母舰，其中4艘都出现了中途改名的情况，有的甚至三番四次改名，还有2艘名字虽然没有变，却直接远走他乡、更换门庭，折射出苏联从时局变迁到政局动荡的时代缩影。

中规中矩——前2艘：1123型直升机航母有时也被称为"1123型反潜巡洋舰"，先后于1967年、1968年服役，分别用苏联重要城市"莫斯科"和"列宁格勒"命名，没有政治风险。2舰均效力于黑海舰队，苏联解体后先后退役。黑海造船厂因建成这2艘航母，被授予"十月革命"勋章。

> 苏联红海军"列宁格勒"号直升机航母

> 苏联红海军"明斯克"号航母，2000年改为海上主题公园

化剑为犁——3、4艘：第2级1143型首舰命名为"基辅"号，以乌克兰的首都命名，1970年7月21日在黑海尼古拉耶夫造船厂开工建造，1972年12月26日下水，1977年2月，正式移交苏联海军。"基辅"号的姊妹舰"明斯克"号于1972年12月28日开建，1975年9月25日下水，1978年9月27日移交军方后，被编入黑海舰队第30反潜总队服役。1979年调入远东方向，成为苏联太平洋舰队旗舰，主要在太平洋执行任务。日本人久留岛龙夫描述美苏第三次世界大战的科幻小说就叫《"明斯克"号出击》。

猛拍马屁——第5艘："基辅级"的3号舰最早名叫"巴库"号，在国防部长格列奇科的点拨下，改名为"新罗西斯克"。从城市的重要性看，巴库是苏联加盟共和国阿塞拜疆的首都，非常符合苏联航母的命名传统；新罗西斯克位于黑海畔，虽说是著名的港口和工业城市，但无论如何也不可能同巴库相比。然而，鲜为人所知的是，时任苏共总书记的勃列日涅夫，苏德战争时期担任过苏联红军18军政治部主任，参加过新罗西斯克战役，他一直以此引以为傲，念叨了整整一辈子。在后来以勃列日涅夫名义出版的自传小说《小

> 苏联红海军"新罗西斯克"号航母

地》里,更是对这段战斗经历做了浓墨重彩的描述。因此,巴库的政治经济地位再重要,也不可能同比总书记战斗过的地方相抗衡。然而,"新罗西斯克"的舰名并未给这艘航母带来太多好运气,该舰1982年服役于苏联太平洋舰队,苏联解体后,经济恶化的俄罗斯无力承担航母运营开支,该舰仅仅服役10年时间,就在1993年退役,1996年被韩国大宇集团拆解。

进军南亚——第6艘。该舰撑起了"巴库"号的舰名,于1978年12月在位于黑海的尼古拉耶夫造船厂安放龙骨,1982年4月17日下水,1988年6月进入苏联海军服役;1991年苏联解体后,进入俄罗斯海军服役的"巴库"号重新命名为"戈尔什科夫海军元帅"号,该舰继续又服役了3年。直到1994年2月机舱发生意外爆炸,随后便拖到位于摩尔曼斯克的北方舰队造船厂整修,于1995年重新下水。由于俄罗斯经济匮乏、无力维持,该舰在1995

> 苏联红海军"巴库"号航母,苏联解体后改名为"戈尔什科夫海军元帅"号

城头变幻大王旗 | 多次更名的各国军舰

> "戈尔什科夫海军元帅"号2014年转交印度海军后，改名为"超日王"号

年8月1日宣告除役。1999年1月，印度与俄罗斯开始商谈交易条件，2004年卖给印度并展开改造工程，2013年11月16日交付印度海军，改名为"超日王"号。

　　百般折腾——第7艘。这艘航母最开始的名字是"苏联"号，一个月后停工，设计大改后再次开工，排水量增加10000吨，设计方案改名为1143.5，舰名也改为"里加"号，里加是拉脱维亚的首都。1982年11月，苏共中央委员会总书记勃列日涅夫在任上去世，16天后，"里加"号改名为"列昂尼德·勃列日涅夫"号。"勃列日涅夫"号航母改回了地名，但原先的"里加"号已经没法用了，因为这个名字已经授予了姊妹舰（1143.6），于是它的舰名变成了"第比利斯"，用了苏联加盟共和国格鲁吉亚首都的名字。然而，事情还不算完。1991年红色帝国开始分崩离析，4月9日，格鲁吉亚赶在苏联解体之前宣布独立，一天后，苏联海军将"第比利斯"号改名为"库兹涅佐夫海军元帅"号，开始了以重要海军将领命名航母的新传统。这艘五易其名的航母，成为苏联解体后俄罗斯唯一能出动的航母，长期维护保养不善，在叙利亚战争中还曾冒着黑烟披挂上阵，被西方媒体调侃为"不用雷达都能发现"，俄

> 苏联红海军"第比利斯"号航母，后改名为"库兹涅佐夫海军元帅"号

城头变幻大王旗 | 多次更名的各国军舰

> 冒着黑烟的"库兹涅佐夫"号航母

> 俄罗斯海军成立 300 周年纪念邮票上的"库兹涅佐夫"号航母

罗斯网友也自嘲为"纤夫拉着的航母"。2018年进入大修后，又遭遇意外事故，船坞沉没，甲板被砸出了大窟窿，真可谓多灾多难、命运多舛。

起死回生——第 8 艘。"库兹涅佐夫"号的姊妹舰本来叫"里加"号，刚命名没多久，就赶上拉脱维亚闹独立，赶紧改名为"瓦良格"号，回归了

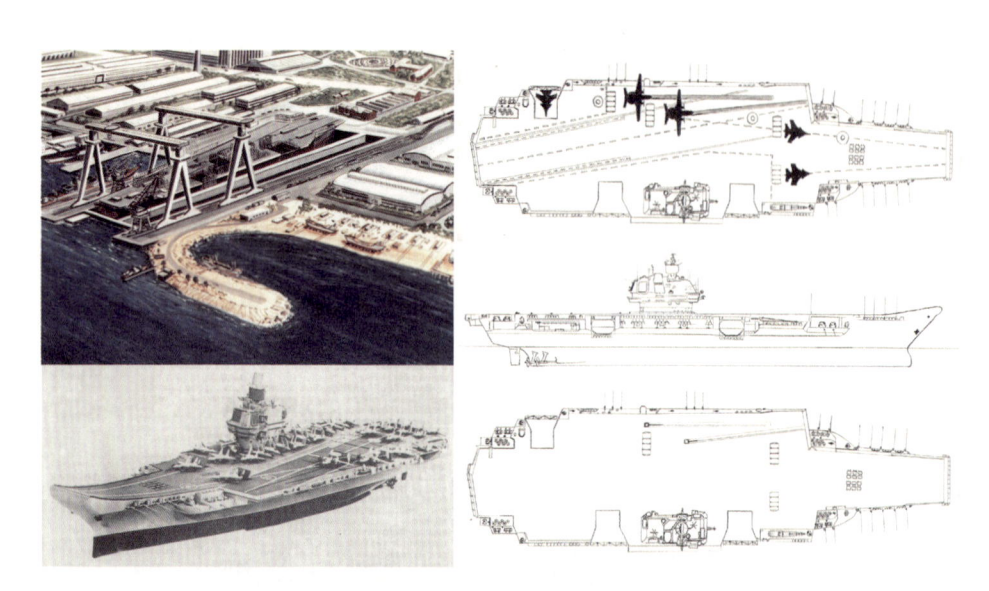

> 苏联"乌里扬诺夫斯克"号航母的想象图、设计图和模型

沙俄时代的命名传统。"瓦良格"号航母在苏联解体时建成了67%，船厂起初还心存幻想，觉得这艘航母眼看着就要完工了，俄罗斯海军会买的。结果并未如愿。

胎死腹中——第9艘。1984年12月，苏联最后一艘1143.7航母开始设计，这也是苏联建造的第一艘核动力航母，还设计了舰载机弹射器，这艘最像美军航母的苏联航母被命名为"乌里扬诺夫斯克"——列宁同志的故乡。苏联解体时，该舰完成度为30%，最后落在穷疯了的乌克兰人手里，被拆解在了船台上。尼古拉耶夫船厂厂长马卡罗夫哀叹：这不仅是一艘航母的终结，它更是苏联航母时代的终结，是工厂及全国为之奋斗了近35年伟大事业的终结，是成为伟大强国骄傲与威严的终结。

> 建造中的"乌里扬诺夫斯克"号航母，左上为该舰铭牌

几经转手的游子

更加常见的舰名变化，发生在军舰的销售、转让过程中。不管是多有名的军舰，新主人接手之后，一般都会根据自己的文化习俗，重新进行命名。比如，在北欧，瑞典海军有一艘潜艇叫"海蛇"号，1968年服役，1999年转让给新加坡海军，改名为RSS"百夫长"号。

一般情况下，转手过一次的二手军舰，只能熬退役了，毕竟在前东家那儿扛活的舰龄在那儿摆着。但世界之大，无奇不有，有的军舰由于历史的原因，竟然在几个国家之间反复转手，先后效力于多位"东家"，以致出现了多次更名的舰史传奇。

四次转手的英国军舰。 1948年英国向国民党海军赠送"曙光女神"号（"重庆"号）巡洋舰的同时，还赠送了1艘1350级的"花级"反潜炮舰"矮牵牛花"号和8艘巡逻艇，又租借了1艘"狩猎级"护航驱逐舰"门迪普"号，1940年下水，满载排水量1415吨，火炮口径达102毫米，在当时的国民党海军中，也算是大吨位、强火力的主力战舰了。"门迪普"号到达中国后，改名为"灵甫"号。按照中英最初的约定，"灵甫"号的租期本来是8年。然而，还没过一年，7000吨排水量的"重庆"号起义了，由"矮牵牛花"号改名的"伏波"号也被民船撞沉了。英国政府对"烂泥敷不上墙"的国民党政府失去信心，恰逢1949年4月"灵甫"号巡航海南，途经中国香港加油，英方直接扣船并要求收回该舰，国民党方面只能提前交还。

1950年，英国又把收回的"灵甫"号转手给埃及海军，埃及海军将该舰视为主力战舰，先是命名为"穆罕默德·阿里·凯比尔"号，后来又改名为"易卜拉辛·里·阿瓦隆"号。好景不长的是，1956年第二次中东战争爆发，"易卜拉辛·里·阿瓦隆"号在战争中被以色列俘获。当时以色列人手里也没有几艘大型战舰，对该舰进行修复后，再一次重新命名为"海法"号，作为以色列海军的主力战舰，一直使用到1972年才退役，其主炮如今还安放在位于海法港的以色列海军博物馆里。纵观这艘二战老舰32年的传奇岁月，建造于战火之中，奔波于东西之间，经历过三次战争，服务过四支海军，拥有过五个舰名，全世界退役军舰能有这种经历的，恐怕也仅此一艘。

史上最长寿二手军舰。当然了，比"门迪普/灵甫"号活得更长的三手军舰，也不是没有。菲律宾海军的前任旗舰"拉贾·胡马邦"号驱逐舰，在世界海军史上也是"妖孽"一般的存在。该舰最早是美国海军的二战老舰，属于"坎农级"护航驱逐舰，在美国海军中命名为"阿瑟顿"号，满载排水量1520吨，曾在大西洋反潜战中击沉过1艘德国U艇，1945年退役。10年后，美国海军将该舰租借给了新成立的日本海上自卫队，舰名按照日本人的习惯改成了"初日"号护卫舰，一干就是20年，1975年退役后，又还给了美国海军。

需要指出的是，"坎农级"首舰的舰名，本来是为了纪念珍珠港事件的美国海军陆战队中尉乔治·H·坎农，他在珍珠港遇袭后，坚持重伤不下火线，坚守在指挥所战位拒绝就医，直到指挥所恢复通信，终因失血过多而死。坎农以"职业生涯、非凡的勇气、视死如归的精神"，被追授美国最高个人军事荣誉奖章——"荣誉勋章"，美国海军为了纪念这位英勇无畏的中尉，特意用"坎农"的名字命名一级护航驱逐舰。没想到以美军抗日烈士命名的一级军舰，战后竟然还租借给了曾经的死敌日本，可见民族的仇恨终究还是抵不过利益的权衡。英国首相帕麦斯顿的那句"我们没有永恒的朋友，也没有永恒的敌人，唯有永恒的利益"果

> 从英国海军"门迪普"号到国民党海军"灵甫"号

> 从埃及海军军舰变身为以色列海军"海法"号

真是至理名言。

"初日"号退役后,舰龄已达 32 年,眼看这艘二战老舰只剩下拆解报废的命。没想到三年后又时来运转,美国海军本着"看人下菜,废物利用"的精神,又把该舰转给了菲律宾,经韩国大修后,第三次披上戎装,改名"拉贾·胡马邦"号,成为菲律宾海军的旗舰。虽说是舰队第一主力,但该舰结构陈旧、发动机老化,巡航时速仅为 10 海里,到 20 世纪 90 年代时,该舰已近 50 岁高龄,和菲律宾海军中大多数官兵的父亲一样大。菲军方于 1993 年安排该舰退役,但由于其海军战舰太少,1996 年又安排该舰再次服役,菲军方这一手"吐了再吃"的"神操作"简直让人无语。结果是,这艘二战老舰不仅跨越千禧,还一路熬到了 2018 年才退役,成了世界舰龄最长的海军旗舰,其七十五的舰龄,比舰上少数官兵的爷爷还要老,被人戏称为"行走的珍贵文物",老到了"连敌人都不忍心打沉它"的地步。

难兄难弟一箩筐。美国转给菲律宾的三手军舰不只"拉贾·胡马邦"号一艘。另一艘"坎农级"护航驱逐舰"阿米克"号,也是 1955 年租借给了日本海上自卫队,改名为"朝日"号。该舰在"海自"退役后,美国海军在 1976 年也把它转给了菲律宾,改名"达图·斯卡图那"号,于 1984 年退役拆解。菲军中更早"下岗"的美制军舰,是美国海军用过的二手军舰,原为美国海军"坎农级""布思"号,1967 年交舰后,被菲律宾命名为"达图·卡兰迪奥",该舰在 1981 年台风中直接倾覆。不过,好在这 2 艘姊妹舰没有"拉贾·胡马邦"那么能熬,否则,3 艘骨灰级老舰凑在一起,菲律宾海军就成了"行走的二战博物馆"。

城头变幻大王旗 | 多次更名的各国军舰

> 菲律宾海军"拉贾·胡马邦"号驱逐舰，从二战服役到2018年，堪称"骨灰级"高龄军舰

027

03

竞相争抢的热词
被跨国命名的武器名号

"只有民族性，才有世界性。"武器命名是一项地域性民族性很强的工作，许多国家的武器名称彰显的都是本民族文化的独有内涵，在世界武器装备中独树一帜。不过，一般性中总有特殊性，由于文化、历史接近的原因，一些有意思的人名、形容词，在不同的国家都得到了认可，竟然成为纵横多国、多次出现的武器名称。

横贯东西的"闪电"

"闪电"（Lightning）这个名字，以自然界大气中的强放电现象为词源，凸显的是武器装备的先进性和开创性，听上去也充满了压倒一切的气势，成为了西方国家常见的武器命名。美国先后有2款战机以此命名，英国二战后也有1款"闪电"战机，连波斯湾的伊朗人近年来也在这股"闪电"潮流中插了一脚。

最早出场的"闪电"，是二战时期由美国洛克希德公司生产的P-38双引擎战斗机。该机曾经在太平洋战场上立下赫赫战功，是二战美国陆航战机中击落日本战机最多的机型，并成功击落日本联合舰队司令山本五十六座机，被日本人称为"双身恶魔"。

> 二战中美军的一代名机 P-38

第二架比较有名的"闪电",是英国 1957 年推出的单座超音速战斗机,1954 年首飞,1956 年 5 月正式定名为"闪电",这也是二战后英国完全独自开发,并最终获得正式量产化的超音速战斗机。该机主要假想敌是苏联的喷气式轰炸机,本质上是一种截击机,采用机头进气布局,最大飞行速度超过 2 倍音速,最大起飞重量 21.7 吨,作战半径为 1290 千米,具有卓越的爬升速度、飞行上限及速度,具备全天候作战和发射近程空对空导弹的能力。但受制于气动布局,机头无法安装大尺寸雷达,这也就意味着该机无法使用中远程空对空导弹作超视距空战。

英国人的"闪电"属于战斗机发展趋势不明朗、技术手段有限前提下的过渡机型,采用了很多独特设计,比如双发动机是垂直排列,这样做的目的

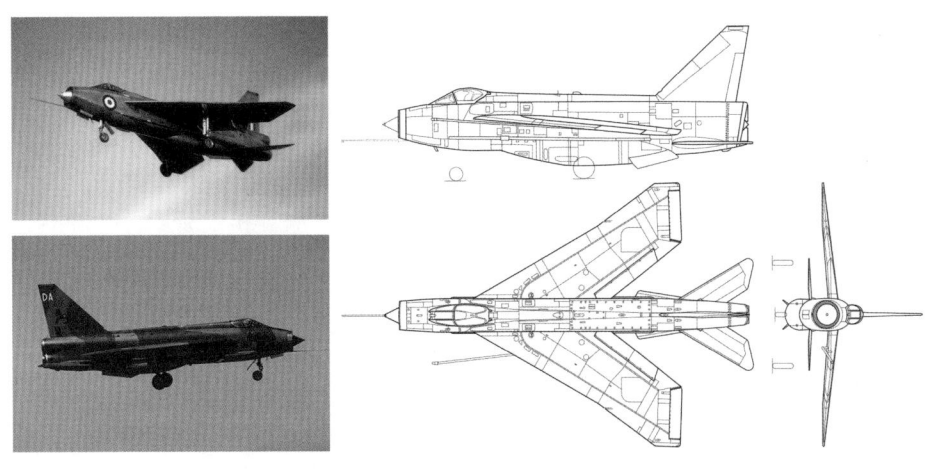

> 英国战后"闪电"战斗机

是抬高机身与座舱，改善飞行员的观察视野。该机的机翼扭得非常厉害，主起落架在机翼上向外收起，翼下空间有限，迫使设计人员不得不将副油箱安放在机翼上。此外，在"闪电"式战斗机机腹下，有一个独有的腹囊式保形吊舱，它和机身腹部圆滑过渡，阻力被减至最小。吊舱的前端三分之一部一般用来安置军械，后端三分之二用来容纳燃油，真可谓煞费苦心。在实际起飞时，机身正面并非正圆形，而是向上下方伸展的椭圆形。

尽管航程受限、载重有限，但英国"闪电"的操作性还是不错的。美国飞行员狄克·史莱顿在驾驶"闪电"原型机 P.1B 后，对该机赞不绝口："这是一架了不起的飞机，它兼具了 F-86 易于操纵与 F-104 的性能，唯一缺点是她几乎没有航程可言。然而，回想后，不得不说 P.1B 是我有生以来最喜欢的飞机。"

"闪电"在英国皇家空军中服役近三十年，先后发展出侦察型、并列双座教练型等，均未参加实战，总产量达 300 多架。沙特、科威特、苏丹等国认为该机，体型较大，先后小批量购置作为战斗轰炸机。海湾战争时，科威特空军的"闪电"还没有上天，就被炸毁了。

第三架命名为"闪电"的西方战机，是近年来大红大紫的美国 F-35 系列战机。该机由洛克希德公司研制设计生产，是美国的第五代单座单发隐形战斗攻击机，也是美国空军、海军、海军陆战队三军通用的多用途战机，主要分为主要采用传统跑道起降的空军型 F-35A、短距起飞/垂直起降的海军陆战队型 F-35B 和作为海军舰载机的 F-35C。该机同时也是英国、意大利、荷兰、澳大利亚、日本、加拿大、挪威、丹麦、土耳其、以色列联合出资加盟的跨国联合研发战机。

F-35 最初项目名称为"JSF 联合攻击战斗机"（Joint Strike Fighter），经过方案设计和验证机试飞的评估，洛马公司的 X-35 验证机最后中标。随着原型机的如期问世，F-35 战斗机的命名工作开始提上议事日程。由于是多国联合项目，在 F-35 的命名，美国空军不仅要充分考虑海军和海军陆战队的意见，同时还必须广泛听取其他参与项目合作国家的建议，特别是英国作为重要的伙伴国，其意见更值得考虑。为了避免一家之言，美国空军向当年参与 F-35 项目的 8 个国家广泛征求意见，先后收到了各个国家提议的名字。

美国空军和美国海军都提议采用"闪电Ⅱ"名称，以此纪念一代名机P-38"闪电"。美国空军还提交了"龙卷风"（Cyclone）和"收割机"（Reaper）两个候选名称，而美国海军陆战队则提议采用"喷火Ⅱ"名称，还提出"野马"（Mustang）。英国人提出用"狂暴"（Fury），澳大利亚提出"鬼怪"（Phantom），加拿大和美国海军陆战队提出了"蝎子"（Scorpion），土耳其提出了"天空统治者"（Skyruler），荷兰提出用非洲最恐惧的毒蛇"黑曼巴"（Black Mamba）来命名，丹麦提出用印第安人传说中食人鸟"派阿萨"（Piasa）来命名。

众口难调之下，美国空军不得不逐个进行筛选。英国人的"狂暴"首先出局——这个名字与普利茅斯公司生产的"Fury"牌汽车商标冲突；澳大利亚人提议的"鬼怪"与F-4"鬼怪"战斗机重名。"蝎子"和"野马"等名字，与二战时期的战斗机重名。经过几轮PK，最终进入候选的一二名是"闪电Ⅱ""喷火Ⅱ"两个名字。2005年7月7日，美国空军宣布F-35的名称确定为"闪电Ⅱ"。美国空军参谋长莫斯利强调，这个名字是为了纪念美国二战时使用过的P-38"闪电"战斗机和英国在20世纪50年代中期制造的"闪电"双引擎超音速战斗机。

其实，早在美国空军的上一款主力隐形战机F-22定型时，洛克希德公司就想用"闪电Ⅱ"这个名字，当时的空军参谋长考虑美军战斗机自70年代以来一直使用鸟类命名，拒绝了这一提议，F-22因此被命名为"猛禽"。"闪电Ⅱ"这个名号最终落在F-35头上。洛马公司董事民拉尔夫·赫斯表示，"闪

> 美军F-35战机命名为"闪电Ⅱ"

> 三种型号的F-35列队飞行，从上到下分别是F-35A、F-35B和F-35C。F-35B装有用于垂直起降的风扇，座舱玻璃较短。F-35C的机翼比F-35A大，并且可以折叠

电 II"战斗机将继承 P-38 和英国"闪电"这两种最伟大和最优异的战斗机的主要特点，重新定义 21 世纪的多用途战斗机。

"闪电"这股风潮，近年来也刮到了波斯湾，伊朗第二种国产战机就命

> 伊朗自主研发的"闪电 -80"战斗机

名为"闪电 -80"（Saeqeh-80）。从外形看，该机是美国当年出口伊朗 F-5E 战斗机的升级版，但采用了类似 F/A-18E/F 的双垂尾。伊朗军方宣称，闪电 -80 已经达到了 F/A-18E/F 的水平，但西方认为这只是夸大其词，伊朗长期遭受经济技术封锁，闪电 -80 的航电和武器水平充其量只能达到 F-16 和 F-18A 早期型号水平。

此外，苏联时代，有一款运载火箭的名字也叫"闪电"（俄语：Молния）这是在 R-7 洲际弹道导弹（8K71）基础上研制的运载火箭，同时它也是苏联的第一种 3 级火箭，主要用于发射军用卫星和星际探测器，目前已经退役。

大家都叫"企业"号

"Enterprise"是一个在西方历史上经常出现的武器命名。这个单词，原本就有多种解释，通常情况下，一般直译为现代商业单位"企业"，比如，著名的办公软件 Office 就有企业版（Office Enterprise）。除此之外，也可以翻译为"奋进、进取、勇猛"等意思。《美国海军辞典》指出，船舰以"Enterprise"命名，主要是"勇敢、活跃、开创"等意思。正是由于有这一层含义，"Enterprise"成了法国、英国与美国海军舰艇的通用舰名，并在各国海军中多次使用。

据不完全统计，1671 年至 1846 年间，法国海军至少有 23 艘帆船命名为"进取"号（法语为 l'Entreprenant，与英文 Enterprise 同义）。英国皇家海军中，至少有 10 艘命名为"进取"号的船舰（HMS Enterprise 或 HMS Enterprize），其中，最近一艘"进取"号是一艘 2003 年服役的多用途水文测量船（舷号 H88）。在美国海军历史上，也有 9 艘军舰命名为"Enterprise"，最早的一艘是独立战争时期从英国俘获的单桅纵帆船，最近一艘则是正在建造的"福特级"航母 3 号舰（CVN-80）。

不过，要说到最有名的"Enterprise"军舰，当数美国二战时期的"约克城级"航空母舰 2 号舰（CV-6），该舰的舰名含义其实是"进取"号，中文经常直译为"企业"号。该舰 1936 年下水，于 1938 年服役，1940 年编入太平洋战斗部队。1941 年 12 月 7 日，在日本海军偷袭珍珠港的行动中，原定入港的"企业"号因风浪而有所延误，幸免于难。在随后的太平洋战争中，"企业"号从由早期的"杜立特空袭东京"开始，到太平洋战争转折点中途岛海战，从瓜岛战役到美军反攻的吉尔伯特、马绍尔群岛战役，再从马里亚纳群岛海战、菲律宾战役，一路打到莱特湾海战、硫磺岛战役、冲绳岛战役，参战了美国海军的几乎全部战役，可谓打遍全场。特别是在 1942 年 11 月到 1943 年 7 月间，由于"列克星敦""约克城""大黄蜂"等航母相继战沉，整个太平洋战场上只剩下"企业"号一艘美军航母孤军奋战，水兵们在该舰的机库甲板上漆上这样的标语——"'企业'对抗日本"（Enterprise VS Japan），以振奋士气。

值得一提的是，"企业"

> 二战中著名的"大 E"，美国海军 CV-6"企业"号航母

> 中途岛海战中的"企业"号　　　　　　> 遭遇俯冲式轰炸的"企业"号

号在二战海战中九死一生，是出了名的"不死鸟"。在珍珠港事件后，该舰曾多次遭到日本潜艇攻击，却神奇地避开了所有鱼雷；在所罗门以东海战中，"企业"号被命中7颗炸弹，舰员74人被炸死，95人受伤，飞行甲板严重受损，但损管抢救及时，控制住了火情，成功返港修理；在接下来的圣克鲁斯海战中，该舰再次被命中6枚250千克炸弹，死44人，伤75人，爆炸导致机库起火、一座蒸汽轮机无法运作，舰体龙骨都受到损毁，但侥幸躲过了所有鱼雷，逃过了一劫；在1945年的冲绳岛海战中，"企业"号被日本的"神风"特攻队自杀飞机击伤，前部升降机被击毁，这是它在二战中最后一次受损伤。

在整个二战中，"企业"号共击沉敌舰71艘，击伤192艘，击落敌机911架，美国海军中没有任何一艘军舰能与之相比。日本人曾3次单方面宣布"企业"号被击沉，但最后均是一场空欢喜，"企业"号因此又有一个"灰色幽灵"（Gray Ghost）的绰号。美军官兵亲切地称呼它为"大E"（Big E）或"幸运E"（Lucky

E）。美国海军部长福莱斯特曾称赞，"企业"号是美国海军在第二次世界大战中的最佳象征。正是为了纪念该舰的光辉战绩，美国海军二战后的第一艘核动力航空母舰（CVN-65）又被命名为"企业"号。

除了军舰以外，在美国派拉蒙影视公司制作的《星际迷航》系列影视作品中，也先后出现过9艘以"Enterprise"命名的星舰，其前两季的名称就简单称为"Enterprise"。美国NASA的航天飞机中，也有一架命名为"进取"号（Enterprise），主要用于自由滑降测试，并未真正进入外太空。英国"维京银河"太空飞行公司推出的太空旅游计划中，第一艘太空旅游船也是被命名为"进取号维京航天器"（VSS Enterprise）。看来，人类已经无法阻挡"进取"号进军太空的脚步了。

欧洲公认的"欧根亲王"

提到"欧根亲王"号这个名字，很多军迷朋友经常会想起二战德国海军的那艘著名的重巡洋舰。其实，如果往前追溯，欧洲国家还有多国军舰也叫"欧根亲王"这个名字。这些不同国家的不同军舰，纪念的都是同一个历史人物——

> 欧根亲王油画

弗朗索瓦-欧根（法语为François-Eugène），德语中称呼为"萨伏伊的欧根亲王"（Prinz Eugen von Savoyen）。

历史上的欧根亲王是奥地利哈布斯堡王朝杰出的军事统帅。这位亲王之所以倍受欧洲多国敬仰，主要因为他传奇的一生：他24岁晋升中将，率部进军意大利，屡挫入侵法军。29岁便成为帝国陆军元帅，33岁担任"神圣同盟"对奥斯曼土耳其作战中的帝国军总司令。在1697年森塔战役中，率队以奇袭战术击败奥斯曼军队，取得了5万对10万、毙敌3万的重大胜利，这不仅是奥地利有史以来一个最完整和重要的胜利，也是欧洲军队第一次击败一位土耳其苏丹御驾亲征，而且取得最彻底的胜利，欧根亲王因此一战成名。

在1701至1714年西班牙王位继承战争中，欧根亲王和英国名将约翰·丘吉尔联手合作，首次于布伦海姆战役大败法军。又在1706年都灵战役中远程奔袭380多千米，以不到对手一半的兵力，击毙法军总司令马尔森元帅，毙伤俘虏法军上万人，这一仗，法国经营百年的势力彻底被逐出意大利，奥军因此占领了比利时与意大利等地。

在1716至1718年的第二次奥土战争中，欧根亲王再次上阵，以8万奥军大败土军，毙杀土军主帅以下3万人。又在1717年夜袭击败土军，攻克贝尔格莱德，这是神圣罗马帝国军队深入巴尔干半岛最远的时刻，彻底解除了土耳其对奥、匈的威胁。奥军中由此诞生了一首称赞欧根亲王的颂歌《高贵的骑士》，并很快在德语地区广泛流传。二战中此曲改名为《欧根亲王进行曲》。

从1703年开始，欧根亲王获得奥地利宫廷的主导权，长期享有奥皇最高顾问与军事大元帅的权力，并稳坐内阁会议的首席，直至1736年过世。在他晚年参加波兰王位继承战争之时，有一位来自普鲁士的年轻人在他身边学习兵法，他就是日后赫赫有名的腓特烈大帝。1758年时，腓特烈曾写道："如果我对军事这行比较艰深的方面有一知半解的话，我把这归功于欧根亲王。"

欧根亲王一生从未结婚，也未留下任何自传文件。他被认为是奥地利乃至欧洲历史上最杰出的军事统帅之一。与英国的约翰·丘吉尔（并非二战时的温斯顿·丘吉尔）、法国的肖德·路易·埃克托尔·维拉尔，并称为欧洲18世纪前期最优秀的将领。法国的伏尔泰称赞欧根亲王是"那个时代最完美的军人，拥有一位伟大将领所应有的一切优良素质，是战时的英雄、和平中的伟人"。在17、18世纪，欧根亲王成为奥地利的民族英雄或统一日耳曼民族的象征，被形容为"高贵骑士"（尽管他并不是日耳曼人）。

欧根亲王本人是一个多国历史文化的综合概念。从血统上来讲，作为中世纪意大利萨伏伊王朝公爵卡洛·埃曼努埃莱一世的曾孙，欧根亲王是个纯正的意大利人；从文化上来讲，他从小在法国长大，是个精神法国人；从贡献上看，他背叛了法王路易十四，一生都在奥地利度过，成为神圣罗马帝国哈布斯堡王朝的英雄人物。后来，同为日耳曼人的德国，为了拉拢奥地利、鼓吹日耳曼人功绩，也把战功赫赫的欧根亲王作为引以为荣的象征。同时，历史上欧根亲王曾经与英军名将并肩作战，并于1711年访问英国，给英国人留下了非常好的印象。这样一来，意大利、奥地利、德国、英国都以他为荣，在上述四国的海军中，至少有6艘军舰以"欧根亲王"的名字命名，这不得不说是一种无上的殊荣。

奥地利人对于欧根亲王怀有的感情最深。奥地利海军共有3艘军舰被命名为"欧根亲王"。分别是1863年服役的"马克斯皇帝级"木壳铁甲舰"欧根亲王"号、1877重建的同级木壳铁甲舰"欧根亲王"号、1914年服役的"特格特霍夫级"无畏舰3号舰"欧根亲王"号。

英国皇家海军中，1915年9月服役的一艘"克莱武勋爵级"浅水重型炮舰，也被命名为"尤金亲王"号（"欧根亲王"的英语发音）。这个命名显然是为了纪念当年欧根亲王与英军名将并肩作战的友谊，以及亲王给英国人留下的美好印象，可惜的是，此时的奥匈帝国已经绑上德意志德国的战车，已经与英国处于战争状态，九头牛也拉不回当年的情谊。

在意大利海军中，1936年服役的万吨级"奥斯塔公爵级"轻巡洋舰2号舰也被命名为"尤吉尼奥·迪·萨伏伊"号，在意大利语中指的就是"萨伏伊的欧根亲王"，以此纪念意大利血统的欧根亲王。二战战败后，该舰被赔偿给希腊海军，改名为"埃利"（Elli）号，以希腊的一位公主名字命名。值得一提的是，希腊海军中前一艘"埃利"号，本来是清末北洋海军向美国订购的3000吨级轻巡洋舰"飞鸿"号，辛亥革命后成立的北洋政府无力支付尾款，转卖给了急需军舰的希腊海军，1928年改装为布雷舰，该舰于1940年被意大利潜艇击沉。

> 二战德国海军的"欧根亲王"号重巡洋舰

最出名的"欧根亲王"号,当然是1938年德国海军的"希佩尔级"重巡洋舰三号舰,用这个日耳曼人心目中的英雄命名军舰,体现的是德奥合并的历史合法性。这艘"欧根亲王"也是德国海军中的祥瑞舰艇,几经艰险却总能大难不死。比如,1941年5月18日,"欧根亲王"号陪伴着"俾斯麦"号战列舰参加了莱茵演习行动,但躲过和"俾斯麦"号一同覆灭的命运。在1942年2月从法国调回本土的航行中,"沙恩霍斯特"号和"格奈森瑙"号在穿过英吉利海峡后都触雷受伤,同行的"欧根亲王"号却再一次全身而退,毫发无损地回到了德国;在接下来的挪威之行中,"欧根亲王"号被英国潜艇"三叉戟"号的鱼雷命中,却只是损坏了舰艏,轮机和螺旋桨没有受伤,辗转回港大修;1944年10月15日,在波罗的海沿岸炮击任务后,"欧根亲王"号返航途中遇到浓雾,拦腰撞上了"莱比锡"号轻巡洋舰,结果是"莱比锡"号几乎被撞成两半,失去了战斗力。而"欧根亲王"号只是舰艏受损,依旧活跃在波罗的海上,充当浮动炮台。

1945年5月7日,"欧根亲王"号向英军投降。半年之后,"欧根亲王"号在战胜国的抽签分配中,成为美国海军的财产,按惯例将其划分为"未定

> 核爆试验前夕的"欧根亲王"号

名的辅助舰"（IX 编号系列），重新编号为"IX-300"，正式的舰名是"美国海军欧根亲王号"（USS Prinz Eugen）。1946 年 7 月，该舰驶往南太平洋比基尼环礁，成为美军原子弹空爆实验的靶舰，在著名的"十字路口"核爆试验中，"欧根亲王"号经历两次核爆未沉。在拖曳到夸贾林环礁后，"欧根亲王"号又遭遇风暴，其伤痕累累的舰体终于支撑不住，在恩布吉岛附近倾覆。"欧根亲王"的海上历史终于结束了。

你来我往"巴布尔"

和"欧根亲王"一样，"巴布尔"（Babur）也是一个武器命名的热词，在波斯语中带有"雄狮"的意思（另一说是"老虎"）。1526 年率军占领印度、开创莫卧尔王朝的君主扎希尔丁·穆罕默德，就用过"巴布尔"这个名字。他生于中亚费尔干纳谷地，是中亚河中地区帖木儿帝国的皇室后代，是一位突厥化的蒙古人。扎希尔丁本人是一位出色的军事统帅，他 11 岁继承王位，1504 年率 300 名部下攻入阿富汗，建立以喀布尔为首都的国家。1510 年，攻下撒马尔罕。1525至1526年率军进攻印度，以1.2万人击败敌人10万大军，自立为"印度斯坦皇帝"，以阿格拉为新首都，建立莫卧尔帝国。由于扎希尔丁的赫赫战功，波斯人因此送给他一个绰号——"巴布尔"（Babur），这个响亮的绰号，后来成为他载入史册的名字——扎希尔丁·穆罕默德·巴布尔（莫卧尔帝国的国旗上也有一头狮子，权杖也是狮子太阳）。

历史上的扎希尔丁是多元文化的倡导者，他本人认同的是蒙古历史，信仰的是伊斯兰教，讲的是突厥语系的察合台语，崇尚的却是波斯文化，"莫卧尔"就是波斯语中"蒙古"的意思。他和他所创立的莫卧尔王朝，立伊斯兰教逊尼派为国教，官方语言为波斯语，但也不排斥苏非派和什叶派，促进了波斯、阿富汗与印度等多元文化在南亚地区的融合。"巴布尔"这个词，因此带有浓厚的历史文化感。

在今天莫卧尔帝国旧地南亚大陆，巴基斯坦的国语乌尔都语中，也带有"雄狮"的意思。巴基斯坦人特别喜欢用"巴布尔"给武器命名。1981年，英国向巴基斯坦转让了6000吨级的退役"郡级"驱逐舰"伦敦"号（舷号D-16），巴基斯坦海军将其命名为"巴布尔"号巡洋舰，舷号也改成了"D-84"。但该舰毕竟是1961年下水的老爷舰，勉强支撑到1993年，就到了寿命大限。该舰退役后，"巴布尔"这个名字，又给了英国海军转让巴海军的"21型级"护卫舰"女将"号，舷号从F-169变更为"D-182"，改名为"巴布尔"号驱逐舰。2011年6月，该舰在赴索马里护航期间，与印度"戈达瓦里"号相撞，引发了印巴双方的一顿口水仗。

除了军舰，2005年8月，巴基斯坦国家发展联合体首次试射了哈塔夫-7型陆基巡航导弹，该导弹后来的正式命名也叫"巴布尔"。外电猜测该弹长6.25米，直径520毫米，翼展2.67米，起飞重量小于1.5吨，海上巡航高度7米～15米，平地50米，山区和丘陵100米左右。为了对地面目标进行远程攻击，配备300千克的高爆弹头或有86枚子弹头组成的子母弹战斗部，对大规模装甲集群有较强的杀伤力。导弹射程500千米。美国情报机构认为，"巴布尔"巡航导弹的技术源头，是阿富汗战争期间落入其境内的2枚未爆炸的美制"战斧"巡航导弹，由此诞生出了"巴布尔"。

此外，在波斯湾的伊朗海军中，也有一艘"巴布尔"号驱逐舰，该舰是

竞相争抢的热词 | 被跨国命名的武器名号

> 巴基斯坦海军的"巴布尔"号巡洋舰原为英国海军"伦敦"号驱逐舰,曾装备过奇葩的"海参"舰空导弹

> 巴基斯坦海军的"巴布尔"号驱逐舰原为英国海军"女将"号护卫舰

20世纪40年代建成服役的美制驱逐舰,于巴列维国王时期购入。舰长114.8米,满载排水量3250吨,最大航速34节。主要武器有4座"标准"SM-1MR箱式舰空导弹发射架,备弹8枚;双管127毫米炮和23毫米炮各2座。舰上装有各种雷达和1架意大利制造的AB-204AS直升机。"巴布尔"号目前是伊朗海军最大的驱逐舰之一。

04 你方唱罢我登场
外军武器装备的袭名现象

"忘记过去，就意味着背叛。"很多国家在武器装备命名时，都有沿袭旧名的传统。这样做的目的，主要是出于历史和文化的传承。比如，一艘历史悠久、功勋卓著的战舰的舰名延续，某种程度上就是继承本国军队光荣历史的载体，一定程度上也会激发舰上官兵的自豪感和荣誉感。

> 英国皇家海军"威尔士亲王"号战列舰，著名的大西洋会议曾经在舰上召开

> "威尔士亲王"号战列舰于1941年在印度洋被日军轰炸机击沉，成为大舰巨炮无用论的象征

西方海军中的袭名现象

各国海军特别是历史悠久的海军强国,往往都有舰名沿袭这个传统。英国皇家海军新近下水的"伊丽莎白女王级"航空母舰,其舰名和级名便是沿袭自一战时建成的"伊丽莎白女王级"战列舰,其在建的二号舰"威尔士亲王"号航母的舰名,也是沿袭二战时建成的"乔治五世国王级"战列舰二号舰"威尔士亲王"号(1941年在印度洋被日军轰炸机击沉)。像"企业"号(Enterprise,准确的翻译是"进取"号)这样的通用化舰名,更是被英、法、美三国海军多次分别使用,历史悠久。

美国海军也有沿袭光荣舰名的传统。早在美国国父华盛顿在世期间,就先后最少有5艘军舰名为"华盛顿"号或"乔治·华盛顿"号。到了20世纪,美国1938年开建、1941年服役的"北卡罗来纳级"战列舰二号舰(舷号BB-56),再一次命名为"华盛顿"号,以"华盛顿"州命名。该舰装有先进的雷达,夜战能力很强。在瓜岛海战中,该舰在夜战中使用雷达系统瞄准敌舰,一举击沉日军战列舰"雾岛"号,又击伤了日军重巡洋舰"爱宕"号、"高雄"号,迫使日军炮击编队狼狈撤退。这是第二次世界大战中为数不多的大舰巨炮决战,也是太平洋战争唯一一次由一艘战列舰独力击沉敌方战列舰的战例。

> 二战中战功赫赫的"华盛顿"号战列舰

> 美国海军"乔治·华盛顿"号核动力航母

整个二战中,"华盛顿"号的战斗轨迹从北极圈一直打到西太平洋,共发射了3535枚406毫米炮弹、28063枚127毫米炮弹和3.5万多发20毫米机关炮炮弹,共击沉1艘战列舰、1艘驱逐舰、1艘加油船和多艘运输船,击落

敌机 12 架，参与轰炸岛屿 10 座，被空袭 53 次，并且没有一人战斗死亡，单独击沉敌舰的总吨位比美国海军的其他任何战列舰都多，是美军战列舰中战功最多的的功勋战舰。"华盛顿"号因此名声大噪，获得了 13 枚"战斗之星"勋章。

在"华盛顿"号战列舰之后，被命名为"乔治·华盛顿"号的美国军舰，是 1990 年下水、1992 年服役的"尼米兹级"核动力航空母舰的六号舰。该舰 2008 年编入第七舰队，以日本横须贺海军基地为母港，取代退役的"小鹰"号常规动力航母，是历史上第一艘驻扎于日本境内的核动力舰艇，也是美国海军唯一一艘永久驻扎海外的航空母舰。

对于历史悠久的英国皇家海军来说，前后沿用一个名称的军舰，简直就是家常便饭了。

> "胡德"号战列巡洋舰，大舰巨炮主义的产物

以"胡德"（HMS Hood）命名的英国军舰，历史上有 3 艘，分别是：① 1851 年下水的 91 门炮风帆战舰。② 1893 年服役的"君权级"（Royal Sovereign Class）战列舰的最后一艘舰，该舰同时也是英国海军最后一艘低干

> "胡德"号战列巡洋舰曾被称为"皇家海军的骄傲",最终被"德国海军的骄傲""俾斯麦"号(右图)击沉

舷的战列舰。③ 1920 年 5 月 15 日服役的"海军上将级"战列巡洋舰,曾被称为"皇家海军的骄傲"。1941 年 5 月 24 日,该舰与"威尔士亲王"号战列舰一起拦截德国"俾斯麦"号战列舰,在随后的丹麦海峡海战中,被"俾斯麦"号的 380 毫米主炮炮弹贯穿甲板装甲,引发弹药库爆炸,舰体断裂而沉没。

以"厌战"(HMS Warspite)命名的英国军舰,历史上有 8 艘,分别是:① 1596 年的 29 门炮盖伦式战船,那时皇家海军还没成立。② 1666 年的 70 门炮风帆战舰。③ 1758 年的 74 门炮风帆战舰。④ 1807 年的 76 门炮风帆战舰。⑤ 1833 年的 120 门炮风帆战舰。⑥ 1884 年的"蛮横级"(IMperieuse class)一等装甲巡洋舰。⑦ 1915 年服役的"伊丽莎白女王级"战列舰二号舰,该舰是皇家海军的传奇战舰,在服役的 30 多年中,先后参加了日德兰海战、纳尔维克海战、卡拉布利亚海战、塔兰托战役、马塔潘角海战、克里特岛战役、西西里登陆战役、萨莱诺登陆战役、诺曼底登陆战役等多次重大军事行动,多次战伤累累,每次却总能逢凶化吉,在整个二战中打满全场,被英国海军上将安德鲁·坎宁安爵士称赞为"可敬的老女士"。⑧ 1967 年下水的"勇敢级"核动力潜艇二号舰。

以"果敢"(HMS Valiant)命名的英国军舰,历史上有 5 艘,分别为:① 1759 年的一艘风帆战舰。② 1807 年的一艘风帆战舰。③ 1854 年服役的一艘"防守级"(Defense Class)铁甲舰。④ 1914 年建造的"伊丽莎白女王级"战列舰四号舰。⑤ 1963 年建造的"果敢级"核潜艇首舰。

以"反击"(HMS Repulse)命名的英国军舰,历史上有 11 艘,分别为:① 1596 年的 50 门炮盖伦式战船。② 1759 年的 32 门炮巡航舰。③ 1779

045

年的 10 门炮快速帆船。④ 1780 年的 64 门炮风帆战舰。⑤同 1780 年的 12 门炮快速航船。⑥ 1794 年的 4 门炮小艇。⑦ 1803 年的 74 门炮风帆战舰。⑧ 1868 年的"堡垒级"（bulwark class）铁甲舰。⑨ 1892 年的"君权级"战列舰四号舰。⑩ 1916 年的"声望级"战列巡洋舰二号舰。⑪1967 年的"决心级"（Resolution Class）核潜艇二号舰。

以"无敌"（HMS Invincible）命名的英国军舰，历史上有 6 艘，分别为① 1747 年的 74 门炮风帆战舰，该舰是从法国俘获的。② 1765 年的 74 门炮风帆战舰。③ 1808 年的 74 门炮风帆战舰。④ 1869 年的"无畏级"（Audacious Class，不是 Dreadnought）铁甲舰。⑤ 1907 年的"无敌级"战列巡洋舰首舰。⑥ 1980 年服役的"无敌级"航空母舰首舰，该舰是英国海军参加马岛战争的主力舰之一。

以"光辉"（HMS Illustrious）命名的英国军舰，历史上有 5 艘，分别为：① 1789 年的 74 门炮风帆战舰。② 1803 年的 74 门炮风帆战舰。③ 1896 年的"威严级"（Majestic Class）战列舰九号舰。④ 1940 年服役的"光辉级"航空母舰首舰。⑤ 1982 年服役的"无敌级"航空母舰二号舰。

起步较早的法国海军中，袭名的

> 打遍全场的"厌战"号战列舰，被英国海军上将安德鲁·坎宁安（上）称赞为"可敬的老女士"

> "反击"号战列巡洋舰与"威尔士亲王"号一起，于 1941 年 12 月 10 日被日军飞机击沉

情况也比较常见。

以"可畏"号（Le Redoutable）命名的法国军舰，历史上有 9 艘。分别为：① 1749 年的 74 门炮风帆战舰。② 1791 年的 74 门炮风帆战舰。③ 1800 年的巡逻艇。④ 1801 年的海岸警卫船。⑤ 1804 年的小型三桅帆船。⑥ 1853 年的"阿尔赫西拉斯级"（Algé siras Class）风帆战舰。⑦ 1876 年的铁甲舰，该舰也是世界第一艘钢制船体战舰。⑧ 1930 年的"可畏级"（Redoutable Class）潜艇首舰。⑨ 1961 年"可畏级"（Redoutable Class）战略导弹核潜艇的首舰。

以法国著名政治家，红衣主教黎塞留（Le Richelieu）命名的法国军舰，历史上有 3 艘。分别为：① 1873 年的铁甲舰。② 1915 年的补给船。③ 1939 年的"黎塞留级"战列舰的首舰。该舰是一艘命运多舛的战列舰，法国战败后撤退至法属殖民地塞内加尔的达喀尔，与它一起撤到北非的还有 5 艘法国战列舰。为了防止这些法国战舰落入德国手中，英国制定了名为"抛石机"的行动计划，以政治劝降和武力解决结合的方式，解除这些海外法国舰队的战斗力，结果造成 3 艘法舰沉没或搁浅。"黎塞留"号对英国人的进攻进行了坚决抵抗，最后达成和解：名义上由美国将"黎塞留"号买下，在美国接受整修后投入太平洋战场的对日作战，战后再归还法国政府。该舰随同美军参加了太平洋战争全面反攻，并于 1945 年 9 月 2 日驶入东京湾，

> 英国海军"无敌"号航空母舰，曾参加过英阿马岛战争

> 英国海军"光辉"号航空母舰，是"无敌"号的姊妹舰

> 法国海军"可畏"号战略导弹核潜艇

> 经过美国改造的"黎塞留"号战列舰

> 法国海军"柯尔贝尔"号防空导弹巡洋舰

> 法国海军"柯尔贝尔"号防空导弹巡洋舰上的"马舒卡"（Masurc）防空导弹

> 二战中的法国海军"布列塔尼"号战列舰，在"抛石机行动"中被英国海军击沉

参加了日本投降签字仪式。1959年"黎塞留"号退出现役，先是在布雷斯特作为船员训练舰使用。1964年作为废钢出售，最后在意大利拆船厂解体。此外，法国现役的"戴高乐"号核动力航母，原计划也准备命名为"黎塞留"号。

以法王路易十四时期著名政治家让-巴普蒂斯特·柯尔贝尔（Le Colbert）命名的法国军舰，历史上有6艘，分别为：①1848年的明轮护卫舰。②1877年的铁甲舰。③1915年的辅助船。④1917年的辅助船。⑤1928年的"絮弗伦级"（Suffren Class）重型巡洋舰二号舰。⑥1959年服役的防空导弹巡洋舰。

以法国西北部地区布列塔尼（Le Bretagne）命名的法国军舰，历史上有3艘。分别为：①1766年的110门炮风帆战舰。②1855年的130门炮蒸汽风帆混合动力战舰。③1916年服役的"布列塔尼级"战列舰首舰。

以"凯旋"（Le TrioMphant）命名的法国军舰，历史上有8艘。分别为：① 1667年的一艘60门炮风帆战舰。② 1675年的一艘100门炮风帆战舰。③ 1693年的一艘90门炮风帆战舰。④ 1778年的一艘私掠船。⑤ 1804年的一艘风帆战舰。⑥ 1931年的"无常级"（Fantasque Class）驱逐舰三号舰。⑦ 1997年服役的"凯旋级"战略导弹核潜艇首舰。

作为曾经的"海上马车夫"，荷兰海军军舰中也存大量的袭名现象。以荷兰海军上将卡尔·多尔曼（HNLMS Karel Doorman）命名的荷兰军舰，历史上有4艘。分别为：① 1946年入役荷兰海军的英制"奈拉纳级"（Nairana class）护航航空母舰。② 1948年入役荷兰海军的英制1942型轻型舰队航母。③ 1991年服役的护卫舰。④今年服役的支援舰。

> 法国海军"凯旋"号战略导弹核潜艇

以"七省"命名（HNLMS De Zeven Provinciën，代表荷兰独立之初全国的七个省份）的荷兰军舰，历史上有8艘。分别为：① 1643年的一艘32门炮风帆战舰。② 1665年的一艘租借来的46门炮风帆战舰。③ 1665年史上最著名的80门炮风帆战舰。④ 1694年的一艘90门炮风帆战舰。⑤ 1782年的一艘74门炮风帆战舰。⑥ 1909年的一艘近海巡洋舰。⑦ 1950年的"七省级"巡洋舰首舰。⑧ 2002年服役的"七省级"护卫舰首舰。

以荷兰海军名将特罗姆父子（HNLMS TroMp）命名的荷兰军舰，历史上有8艘。分别为：① 1809年的7门炮纵帆船。② 1808年的68门炮风帆战舰。③ 1830年的74门炮风帆战舰。④ 1877年的"亚齐级"（Atjeh class）巡洋舰中的一艘。⑤ 1906年服役的近海巡洋舰。⑥ 1937年建造的"亚齐级"轻型巡洋舰。⑦ 1973年的"特罗姆普级"导弹护卫舰首舰。⑧ 2003年服役的"七省级"

师出有名：武器装备的命名和外号

> 荷兰海军"卡尔·多尔曼"号联合后勤支援舰

> 荷兰海军"七省"号护卫舰

> 荷兰海军"七省"号护卫舰

> 荷兰海军"七省"号护卫舰

> 荷兰海军"特罗姆普"号护卫舰（TroMp），有时也音译为"特朗普"

> 荷兰海军"特罗姆普"号护卫舰（TroMp），有时也音译为"特朗普"

> 荷兰海军"德·鲁伊特"号护卫舰

> 荷兰海军"德·鲁伊特"号护卫舰

护卫舰二号舰。

以英荷战争、法荷战争中的荷兰海军名将德·鲁伊特（HNLMS De Ruyter）命名的荷兰军舰，历史上有8艘。分别为：①1853年的54门炮蒸汽战列舰，后改装为铁甲舰。②1880年的一艘"亚齐级"巡洋舰。③1901年的一艘"摄政亲王级"（Koningin Regentes Class）近海巡洋舰。④1926年的一艘"海军上将级"（Admiralen Class）驱逐舰。⑤1935年的轻型巡洋舰。⑥1944年的一艘"七省级"巡洋舰二号舰。⑦1974年的一艘"特罗姆普级"导弹护卫舰。⑧2002年建造的"七省级"护卫舰三号舰。

美国空军袭名也疯狂

喜欢沿袭旧名的不只是美国海军，经常和海军"别苗头"、争军费的美国空军，也非常注重继承传统。美国空军最新的F-35"闪电Ⅱ"隐身战斗攻击机，也是旧名新用，继承自二战时的一代名机P-38"闪电"战斗机。除此之外，继承旧名最多的美国空军战机，当数"雷电"（Thunderbolt）这个名字。

第一代"雷电"，是20世纪40年代初，由美国共和飞机公司研制的平直翼活塞式战斗机。该机是美国陆军航空军（美国空军前身）在二战中后期的主力战斗机之一，也是当时最大型的单引擎战斗机，机身较其他战机肥胖许多，当时被地勤人员称为"水罐"（Jug）。该机以火力强大、机体强固而著称，两翼各装4挺12.7毫米口径勃朗宁M2重机枪，能在俯冲攻击时对敌机射出暴雨般的重机枪子弹，俯冲速度极快，加装了厚厚的装甲板和自封油箱，无论是战斗机，还是地面、舰上防空火力，要击落P-47都是一件不容易的事。

"雷电"战机1942年参战，尽管早期P-47在欧洲战场暴露出了中低空机动性不佳、续航力短等弊病，但当P-47战斗机第一次随B-17轰炸机飞到德国上空时，曾引起德国空军的极大震动。从1943年7月下旬起，随着换装大推力发动机的P-47C型和改良型P-47D的到来，不仅使B-17、B-24等轰炸机得到了全程护航，盟军飞行员们也学会了发挥"雷电"高空机动性和俯冲性能的合适战术，护航高度保持在轰炸机群之上，遭遇德国战斗机拦截时，便以迅雷不及掩耳的速度猛扑下来吃掉敌机。到1943年7月，盟军在欧洲的

空中被动局面已完全被扭转。从 1943 年 7 月底到 11 月初，仅美军第 5 大队的 P-47 战斗机就击落敌机上百架，大大打击了德军的嚣张气焰。1944 年 3 月 4 日和 6 日，P-47 和 P-51 战斗机部队连续掩护上千架规模的轰炸机对德国首都柏林进行轰炸，给德军以沉重的打击。德国空军元帅戈林在战后说："当护航战斗机出现在柏林上空时，我们就感到大势已去了。"轰炸柏林而最先进入柏林上空的护航战斗机就是 P-47。

二战中，"雷电"的战斗身影遍布欧洲战场、太平洋战争和亚洲战场。它不但为轰炸机护航，而且也担任对地攻击任务。在诺曼底登陆战前后，P-47 战机经常挂载火箭弹、集束炸弹或燃烧弹袭击敌方机场、公路和铁路交通网，掩护盟军的装甲部队进攻。面对德军凶猛的地面火力，机身坚固的 P-47 展现出了强大的生存能力，其战损率远远低于 P-51 "野马"。不少"雷电"被击中负伤，甚至挨上几十发子弹后，仍然能安然返航。

据统计，P-47 总产量为 15686 架，位居美国战机产量的第一位，这个数字在现代飞机中是没有的，在历史上也是少见的。该机在二战中共飞行 193.4 万小时，战斗出动 54.6 万架次，

> 美国空军 P-47 "雷电"战机

消耗燃油2.04亿加仑、发射子弹1.35亿发、火箭6万枚、投掷炸弹13.2万吨、凝固汽油弹上千加仑。空战损失比为4.6∶1，即击中敌机4.6架，自己损失1架。千架出动损失率仅为7架。这些记录在战机史上都是名列前茅的，有的甚至是史无前例的。

美国空军中的第二代"雷电"，是由P-47的"娘家"美国共和飞机公司生产的F-84喷气式战斗轰炸机。但在知名度上相比，可就比第一代"雷电"差远了。该机1946年首飞，1947年量产，是二战后美军早期装备的亚音速喷气式战斗机，由于此时P-47"雷电"尚未全部退役，共和飞机公司又不想放弃"雷电"这个响当当的名字，又要避免战机名称重复，索性就在老"雷电"后面加了后缀，称之为"喷气雷电"（Thunder）。

在美国喷气式战机的发展历程上，F-84属于一种过渡机型，很多设计也是摸着石头过河。采用的是头部进气布局，为了突出航程和飞行速度，增加了机翼厚度以容纳油箱和起落架，结果导致厚机翼的临界马赫数大大高于机身，严重制约了飞机的飞行性能。该机早期型号最鲜明的特征是在两个机翼翼尖上安装一个871升的副油箱，直到F-84F型才把翼尖副油箱改到翼下。

早期的"喷气雷电"入役后，根据美军的旧命名法，定名为"P-84"，P的是"驱逐机"（Pursuit Plane）的缩写。但从1948年6月开始，新成立的美

> 美国空军F-84"雷电"战机

053

> 美国空军 A-10 "雷电Ⅱ" 攻击机

国空军使用了新的编号规则，自 P-84C 以后"雷电喷气"全部改名为"F-84"系列（F 是战斗机"Fighter"的缩写）。

随着 F-86"佩刀"的服役，F-84 战机就转行做攻击机，主要从事对地攻击、轰炸任务。该机在朝鲜战争中飞了 86408 架次的任务，被击落 335 架。米格 -15 和"雷电喷气"的空战交换比为 1∶2。志愿军空军共击落 46 架 F-84，击伤 8 架。这个损失比率，可是比上一代"雷电"差多了。

美国空军的第三代"雷电"，则是由费尔柴尔德公司生产的单座双引擎攻击机 A-10，官方命名为"雷电Ⅱ"（Thunderbolt Ⅱ）。该机由于机体坚固、皮糙肉厚，被飞行员称为"疣猪"。

日本"海自"的袭名"招魂"

日本，作为一个由 3700 多个大小不同的岛屿组成的国家，从古至今便对海洋有着极强的依赖性。作为防御与扩张的重要手段，海上力量是岛国日本重点发展的对象。

二战后，日本作为战败国，失去了保留大型水面舰艇的权利，二战日本海军被海上自卫队所取代，日本战舰的命名也仅保留了驱逐舰的命名规则。在二战后初期，日本曾有一段时间不再沿用二战时期的舰名，其中，"初雪""朝雾"等均大面积采用新名。然而，随着国际战略发生变化，日本的国力增强，日本海上自卫队也发展为世界上装备最现代化的海上武装力量之一，吨位规模也在世界各国前列。日本"海自"开始悄悄恢复二战日本海军时期的一些军舰名称。从字面上看,今天日本"海自"各舰的舰名统一使用的是日语假名,而不是二战日本海军时代的汉字舰名,两者似乎没有什么联系。但是,由于日本"海自"对二战日本海军的执着与怀念,所以就算是用日语假名,也要用原来帝国海军主力舰的名字。懂日语的人,很容易就能从今天的日本"海自"舰名中,找到对应的二战日本"海自"舰名。比如,2013 年下水的"いずも"对应的舰名,就是二战时的侵华主力战舰"出云"号。这种以日语为掩护,实质上"换汤不换药"的袭名现象,某种程度上恰恰折射出日本人的小心思。

从 20 世纪 70 年代开始,随着"榛名级""白根级"驱逐舰的服役,日本"海自"舰艇在命名特征上的"招魂"味道越来越重。而其后更典型的便是日本第一级"宙斯盾"驱逐舰"金刚级"。"金刚级"是代替"旗风级"遂行舰队区域防空任务的大型驱逐舰,但在命名时却选用了二战日本海军巡洋舰的名称,"金刚""雾岛""妙高""鸟海"4 艘舰的名称,均来自二战日本海军的重型巡洋舰。"大禹级""日向级""出云级"直升机驱逐舰,使用的全是二

> 日本海上自卫队"出云"号直升机护卫舰 　　> 二战日本海军的"出云"号巡洋舰

战日本海军战列舰的命名规则。"金刚级"之后的"爱宕""足柄""摩耶"主力驱逐舰,使用的全是二战日本海军重巡洋舰的舰名。

日本"海自"舰艇在下水时间上都表现出了不一般的"巧合"。1990 年以后,最后一艘采用新名的军舰是 1997 年下水的"雾雨"号,其后二战舰名开始在"海自"中大行其道。日本军舰的下水时间有着相当强的规律性,27 艘驱逐舰中,有 25 艘的下水时间位于 8 月至 10 月这一区间内,其中 14 艘选在了 8 月这个

师出有名：武器装备的命名和外号

> 日本海上自卫队"金刚"号"宙斯盾"驱逐舰，最讽刺的是，图中航行地为二战日军偷袭过的珍珠港

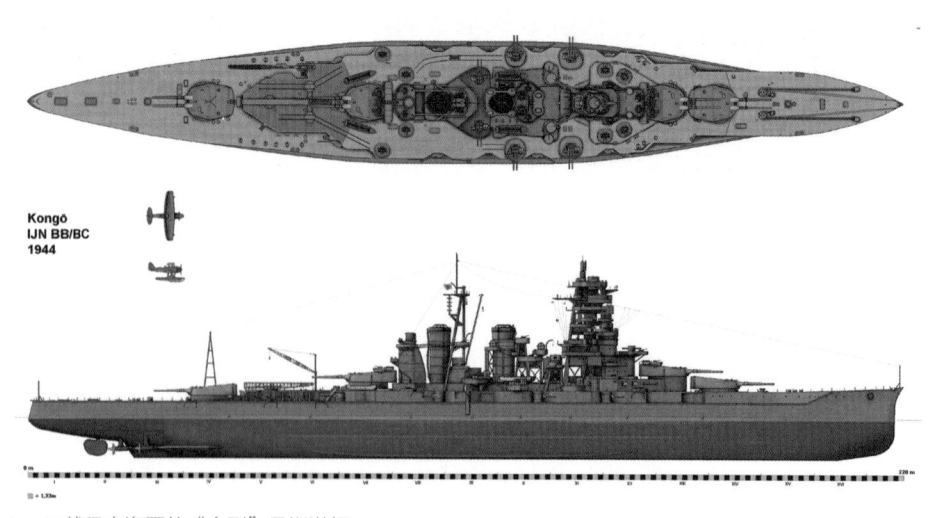

Kongō
IJN BB/BC
1944

> 二战日本海军的"金刚"号巡洋舰

历史意义相当强的月份。"出云"号直升机母舰则选在 2013 年 8 月 6 日下水,这一天恰恰是日本广岛的原子弹爆炸日。

不仅如此,日本"海自"许多舰艇的命名都是别有深意。以"日向""伊势"直升机母舰为例,表面上看,沿袭的是二战日本海军 2 艘战列舰的舰名。然而,在真实的历史上,1942 至 1943 年间,日本对"伊势""日向"2 艘战列舰进行了改装,其舰体后部的 2 座主炮炮塔被拆除,在原处的空间建起了 70 米长的飞行甲板,而 2 艘战列舰也由此摇身一变成为既可搭载飞机又保留战列舰机能的"航空战舰"。日本"海自"实质上是在用 2 艘改型航母的旧名,来给"直升机驱逐舰"命名,其用意不言而喻。"出云级"的 2 号舰命名为"加贺"号,使用的是二战日本海军航母的旧名。上一代"加贺"号,正是在中途岛战役中被美军击沉的二战日本海军联合舰队主力航母。这种文化导向,就更加直接了。

05 消失的号段（上）
美国战机代号空白

自1903年莱特兄弟发明的第一架飞机升空以后，歼击机、强击机、轰炸机、运输机、直升机、空中预警机等各种各样的作战飞机如同雨后春笋般涌现，令人眼花缭乱。为了能够正确地辨识、管理这些种类繁多的飞机，由此便诞生了军机命名的学问。

军机命名方法通常采用"代号+别名"的方法，比如美军中F-16"战隼"，指的就是排序第16号、外号叫"战隼"的战斗机。正常情况下，各国都是按照战机出现的时间先后排序的。可是，熟悉世界军用飞机的军迷们就会发现，许多国家军机代号排序，并不是连贯接续的，有些代号的排序有时会莫名其妙地断档。那么，这些消失的代号到底去哪儿了呢？

"闹分裂"的美国海空军

许多军迷在翻阅美军战机代号命名时，经常会被搞得云里雾里。早期美国海军的资料中，会同时看到F4C、F4F、F4U、F4D等战斗机编号，但它们与二战后的海空通用的F-4只是代号相似，完全不是同一型战机。20世纪50年代，美国空军的战斗机代号都排到F-104了，到了 60 年代又是从单号位数字 F-4 "从头再来"，70 年代后突然又蹦出来个 F-110、F-117，不了解内情的人，对此绝对是一头雾水。之所以出现这种前后不一的军机排序，主要是跟美军 1962 年前后两个时代的战机命名规则有关。在 1962 年以前，美国海空军（包括其前身美国陆军航空队）在装备命名上执行的是两套完全不同的体系，基本是 "各吹各的号，各唱各的调"。

美国海军的军机命名规则出现得最早。1919 年以前，美国海军订购的飞机还不算多，基本是由各制造商自行编号命名。在早期飞机型号较少的时候，还没什么大问题。但第一次世界大战时，采用新型航空技术的飞机型号大量涌现，由此带来的混乱简直令人头大如斗。1919 年 2 月，美国海军公布了一套完整的军用飞机编号规则。按照该规则，海军飞机的型号名称通常以 "字母（字母）+ 数字 + 字母 + 数字 + 字母 + 数字"的格式组成。

具体讲，第一位的字母代表飞机机型，由一个或两个字母组成，其意义各不相同：A 代表攻击机；B 代表轰炸机；BT 代表鱼雷轰炸机；F 代表战斗机；HJ 代表救援直升机；HN 代表教练直升机；HO 代表观测直升机；HR 代表运输直升机；HS 代表反潜直升机；HU 代表通用直升机；J 代表勤务机；JR 代表勤务运输机；N 代表教练机；O 代表观测机；P 代表巡逻机；PB 代表巡逻轰炸机；R 代表运输机；S 代表侦察机；SB 代表侦察轰炸机；SN 代表侦察教练机；SO 代表侦察观测机；T 代表鱼雷攻击机；TB 代表鱼雷轰炸机；TS 代表鱼雷教练机；W 代表特种电子飞机；Z 代表飞艇。

第二位的数字是设计序号，表示其公司为海军制造的该型机的第几种。由 1 开始随后依次是 2、3、4，不过如果该数字是 1 的话，往往都省略不标记。

第三位字母代表制造商，只有 1 个字母。当时美国的飞机制造厂家非常多，远不是现在只剩下几个寡头竞争的状况。因此 26 个字母无法完全表示各飞机制造商。较小的制造商以及成立较晚公司的代号，有相重的情况。主要飞机制造商的代号如下：A 代表布鲁斯特飞机公司、通用航空公司；B 代表波音飞机公司；C 代表寇蒂斯飞机公司；D 代表道格拉斯飞机公司；E 代表贝兰卡公司；F 代表格鲁曼飞机公司；G 代表固特异飞机公司、大湖飞机公司；H 代表麦克唐纳飞机公司、希尔公司；J 代表伯利纳·乔伊斯公司、北美航空公司；K 代表凯塞公司；L 代表贝尔飞机公司；M 代表马丁飞机公司；M 代表东方飞机公司；N 代表舍维尔斯基飞机公司（后为共和公司）；N 代表海军飞机厂；O 代表洛克希德飞机公司；R 代表瑞安飞机公司；S 代表西科斯基飞机公司；T 代表诺斯罗普飞机公司；U 代表钱斯·沃特飞机公司；V 代表洛克希德飞机公司维格分部；W 代表加拿大车辆与铸造公司；Y 代表联合飞机公司（后为康维尔公司）。

第四位的数字是该飞机的改型代号。通常基本型标为 1（往往省略），随后依次是 2、3、4……和前一位的字母用短线 – 连接。

第五位的字母表示各种特殊用途的改型代号：A 代表水上飞机；B 代表特种作战型；C 代表舰载型；D 代表带可抛副油箱；E 代表带特种电子装置；F 代表按装发动机改型；G 代表搜索救援型；K 代表靶机；L 代表带探照灯；M 代表可以使用导弹；N 代表夜间战斗型；P 代表照相侦察型；Q 代表雷达干扰型；S 代表反潜型；W 代表早期预警型。

第 6 位的数字表示在特殊用途改型上的进一步小改进型，基本型标为 1，也往往省略。

按照这个命名规则，F6F–5N2 就是是格鲁曼公司为海军研制的第 6 种战斗机 F6F 的第 5 种改型的夜间战斗型的第 2 种小改型；F11F–1P 就是格鲁曼公司为海军研制的第 11 种战斗机 F11F 的基本型的照相侦察型。当然，由于厂商代号有相同的，所以有时这个规则也不完全准确。比如，海军于 1936 年向布鲁斯特公司（公司代号 A）订购的第一种战斗机 M-139，按照海军命名规则应被称为"FA"，但由于通用航空公司早在 1932 已为海军生产了型号为"FA"的飞机。所以布鲁斯特的飞机型号只能是"F2A"。原型机则为"XF2A–1"。该机后来曾参加二战，英国人称其为"水牛"。

> 二战时美军的 F2A 水牛战斗机

> 美军的 AD1"天袭者"攻击机，在轰炸越南时还带上了"马桶炸弹"，纯属美军的战场恶搞

此外，按照传统投入生产的飞机往往还有一个绰号。这个名字一般是由制造商确定，经过海军批准也正式成为官方对该飞机的另一种称呼。一些老牌飞机公司各自有一套给飞机起绰号的传统习惯。比如，道格拉斯公司的飞机通常以"天空"（Sky）命名，如 AD"天袭者"（skyraider）、A3D"空中武士"（Skywarrior）、A4D"天鹰"（Skyhawk）、F3D"空中骑士"（Skyknight）、F4D"天光"（Skyray）等。而麦克唐纳公司往往喜欢用妖魔鬼怪起绰号，比如 F2H"女妖"（Banshee）、F3H"恶魔"（Demon）、F4H"鬼怪"（Phantom Ⅱ）等。寇蒂斯公司的产品都是"鹰"，格鲁曼公司则是大大小小的"猫"。

1962 年以前，美国空军以及其前身——美国陆军航空队，执行的是与海军完全不同的命名规则。1919 年 9 月至 1924 年间，美国陆军航空队参考法国军机代号命名法，建立了第一套军机命名规则，主要是用几种大写的双英文字母组合，表示 15 种不同的飞机用途，后面再加一个设计序号。不久，又增加了 4 种用途代号，但后者只用单个英文字母表示。1924 年 5 月开始，开始采用经过修改后的第二种军机代号命名法，至二战前后，美空军军机代号，主要由 1 个～2 个大写英文字母表示的用途代号，再加上设计序号组成。其主要用途代号有以下 17 种：

A 代表攻击机和单发轻轰炸机；B 代表轰炸机；DB 代表昼间轰炸机；F 代表照相侦察机，F 代表战斗机，FM 代表多座战斗机；GA 代表对地攻击机；

HB 代表重轰炸机；LB 代表轻轰炸机；NBL 代表远程夜间轰炸机；NBS 代表近程夜间轰炸机；P 代表驱逐机（战斗机的旧称）；PA 代表空冷发动机驱逐机；PB 代表双座驱逐机；PG 代表对地攻击驱逐机；PN 代表夜间驱逐机；PW 代表水冷发动机驱逐机（不过，如果是处于未定型试飞状态的飞机，则在用途代号前加一个 X 号，这个 X 命名法一直沿用至今）。

1947 年美国陆军航空队独立成为美国空军之后，1948 年美国空军又颁布了新的军机命名规则，用战斗机"F"（Fighter 的首字母）取代了 P（"驱逐机" Pursuit plane 的首字母）。用途代号也精简为 13 种：A 代表水陆两用飞机；B 代表轰炸机；C 代表运输机；F 代表战斗机；G 代表滑翔机；H 代表直升机；L 代表联络机；Q 代表靶机；R 代表侦察机；T 代表教练机；U 代表杂务机（有效商载小于 906 千克）；V 代表垂直起落飞行器；X 代表特种试验飞机。

1962 年以前，美国空军军机命名规则虽然几经调整，但基本使用的都是依次递增原则，有时出现一种较新的飞机改型，就启用一个新的代号，这样做的好处是一目了然。但是，由此也带来代号数字的飞速增长。二战结束后，海军飞机编号还在 10 左右，而空军飞机编号已经达到 60 了。尤其是美国空军建立后，空军的飞机编号沿用了过去陆军航空队时期的命名法，使得飞机编号飞速上涨。第一种实用喷气战斗机 P-80 改称"F-80"还没有几年，F-100 战机就问世了。到 1962 年，美国空军喷气战斗机型号已编到 F-111。这些超过 100 编号的喷气式飞机，也被称为"百字头"战机。同一时代的美国海军，仍采用原来的编号体制，使得海军飞机的编号仍然保持在 10 左右。

到 20 世纪 60 年代，美国海空军各自为政的军机命名办法，为武器装备的采办、管理和使用带来了诸多不便。很多海军和空军共同装备的飞机，各自编号名称却不相同，比如，大名鼎鼎的"鬼怪"式喷气式战斗机装备空军后，在老型号命名体系下命名为"F-110"，而配备海军航母舰载机后，则称为"F4H"。两套互不兼容的命名体系，给战时的后勤带来巨大麻烦。1961 年麦克纳马拉任国防部长，在强调国防采办实施集中统一管理的同时，要求统一武器装备命名规则。美国空军和海军经过无数的口舌之争和妥协让步之后，终于决定各让一步，将各自的飞机编号规则合并。空军除了 F-110、F4H 外，百字头系列战机仍然得以保留。新的军机命名序列将按照海军的来编号，排列方式则是空军式的。飞机绰号则由国防部统一指定,不再由厂家命名。

重新洗牌后的乱出牌

1962年9月18日,三军统一的军机命名规则开始实行后,许多飞机的代号排序也随之更改。比如,各种仍在服役的海军飞机,其编号也按照数字大小的"就近原则"重新编号。美军战斗机代号从1开始重新排队。简单介绍如下:

北美公司的"愤怒"(Fury)系列单座舰载战斗机抢走了F-1的代号。该机外形与F-86"佩刀"很相似,可携带AIM-9"响尾蛇"空空导弹,内置4门20毫米机炮。其中FJ-3和FJ-3D更名为"F-1C",FJ-3D2和FJ3M更名为"F-1D"。FJ-4更名"F1-E"。战斗轰炸型的FJ-4B更名"AF-1E"。

麦克唐纳公司的F2H-3"女妖"战机(Banshee)改名为"F-2C",F2H-4更名为"F-2D"。"女妖"是一种单座舰载战斗/侦察机,这个绰号的来源很有意思,主要是因为F-2高速飞行时,两具引擎会发出凄厉的尖叫声。

"F-3"系列给了麦克唐纳公司的F3H"魔鬼"(Demon)战机,该机是一种单发、高亚音速后掠翼喷气式战斗机,也是第一种只带导弹、不用机炮的战机。

> F-1"愤怒"(Fury)战斗机

> F-2"女妖"(Banshee)战斗机

> F-3"魔鬼"(Demon)战斗机

> F-4"鬼怪"(Phantom Ⅱ)战斗机

> F-5"自由战士／虎Ⅱ"战斗机

> F-6"天光"(Skyray)战斗机

> YF-7"海标枪"(Sea Dart)战斗机

"鬼怪"式战斗机统一编号为"F-4",其海军型由F4H改称"F-4B",空军型由F-110A改为"F-4C"。该机是麦克唐纳与道格拉斯公司合并后研制的双发双座重型战斗机,是一个庞大的"鬼怪"家族,也是美军中第一种海空军通用的战斗机,共生产了5000架。

"F-5"给了当时诺斯罗普公司的"自由战士／虎Ⅱ",这是一种双发超音速轻型战机,也是主要供外销的低成本军援战斗机,美国空军也有小批量采购,主要用于"假想敌"中队。

道格拉斯公司研制的F4D"天光"(Skyray)改称"F-6",这是一种三角翼战斗机,装备20毫米机炮和"响尾蛇"空空导弹截击敌机。

编号"YF-7"给了康维尔公司的XF2Y"海标枪"(Sea Dart)喷气式水上飞机,该机是一种不成熟的奇特战机,总共制造了5架,2号机试飞中坠毁。格鲁曼公司的活塞螺旋桨飞机F7F因为早已退役,没能抢到"F-7"这个编号。

"F-8"系列就是钱斯·沃特公司单座单发的F8U"十字军战士"(Crusader)舰载战斗机。其创新之处是整个机翼可以上仰7度以增大起飞和着陆时的升力,改善起降性能。由于其低空性能出色,在F-8基础上发展了A-7攻击机"海盗Ⅱ"(Corsirt)。

"F-9"给了格鲁曼公司的F9F"黑豹/美洲狮"系列战机，该机是单发单座的早期夜间战斗机，经常使用深蓝色涂装。确定"F-9"这个代号时，美国海军早已没有多少这种飞机了。

道格拉斯公司的F3D"空中骑士"（Skyknight），获得了"F-10"的编号，该机是一款双发平直翼亚音速喷气式舰载战斗机，采用并列双座布局，是世界上第一型按照航母舰载机设计的喷气式战斗机，也是美国唯一参加过朝鲜战争、美越战争的机型。

当时还在美军"蓝天使"中队服役的F11F"虎"（Tiger）式战机改名为"F-11"，这是格鲁曼公司研发的一种单发单座的轻型空优战斗机，可携带4枚响尾蛇导弹和4门20毫米机炮。

"YF-12"是洛克希德SR-71"黑鸟"的截击机型，设计指标是3马赫的截击机，用于对付苏联的超音速轰炸机。最终未能投入使用。

经过了20世纪60年代的这一轮命名大调整，美军总算是厘清了海空军战机命名体系。但有的型号就在新旧体系更换过程中，由于莫名其妙的历史原因，突然消失了。比如，"F-13"这个代号被直接跳过了，原因很简单，13在基督教文化为主导的西方社会是一个不祥的数字，耶稣最后的晚餐中，出卖他的弟

> F-8"十字军战士"（Crusader）战斗机

> F-9"黑豹/美洲狮"（Panther）战斗机

> F-10"空中骑士"（Skyknight）战斗机

> F-11"虎"（Tiger）战斗机

子犹大就是第 13 位客人。本来这个型号是给 F-14 "雄猫"的，但是被"雄猫"的制造商格鲁曼公司果断拒绝了——哪个飞机公司也不愿意摊上这么一个倒霉的数字！当然，"F-13"这个军机型号现实中也是短暂使用过的。在 1924 年的型号体系中，字母"F"是照相侦察机的字头缩写，二战后美国人曾把数百架 B-29 轰炸机改装成大型照相侦察机，一度称之为"F-13"。在实行 1948 年命名规则后，F-13 照相侦察型的型号变更为"RB-29"，美国空军终于告别了这个闹心的型号。

1970 年，格鲁曼 F-14 "雄猫"一飞冲天开始服役，往后就是世人熟知的 F-15、F-16、F-18 战斗机了。中间的"YF-17"被诺斯罗普公司的轻型战斗机竞标方案"眼镜蛇"（Cobra）给占用了，"F-17"从此不再使用。然而，美军战机命名爱折腾的事情还不算完。1982 年 8 月，美国诺斯罗普公司为 F-5 战机的改进型 F-5G "虎鲨"申请外销编号，美国空军标准分局建议按顺序命名为"F-19A"。结果，诺斯罗普提出了不同意见，理由是苏联在 80 年代的外贸机型全用奇数（俄国人认为奇数吉利），诺斯罗普希望与他们"划清界限"。美国国防部也认为 F-19 与苏联的米格 -19 容易混淆。最终跳过了"F-19"这个编号，直接把"虎鲨"命名为"F-20"，看上去就像"新一代战斗机"。"F-19"因此成为一个未被使用的美国战斗机代号，汤姆·克兰西的军事幻想作品《赤色风暴》，以及许多电脑游戏、飞机模型，都采用了"F-19"这个编号。

在 F-20 之后，"F-21A"这个代号落在了美国海军陆战队租借的 25 架以色列"幼狮"（Kfir）战机头上。该机其实是幻影 III 的机身加上 F-4 "鬼怪"的 GE-J79 补燃涡轮喷气发动机。"F-22"落在了洛克希德/波音公司的 YF-22A "猛禽"（Raptor）隐身战斗机头上。"F-23"由于诺斯罗普·格鲁曼的 YF-23A 占用了这个编号，不再启用。

F-24 到 F-35 之间的型号之所以没有启用，主要是因为一个不合规矩的型号——F-35，即 JSF 联合攻击机项目的中标方案，其原型本来是 X 序列技术验证机。在洛克希德公司的"X-35"方案获胜后，原计划型号定为"F-24"，由于五角大楼的人为干预，X-35 被破格直接提升到战斗机行列，其型号保持 35 序号不变。造成了 F-24 到 F-34 之间的型号全部消失的感觉，其实，它们还没有被分配。

不过,"幼狮"使用过的代号"F-21",近来似乎有死灰复燃的迹象,洛马公司为了打开印度军火市场大门,不仅许诺在印度建厂生产F-16,而且在印度班加罗尔航展上展出了号称"全新"的F-21战斗机模型,从外形看完全就是F-16的升级版。由此可见,在美国军火巨头眼里,军机命名规则就是个空气,只要有钱赚,旧编号再卖一次也完全没问题。

启用1962年军机命名规则以后,美国空军的"百字头"战机编号也保留了一段时间。具体排名是:

F-100"超级佩刀"后掠翼单座战斗轰炸机,由北美公司生产,世界上第一种最大平飞速度超过音速的战斗机,共生产了2292架。

> F-100"超级佩刀"后掠翼单座战斗轰炸机

F-101"巫毒"单座远程护航战斗机,是麦克唐纳公司XF-188的放大版。改型有攻击机型、双座截击机型、单座侦察型。

F-102"三角箭"三角翼全天候截击机,由康维尔公司生产,只携带导弹作战,单座型产量875架,双座型产量111架。

F-104"星战士"是洛克希德公司生产的战斗机,飞行速度可达双倍马赫,在美国空军中服役数量很少,大量出口国外。

F-105"雷公"由共和公司生产,这是一款飞行速度可达2倍马赫的战斗轰炸机,共生产了824架,曾在美越战争中大量使用。

F-106"三角标枪"是康维尔公司在F-102基础上生产的改进型,只使用导弹作战,单座型产量277架,双座型产量63架。

F-110"幽灵"是麦克唐纳公司为海军生产的F4H项目的空军型号,也就是后来大名鼎鼎的F-4C"鬼怪"。

F-111是通用动力公司生产的双座变后掠翼战斗轰炸机"土豚"(Aardvark),后来在其基础上改型生产了FB-111战略轰炸机,共生产了563架。

中途夭折的出局者

在美军战机代号排序中，很多号段的缺位，都是由于原型机性能不达标或者由于其他原因未能投产造成的。二战末期，美国凭借其强大的经济实力，利用英国转让技术、缴获自德国的技术资料和专家，在战斗机发展上迅速取得领先地位，美国各家飞机制造公司八仙过海，各显神通，推出了众多战斗机型号。但是，这一段时期，美国军用飞机的投产率并不高，从二战末期到60年代，美国空军战斗机的投产率仅58%。主要原因是早期喷气式战机的技术还并不成熟，很多设计方案也都是异想天开，军方战略战术的变化、经费的短缺等，使得一些型号纷纷中途下马，有些还只停留在图纸上，这就造成了空军服役战斗机型号数字链条中的许多缺口。

早在二战末期，贝尔公司以英国惠特尔离心式涡喷发动机为基础，研制喷气战斗机XP-59A"空中彗星"。1942年10月2日试飞成功，但由于最大时速仅666千米，飞行时又有左右摇摆"蛇行"的毛病，只生产了20架P-59A和30架P-59B型，没有配备一线部队。除用作飞行试验外，大部分用作培养飞行员熟悉喷气飞行的教练机。贝尔公司对此并不死心，又在P-59基础上生产出了放大版XP-83。该机在1945年2月首飞。由于机体超重，动力不足，它飞得不快，爬升性能更差，没有实用价值，只制造两架原型机就中止了计划。同一时期，诺斯罗普公司的XP-79截击机命运更加悲惨，在1945年9月

> F-105"雷公"战斗轰炸机

> F-111"土豚"（Aardvark）战斗轰炸机

> F-111"土豚"（Aardvark）战斗轰炸机

12日首次试飞中,就因横滚不能恢复而坠毁,当场结束了飞机生涯。

联合·伏尔梯公司(后改康维尔公司)为了迎合美军太平洋战场远程战斗机的要求,专门设计了世界首架螺旋桨与喷气混合动力的XP-81,计划在巡航时只开头部的螺旋桨发动机,在起飞和战斗加速时启动尾部的J-33喷气式发动机。结果,复杂的双动力带来维修困难、故障频出,建造进度一直拖拉到日本战败投降,最终XP-81的计划被放弃。

为了克服早期喷气机航程短、不能为远程轰炸机护航的弊端,美军又重开"寄生式战斗机"的奇葩脑洞,理想目标是在B-36轰炸机弹舱内携带一架小型喷气战斗机,到达目标前放出以对付敌方截击机,轰炸结束后又回收进轰炸机弹舱内返航。麦克唐纳公司因此研发出了XP-85"丑妖",为了塞进B-36轰炸机的弹舱,该机机身只有4.57米长,燃料只够飞30分钟,外形又肥又短、奇丑无比。该机于1948年上天试飞,在试飞中发现操作难度太大,机身稳定

> 贝尔公司夭折的XP-83

> 夭折的XP-81

> 五短身材的XP-85,丑陋不可阻挡

性和操纵性也不佳，最终制造了 2 架就无疾而终了。

如果说技术先天不足是命中注定，那么军方的意外"跳票"，可就是不可控因素了。20 世纪 40 年代末，面对美军夜间喷气式战斗机的需求，柯蒂斯公司拿出了 4 个喷气式发动机的 P-87 "黑鹰"，全长 18.9 米，相当于二战轰炸机的尺寸，这也是当时全球唯一的 4 发喷气战斗机。该机于 1948 年 3 月 5 日试飞，达到了美国空军的设计指标。美国空军很快也签下 YF-87A 和 88 架生产型 F-87A 的合同。但是，两个月后，美军最终却选定了尺寸较小的 F-89 "蝎子"和 F-94 "星火"，导致 P-87 意外出局。失去这笔 8200 万美元订单的柯蒂斯公司受到沉重打击，再也没有涉足军用飞机领域。

与 F-87 命运相似的还有几个倒霉蛋。1946 年，为了满足轰炸机护航和对地攻击需要，美军提出发展重型远程战斗机的"侵攻战斗机"计划，麦克唐纳公司提交了 XF-88，洛克希德公司提交了 XF-90，北美公司提交了 F-86C （后来改名为"YF-93A"）。三方的龙争虎斗还没有分出结果，1950 年朝鲜战争就爆发了，美军下令全力生产 F-84 和 F-86，"侵攻战斗机"计划中止，F-88、F-90 和 F-93 三兄弟全部胎死腹中。这次跳票还不算完，50 年代初，空军提出发展昼间近程单座截击机，同共和飞机公司和康维尔公司分别签约了发展 XF-91 和 XF-92 的合同，两家都采用了涡喷与火箭混合动力，都如约拿出了原型机，最终在军方的变更下，都没有投产。

在百字头战机中，也有几个半道出局者，有的是被设计造价活生生逼死的。

XF-103 是共和飞机公司生产的概念超前的截击 / 战斗机方案，设计指标为飞行速度达到 4 马赫，使用冲压发动机和涡喷发动机联合动力，气动设计为小型三角翼布局。该机由于造价昂贵无比而下马，连原型机都没有造。

YF-107A 是北美公司基于 F-100 研制的全天候截击机，机身设计使用了超音速面积率理论，发动机进气口放在了机背上，可以说是一种非常大胆的设计。后来改成了战斗轰炸机，与共和公司的 F-105 竞争，惨遭淘汰出局。

F-108 "轻剑"是北美公司研制的远程截击机，设计飞行速度可达 3 倍马赫，气动设计为无尾三角翼布局，本来用来给三倍音速的 XB-70 轰炸机护航。由于造价高昂，再加上新型远程空射巡航导弹的研制取得突破，连实体全尺寸模型都没有完成，就惨遭下马。

最悲催的百字头编号是F-109。1955年，麦克唐纳公司向美国空军提出需求，希望把该公司生产的F-101"巫毒"改装的双座截击机命名为"F-109"。这个提议被无情拒绝。美国空军希望把这个宝贝型号先预留着，用于命名贝尔公司研发的D-188A垂直起降战斗机，那可是安装8台

> 贝尔公司的D-188A，步子太大最终失败

J85-GE-5涡喷发动机的战斗机，后来的英国"鹞"式飞机和它相比简直是缺乏想象力。可惜的是，贝尔公司"步子迈得太大"，D-188A研制到模型样机阶段，就发现设计不切实际，以惨遭下马而收场。即便如此，"F-109"这个型号空军也舍不得拿给其他战机用。没过几年就赶上1962年美国海空军统一命名标准，这个宝贝型号也就胎死腹中了。

型号的"跳跃"和"转移"

目前美国海空军的军机型号体系中，有一些机型的型号并不符合1962年命名规则。比如，F-111和F-117A。但这两者的情况又各不相同，F-111的型号是1948年型号体系中的遗老遗少，对于1962年规则来讲是跳出三界外，不在五行中。而F-117A研制时，早已经实行了1962年命名规则。按理说，不应该使用百字头型号。而且，F-111接来下应该是F-112，怎么突然间跳跃到了F-117，真是让人百思不得其解。

F-112到F-116去哪儿了？型号消失的背后，有这么一个故事。据说冷战时期，美国通过各种途径获得了一些苏联的苏-22、米格-19、米格-21、米格-23、米格-25战机，很多飞机到手之后还能飞行。为了秘密测试这些敌方战机的性能，美军将这些飞机运送到了内华达州沙漠中的秘密基地，在那儿秘密进行飞行测试。为了便于管理，美军就把本国空军不再使用的F-112、F-113、F-114、F-115、F-116等"便宜型号"分配给了这些苏-22、米格-19、米格-21、米格-23、米格-25。有小道消息称，美国人为了测试用美国技术

师出有名：武器装备的命名和外号

> 美军 F-117 战机，跳跃的编号

制造出的苏联战机性能，还仿造了1架米格-25，取名为"F-116A"。还有说法是，苏联解体前，美国通过秘密渠道获得了米格-29，为其取名"F-118"。这些消息虽然传得活灵活现，但至今也没有得到证实，只能看作一家之言。

关于F-117A的"跳号"来历，有一种说法的可信度比较高。据说，在F-117试飞定型过程中，其原型机一直与那些苏联战机在同一个地区试飞，为了便于区分，其无线电呼号定为"117"。后来在洛克希德公司制作的第一批《飞行手册》上，印刷的就是"F-117"。如果使用其他型号，美国军方可能要花上百万美元来重印《飞行手册》。为了省钱省事，美国空军捏着鼻子认了"F-117"这个型号。

此外，在50年代的"导弹热"中，在"导弹万能论"的思潮冲击下，有人驾驶战机似乎走到了尽头，美国空军轻率地把"XF-98"、"XF-99"两个战机编号拿去发展导弹，分别产生了休斯公司的"猎鹰"导弹和波音公司"波马克"远程防空导弹，此举间接导致"F-98""F-99"两个代号空缺。这也算是移花接木的"神操作"了。

06 消失的号段（下）
苏联战机代号空白

"家家有本难念的经。"战机代号断档、跳号这种事情，不仅美军战斗机有，苏联战斗机序列中也经常出现，只是原因各不相同，在一定程度上体现了战斗机不同的发展路径。

苏联军机序列的源起

苏联军用飞机的序列排名，要追溯到第一次世界大战前的沙皇俄国时代。1912年7月，沙俄陆军部工程电信局航空处成立，这是俄国空军的雏形。第一次世界大战期间，参战的俄军开始引进和仿制先进航空国家的军用飞机。当时俄军并没有自己的命名规则，飞机使用的名称仍然是原制造国的名称，比如，战斗机中的"福克Ⅶ""纽保Ⅳ""波尔蒂""信天翁"；侦察轰炸机中的"瓦赞""法曼Ⅶ""法曼27""34""安萨尔多"侦察机等。苏联一批优秀的飞机设计师脱颖而出，这时，军用飞机开始使用他们的姓氏词头来命名。

十月革命成功以后，苏联和俄罗斯航空工厂实行国有化，并建立了航空科研机构，开始着手自行研制飞机。到了20世纪20年代，一批优秀的飞机设计师在苏联脱

> 安德烈·图波列夫，苏联著名飞机设计师，以设计轰炸机著称

颖而出，这时，军用飞机开始使用他们的姓氏词头来命名。1925年，以 А·Н·图波列夫为首的设计小组研制成功第一种作战飞机 АНТ-3（安特-3）侦察轰炸机，又称"Р-3"（驱逐机"Pursuit"的缩写）。前一个名称是从图波列夫的姓氏演变而来；后一个名称是根据飞机用途命名的。在20个世纪二三十年代，苏联几乎每种军用飞机都有类似的两个名称。30年代初，随着各类用途的军用飞机相继研制成功，苏联军用飞机的命名开始逐步走向正规化。

当时，苏联给飞机命名主要依照下面的规则：

轻型高速轰炸机用俄文字母"СБ"（英文表示为"SB"），如"СБ-2"、"СБ-3"等；

高速远程轰炸机用"ДБ"命名；

远程重型轰炸机用"ТБ"命名；

近海侦察巡逻水上飞机用"МБР"命名；

教练机用"У"命名；

侦察机用"Р"命名；

战斗机用"И"命名；

……

设计局独挑大梁

二战后，苏联在战火中锻炼形成了许多著名的飞机设计局，军用飞机的命名规则，也从"用途+数字"变成了"飞机设计局名称字头缩写+数字"。比如，安东诺夫设计局缩写为"Ан"（安）；伊留设计局缩写为"Ил"（伊尔）；卡莫夫设计局缩写为"Ка"（卡）；米里设计局缩写为"Ми"（米）；米高扬设计局缩写为"Миг"（米格）；米亚舍夫设计局缩写为"Мя"（米亚）；苏霍伊设计局缩写为"Су"（苏）；图波列夫设计局缩写为"Ту"（У图）；雅克夫列夫设计局缩写为"Як"（雅克）。"Су-15"（英文为"Su-15"，中文常写作"苏-15"），表明该型飞机是苏霍伊设计局设计的，"15"是它的设计序号。这种以"设计局缩写"开头的命名规则，一直沿用到今天。

在苏联军机的命名序列中，很多设计局的产品序列都出现了空白。以现在风头最劲的苏霍伊设计局为例，该设计局于1939年组建，首任总设计师帕维尔·奥西波维奇·苏霍伊。该设计局在几十年的飞机研制生涯中，一直敢为天下先，大胆采用最新科学技术成果。但过于追求先进，同时也带来了相当高的风险，有相当多的飞机型号未能投产就半途夭折。从已经列装苏联和俄罗斯军队的苏霍伊飞机看，大概有以下型号：

苏-2：苏霍伊设计局第一个量产战机型号，是一款单发双座活塞螺旋桨式攻击机，1939年开始研制，1940年正式量产，该年下半年开始服役。

苏-7：苏霍伊设计局研制的单座单发战斗轰炸机，是作为米格-19的后继机设计的。苏-7于1955年首次试飞，1958年投产，1959年服役，编号"苏-7Б"。北约代号"装配匠"（Fitter）。

苏-9：苏霍伊设计局研制的三角翼单座单发全天候截击机。西方给绰号"捕鱼笼"（Fishpot）。1953年开始研制，1954年首次飞行，1958年投产，1959年开始服役。

> 苏-7战斗轰炸机

> 苏-7 截击机

> 苏-11 截击机

苏-11：苏霍伊设计局二战后研制的两种截击机。由于苏霍伊设计局在1949年经历了解散重组，因此"苏-11"这个编号被使用过两次。分别为1947年的苏-11双发亚音速喷气战斗机和1961年的苏-11单发超音速喷气截击机。由于苏-11（1947）并未进入服役，所以一般情况下，苏-11指苏-11（1961）超音速截击机，北约代号"捕鱼笼-C"（Fishpot-C）。苏-11（1961）和苏-9在外形上不容易分别，只是进气锥更大一些，以容纳更大的雷达，并挂载射程更远的雷达半主动制导空对空导弹。该型于1966年停产。

苏-12：苏霍伊设计局研制的双座双发活塞螺旋桨式飞机，于1946年开始设计，1947年首飞，1949年开始生产。服役后作为侦察机和轻型轰炸机使用，用于侦察、炮兵校射甚至前线轰炸。

苏-15：苏霍伊设计局20世纪60年代初开始研制的单座双发全天候高空超音速截击战斗机，北约代号"细嘴瓶"（Flagon）。苏-15的原型机于1965年首次试飞，1969年生产型开始装备部队

苏-17/22：苏霍伊飞机设计局20世纪50年代中期研制的一种后掠翼喷

> 苏-15 截击机

> 苏-17/22 战斗轰炸机

气式战斗轰炸机，成为六七十年代苏联空军与华约国家空军的主要装备之一。北约代号"装配匠-A"（Fitter-A）。该机最早是与米格-21竞争苏联前线战斗机的型号。尽管苏-7的体积更大、推重比更高，在火力和综合机动性上占有优势，但空军选型时，最终选择了强调高空、高速性能，更小巧、轻型、便宜的米格-21。苏-7最后发展成为了前线战斗轰炸机，机身共10个挂架、2门30毫米NR-30机炮，能够携带4250千克武器，包括电视、激光、反辐射导弹、反舰导弹和航空炸弹。

苏-24：苏霍伊设计局1963年研制的双座双发多用途攻击/战斗轰炸机，采用变后掠翼设计，北约代号"击剑手"（Fencer）。1970年1月17日首飞。除了携带空对地导弹、火箭弹外，也可携带小型战术核武器进行纵深打击。该机有许多衍生型号，包括空中侦察型、电子战型以及拦截型。从最初的28架开始，该飞机共生产了15批。该机型最出色的战绩之一，是1996年利用车臣非法武装头目杜达耶夫使用海事卫星通话之际，测定其精确坐标，使用2颗炸弹成功斩首杜达耶夫，成为情报手段辅助反恐行动的经典案例。

苏-25/39：苏霍伊设计局1968年研制的高亚音速近距离空中支援攻击机，

> 苏-24 战斗轰炸机

> 叙利亚战争中的苏-24

1975 年首飞，1984 年装备部队。它以结构简单、火力凶猛、易于操作维护而著称，紧急情况下使用普通车用柴油也能飞行，座舱底部及周围有 24 毫米的钛合金防弹板，北约代号"蛙足"（Frogfoot）。曾经在阿富汗战争、车臣战争中多次出动。后来在基本型的基础上，装备了新的导弹系统、电子航空系统，并具有精确的打击能力，命名为"苏-39"。

苏-27：苏霍伊设计局 1969 年开始研制的双发全天候重型战斗机，被认为是苏联第四代战机的经典之作，具有优秀的空中格斗能力和机动性，在 1989 年的巴黎航展中，以史无前例的"眼镜蛇机动"技惊全场，北约代号为"侧卫"（Flanker）。该机是苏联解体后，俄罗斯空军的主力机型，先后衍生出了苏-30、苏-32、苏-33、苏-34、苏-35、苏-37 等多种改进型号，几乎涵盖了俄罗斯的全部军用飞机领域。

> 苏-25 强击机

> 苏联一代名机苏-27

苏-57：苏霍伊设计局 21 世纪研制的双发隐形重型战斗机，具有隐形性能好、起降距离短、机动性超强、超音速巡航等特点，也是俄罗斯军队唯一的第五代战机。被俄空军寄予厚望，计划用苏-57 来替换现役的苏-27 战斗机，与美军的 F-22、F-35 战机相抗衡。

从上述列装型号可以看出，苏霍伊设计局研制的战机序列中，经常不间断地出现空白号段。这些设计序号到底去哪儿了呢？这是一个比"爸爸去哪儿"还要复杂的问题。

消失的号段（下）| 苏联战机代号空白

> 苏-30：我是苏-27的弟弟

> 苏-32/34：我也是苏-27的弟弟

> 苏-33：我也是苏-27的弟弟

> 苏-35：我也是苏-27的弟弟

> 苏-37：我还是苏-27的弟弟

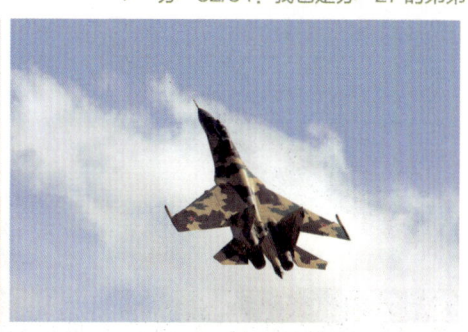

081

> 苏-57：我终于不再是苏-27的弟弟了

五花八门的苏霍伊"出局者"

从可以查到的航空史料看，苏霍伊设计局缺失的序列号段，有相当一部分都是设计失败的出局者，比较出名的有以下几种：

苏-1：苏霍伊设计的第一架战斗机，1938年开始研制，该机为单发单座活塞螺旋桨式战斗机，外形小巧，意欲通过优秀的气动设计和轻小的体型达到机动性、速度、升限的最好平衡。1939年3月首飞，但是被来自米格、雅克和拉沃奇金等设计局的竞争者比了下去，一直没有大批量生产。1941年4月16日，苏联决定停止该机生产。

苏–3：苏–1飞机的改进型，改进后的二号机更名为"苏–3"，同样没有投产。

苏–5：单座混合动力试验机，用活塞式发动机驱动压缩机。1944年开始研制。在1944年秋天获得批准。因性能达不到设计指标，于1946年11月停止试验。

苏–6：在苏–2攻击机的基础上的改进型，1940年3月开始研制。1941年3月1日第一架原型机试飞，1942年1月第二架原型机试飞。1942年10月改为双座机。1945年5月通过测试，并获得了斯大林奖金。该机在同伊尔–2强击机竞争时，火力、速度、生存能力都超过了后者。但是，斯大林更加钟爱伊尔–2，担心苏–6投产会影响伊尔–2的产量，导致苏–6无疾而终。

苏–8：这是1941年6月下旬批准的攻击机型号，采用双座双发设计，计划加装防护装甲。不巧的是该机型的研制刚刚起步没多久，就碰上了德军全面进攻，只能在1942年5月跟着苏霍伊设计局开始疏散转移。1943年12月，苏–8原型机才开始地面滑行试飞，中间暴露了一些故障问题。1944年3月11日，试飞中发生坠机事故。三番四次的延期，使得苏–8

> 没有投产的苏–1战机

> 性能不达标的苏–5战机

> 靠边站的苏–6战机

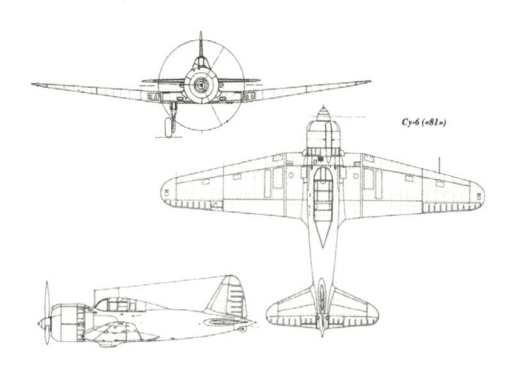

Су-8 ("Самолет Б")

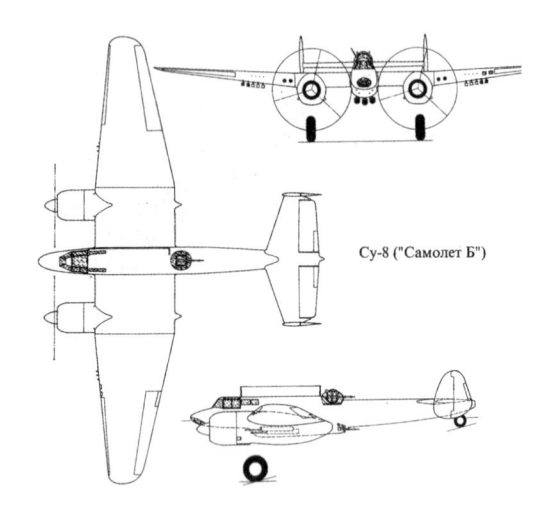

> 拖延致死的苏-8战机

错过了服务的最佳黄金期，拖延到1944年年底，此时苏军已经打到南斯拉夫，对新型攻击机的需求已经不再那么强烈，再加上该机的发动机进展不畅，最终只能无奈下马。

苏-10：苏霍伊设计局二战后研制的喷气式轰炸机。初始的名字叫"产品E"。由于各方面原因，这款轰炸机只发展到原型机阶段，没有试飞就终止了。

苏-13、苏-17：这几个代号是苏霍伊设计局的暗黑时代。尽管先后研制了苏-13喷气式前线歼击机和全天候截击机、苏-15喷气式双发截击机、苏-17喷气式跨音速试验机等一系列飞机，但都仅处于试验试飞阶段，未能投入生产。而且，由于苏-15飞机试飞中出现了事故。而同一时期拉沃契金设计局的拉-176在试飞中却表现出色，利用俯冲首次达到了音速，这就使得苏霍伊飞机备受冷遇，苏霍伊设计局也被迫解散。幸运的是，图波列夫收留了该设计局的主要技术人员，并在图局内成立了一个专门的小组，以保留这些骨干，直到1953苏霍伊设计局重新组建。

除了上述失败的倒霉蛋。还有很多不知名的号段其实是被苏霍伊军机的改进型或出口型给占用了。之所以出现这种现象，是因为从苏联到俄罗斯，都喜欢给苏联和俄罗斯武器穿"马甲"，当某型武器在改进到一定程度时，或其作战用途发生了变化，就赋予一个新编号。比如，苏-2的改进型命名为"苏-4"，"苏-17"的出口型命名为"苏-20"。

这种穿马甲有时候也是为了迷惑对手。1989年，苏-25UT攻击机参加巴黎航展的时候，展板上印的编号是"苏-28"。当时西方猜测这是在苏-25基础上发展而来的双座型攻击机，可能是主要用于出口的。但那次航展以后，就再也没有苏-28的消息。

此外，还有第三种情况。苏霍伊设计局在发展壮大之后，也承接了许多民用飞机任务，一些号段直接落在了民机的头上。比如，"苏-21"给了商务飞机，"苏-26"给了1986年首飞的教练/特技运动表演机。"苏-29"是以苏-26为基础改进而成单座/串列双座教练特技飞机。"苏-31"也是一种单座特技飞机。因此，真正盘点起来，苏霍伊家族飞机真正缺失过的型号，只有"苏-14、苏-18、苏-19"这3个代号。

苏联解体以后，苏霍伊家族为了尽快向外推销军用飞机，其飞机代号一下子膨胀起来。"苏-27"的衍生型号一口气霸占了"苏-30"至"苏-37"的全部号段，只剩下一个"苏-36"没有使用。苏-37之后，紧接着就是苏-47"金雕"前掠翼战斗机，该机是俄罗斯新一代战斗机的技术验证型号，1997年9月25日首飞，2002年编号改为"苏-47"，但由于无法满足俄罗斯军方的空战需求，最终停止研发，并未被俄罗斯军方采用，也没有实现量产。

> 苏-47"金雕"技术验证战机，前掠翼造型相当新颖，可惜没有量产

苏-47之后的军机，又一举跳过了10个数字，直接跳到苏-57第五代隐形战斗机。如果再算上苏霍伊的客机序列，其短距起落运输机更是被命名为"苏-80"。数字越叫越大，但对应的新机型并没有那么多。可见，在商业利益的驱使下，苏霍伊的命名体系已经进入自由奔放状态，在这种情况下，就很难严守由小到大的命名规则了。

07 "萌萌哒"小号最传神
官方名称之外的武器俗称

中国古代就有为儿女取官名、乳名的习惯，比如大名鼎鼎的北宋改革家王安石（字介甫），小时候的乳名偏偏就叫"獾郎"。神奇的是，武器装备的命名过程中，也出现了大号（官方名称）与小号（俗称）并行不悖的现象，有的小号不仅形象贴切，而且充满了浓浓的战场幽默感，让人忍俊不禁，有的俗称甚至比官方名称更加出名。

由"雷电"变身"疣猪"的攻击机

作为一款费尔柴德公司生产的美国单座双引擎攻击机，A-10攻击机的官方名称本来叫"雷电Ⅱ"，这个听上去响当当的名字，其实来自美国二战时的一代名机P-47"雷电"战斗机。然而，该机加入美军之后，这个官方称呼并未得到广泛认可。相对于"雷电"这个名称，它更常被美军称为"疣猪"（Warthog），或者干脆简称"猪"（Hog），大部分人只记得这个因粗犷、特殊而来的形象化昵称，因为这完全就是和A-10特性相吻合的名字。

在美军官兵眼中，A-10攻击机的外型实在是太丑了，矩形平尾两侧装有双垂尾，2台涡轮风扇发动机并列安装在后机身上方，其构形看上去就像一头长着锋利獠牙的疣猪。再加上A-10攻击机设计异常强韧、坚固、耐用，4个自封式油箱全置于机身中心，大大减少了被击中的机

"萌萌哒"小号最传神 | 官方名称之外的武器俗称

> 阿富汗上空的"疣猪"

> 皮糙肉厚的"疣猪"

会，而且油箱是独立而互不相邻，内外都覆有化学防火阻燃剂，可以防止油箱意外爆炸。内部具有高强度的机体结构，其飞行控制系统有三重保障，包括两套液压系统及一套机械系统，一旦液压操控故障或部分机翼受损，飞行员可以用手动复归控制系统。驾驶舱及部分重要的飞控系统设备则由540千克、13毫米~38毫米厚的钛金属装甲保护，能抵受23毫米弹药的扫射及较少数的57毫米弹药射击，这层装甲被戏称为"浴缸"。这些独特的加固设计，使得A-10能够在战斗中承受严重损伤，其战场存活率非常高，就像疣猪一样皮糙肉厚打不死，"疣猪"的名号因此不胫而走，渐渐盖过了"雷电Ⅱ"这个官方命名，美国媒体在报道A-10时，使用的基本都是"疣猪"这个昵称。

"疣猪"的名称也源于A-10的动作性能要素，由于该机拥有低速度、低高度的优异操纵性，能够以320千米的巡航时速慢吞吞地飞行，有效发挥近地攻击机的火力支援优势。而且，一旦发现目标，A-10就能以30毫米的GAU-8"复仇者"机炮从空中喷洒火力，一分钟内就能发射3900发30毫米口径的贫铀穿甲弹，其子弹速度比音速快3倍以上，敌人要等到被击中才听到"疣猪"开火的声音。

从实战表现看，A-10攻击机也确实不负"疣猪"这个名号。1991年海湾战争中，美军的144架A-10机群出动了将近8100架次任务，共摧毁了伊拉克超过900辆坦克、2000辆其他战斗车辆以及1200个火力点，还击落了2架伊军的直升机，堪称这场战争中效率最高的战机。整个战争期间，仅有4架A-10被击落，另有3架受重伤后仍能飞回基地，还有少数在降落时损毁。同时，A-10也是近距离支援营救任务不可或缺的帮手。当美国海军的1架F-14

> 全副武装的"疣猪"

> "长滩"号核动力巡洋舰

被击落后,飞行员琼斯弹射逃生,A-10飞行员为了掩护琼斯逃生,在空中飞行了整整8个小时外加45分钟。

在2003年的海湾战争中,一架A-10在巴格达执行为地面部队支持的任务时被防空炮火击中,两个发动机引擎的其中一个损毁,液压系统失效,飞行员用备份机械操控系统飞行了一个小时后,成功返回基地并安全着陆。"疣猪"也因此被美国空军飞行员视为可靠的伙伴。

军舰中的"贵妇人"

在美国二战后海军建设中,"长滩"号绝对是一艘独特的军舰。它开创了美国海军的很多个"第一",既是二战后美国新建造的第一艘军舰,又是全世界第一艘核动力军舰,既是全球第一艘配备区域防空导弹的军舰,1968年又首开先河,使用导弹击落了一架越南战机,是全世界海军中第一艘用区域防空导弹击落敌机的军舰。

"长滩"号的诞生,源于美国海军的全核舰队梦想。当时,美军嫌弃常规动力的护航舰艇续航力有限,跟不上航空母舰的持续航行能力,虽然可以在航母护航编队中编入大量补给舰艇,但那样做势必降低舰队的航行效率，增加护航的难度。而方兴未艾的核动力舰艇，则不存在这个问题。从理论上讲，核动力水面舰艇拥有近乎无限的续航力，全球航行也不在话下。因此，美军萌生了建造核动力水面舰艇来为航母护航的计划。"长滩"号核动力巡洋舰、"班布里奇"号核动力驱逐舰等舰艇的建造计划，由此提上议事日程。

事实上，当时的美国海军在核动力技术探索上刚刚开始，"长滩"号使用的还是"鹦鹉螺"号核潜艇上的西屋压水式反应堆，美国海军对核动力的全寿命成本也认识不足，其实核动力舰艇的建造、维护和拆除成本，是一笔不小的开支。但在冷战美苏争霸的大背景下，战备建设不等人，攀登军事前沿新高峰的紧迫需求迅速压倒了成本核算。美国海军于1956年10月19日签署了"长滩"号的建造工作，1957年获得国会批准，并于同年12月2日开工安放龙骨，1959年7月14日下水，1961年9月9日正式服役。

"长滩"号作为全球首艘核动力水面舰艇，造价非常昂贵，1957年的报价为8700万美元，完工时却花去了3.32亿美元之多，甚至比同年服役的"小鹰"号（CV-63）常规动力航母还贵6000万美金，如果再算上核动力反应堆的维护、拆除费用，这个数字恐怕还要更高，因此，美国海军官兵便给"长滩"号起了个外号——"贵妇人"，颇有些"富贵逼人"的意思。不过，这还是在美元坚挺的20世纪五六十年代，几亿美金似乎看上去还是小意思。如果从造价数字看，"长滩"号同现在的DDG-1000"朱姆沃尔特级"导弹驱逐舰相比，

> 新世纪的"贵妇人"——"朱姆沃尔特级"驱逐舰

那可真是小巫见大巫了。

"朱姆沃尔特级"导弹驱逐舰单舰初始立项报价8.5亿美元,比当时造价9亿美元的"阿里·伯克"还要低。结果呢?该舰从立项之后,就开始了报价一路飞涨的"骚操作",20年间报价翻了整整5倍还要多,美国海军最终发觉地狱原来远远不止十八层,"朱姆沃尔特级"最终的单舰报价44亿美元,建造数量也从最初的32艘一路砍到8艘。44亿美元是什么概念?同等价格下,可以建造1艘6.5万吨级的英国"伊丽莎白女王级"航母,或者建造2艘"弗吉尼亚级"攻击型核潜艇。如果换算成购买飞机的价格,那就意味着将近50架F-35隐形战机或140架苏-35战斗机的出厂价格。"朱姆沃尔特级"的这个天价,即使美国海军也吃不消,到目前为止只建造了前3艘,平均造价75亿美元。因此,如今的"朱姆沃尔特级",堪比航行中的金山,远比"长滩"号更有资格叫"贵妇人"。

无名的"黑色喷气机"

20世纪八九十年代,由美国洛克希德公司设计生产的F-117A隐形战斗机,绝对是一个神话一样的传说。作为世界上第一种完全以隐形技术设计的飞机,F-117A虽然名字叫战斗机,其实并没有什么空战能力,主要用于对地攻击,出色之处在于,其隐身技术可以逃过当时世界上绝大多数雷达的侦测,雷达反射截面(RCS)低于0.025平方米,相当于一枚棒球大小,简直就是来无影去无踪的飞贼。

在1991年海湾战争中,F-117A当仁不让,在未损失1架的完美存活率

> 夜空飞贼F-117

> 被南联盟击落的F-117残骸

前提下，不仅成功完成了对敌人雷达的"踹门"任务，还先后执行了1300次任务、飞行6905个小时，成功摧毁了1600个高价值目标，超过全部战略目标的40%。而且，F-117A也是唯一一种敢于在白天进入伊拉克首都巴格达投弹的飞机，伊军雷达无法探测和跟踪到它。

国内外很多媒体在报道F-117A时，都把它的外号标注为"夜鹰"（Nighthawk），其实这是一种误传。F-117A在美军中并没有官方确定的正式外号，美国空军的飞行员也从来不把它叫"夜鹰"，而是习惯称呼为"黑色喷气机"。

当然了，"上山多遇着虎"。F-117A不可战胜的神话，在科索沃战争中被打破了。1999年3月27日，一架编号"AF-82-806"的F-117A战机在贝尔格莱德近郊，被当时的南联盟军队"揍"了下来，事后，令美国人乃至全世界都大跌眼镜的是，击落它的并不是什么新型导弹，而是老式的苏联和俄罗斯制S-125"伯朝拉"防空导弹（北约代号为"SA-3"，外号"果阿"，又名"小羚羊"）。此后，F-117A又参加了2001年的阿富汗战争和2003年的伊拉克战争，最终于2008年4月退出作战序列。"黑色喷气机"从此成为绝响。

"鹰蛇生死变"

这本来是金庸武侠小说《倚天屠龙记》中"华山派"掌门的看家本领，但美军的一种战机偏偏就是既叫鹰来又叫蛇，这就是洛克希德·马丁公司研制生产的一代名机F-16，最早是美国空军用来给F-15重型战斗机打下手的

> F-16官方命名为"战隼"，又被飞行员昵称为"毒蛇"

轻型飞机，后来发展为一款性能优异的多用途战机，成为西方国家现役战斗机当中产量最大也可能是最重要的机种，制造超过4588架。

F-16的官方名称是"战隼"（Fighting Falcon）。隼（Falcon）是自然界中

的一种小型食肉类猛禽，经常在白天活动，以猎食时的翱翔习性而得名，分布于南北美洲、欧洲、亚洲温带、非洲西北部和阿拉伯以来的中东地区，主要包括红隼、燕隼、白隼、灰隼、马岛隼、美洲隼、灰背隼、黄爪隼、阿穆尔隼、猛隼、矛隼、游隼等种类，我国东北的"海东青"，其实就是隼的一种。很多隼鸟被人们认为具有勇猛刚毅等优秀品格，也有一些国家以隼作为国鸟。

但是，在美国空军飞行员中，对F-16却并不这么叫，而是起了另外一个外号——"毒蛇"（Viper）。据说，这个名字的由来，主要是因为F-16推重比大，杆又特别灵活，起飞时稍微拉大一点，飞机就会像条蛇一样昂起头笔直往天上冲。而在1978年电视剧《太空堡垒卡拉狄加》中，就有一款毒蛇星际战斗机（Viper Starfighter）。把F-16称为"毒蛇"（Viper），某种程度上也是一种情怀和致敬。这么一来，问题就来了，自然界的灰背隼可是以蛇类作为食物的。F-16既叫"战隼"又叫"毒蛇"，相当于是把一对死敌硬凑在一起，这可真是"鹰蛇生死变"了。

目前，美国空军采购的F-16订单早已生产完毕，但是洛马公司仍然继续为外销而生产。洛马公司为了向印度推销F-16，不仅允诺在南亚大陆生产F-16，还特意给这种印度版F-16赋予一个新编号："F-21"，真是高明的公关手段。只是不知道F-21落户南亚以后，印度人又会给它起一个什么名字。

不祥的"寡妇制造者"

F-104是美国洛克希德公司更早生产的一种战机，外号"星战士"（Starfighter）。该机汲取了美国空军在朝鲜战争获得的经验，高度重视轻盈与简单，非常强调高速飞行性能，外型也非常特别，看上去就像一枚有人驾驶的导弹。F-104不仅在美军中服役，同时也是北约成员国的主要战术核武器投射力量。美国总计生产了2580架F-104战机，最晚退役F-104的国家是意大利，意军中的F-104S于2004年全部退出现役。

单从性能指标看，F-104是世界上第一架拥有两倍音速的战机，并在20世纪60年代长期保持爬升率、飞行高度（10万英尺）的纪录。但是，在这些"看上去很美"的指标背后，F-104同时又是人机结合最差、坠机率最高的战机之一，其操控难度高，迫降和跳伞可能性低。

"萌萌哒"小号最传神 | 官方名称之外的武器俗称

> 外形拉风的F-104"星战士",其实是"寡妇制造者"

> 联邦德国军队的F-104"星战士"

F-104的高坠机率使其有"寡妇制造者"（Widow maker）的别称。美国空军的家属甚至使用"玻璃丈夫"一词形容驾驶F-104战机的美军飞行员。据不完全统计,在F-104服役的50年里,其坠机率为：联邦德国32%、荷兰31%、比利时37%、意大利37%、加拿大45%、日本15%、美国未公开。联邦德国空军作为F-104的最大用户,共采购了916架,坠机损失最大、最惨的一次是,一天之内连续坠毁4架F-104;共损失298架（含6架地面损失）,116名飞行员丧生（含8名美国空军飞行员）,171名飞行员成功弹射逃生（其中8人在F-104上2次弹射逃生）。

资料显示,1957年,联邦德国曾经派出过德国时代的王牌飞行员埃里希·哈特曼,前往美国试飞F-104,哈特曼认为该机不适合本国空军,当时的美国空军也拒绝采购F-104。洛克希德公司为了迅速打开市场、缓解财政危机,竟然向当时的联邦德国国防部长行贿1000万美元,这才敲开了联邦德国空军的大门,并以此吸引了美国空军和其他空军的订单。1976年,美国会议员曝光了洛克希德公司以行贿手段促销F-104战机的丑闻,该公司副总裁科赫在听证会上承认,曾使用大量金钱收买日本、荷兰、意大利等国高官。丑闻曝光后,在国际上掀起了不小的风波,日本因此追查了多位政要,逮捕了前首相田中角荣,控诉他在担任首相期间收受洛克希德公司贿赂5亿日元。然而,此时"寡妇制造者"F-104已经装备了多国空军,只能用这些国家飞行员的鲜血和家属的泪水来买单。

> 硫磺岛战役中的"谢尔曼"坦克

> 二战欧洲战场上的"谢尔曼"坦克

坦克中的"打火机"

M4"谢尔曼"坦克是二战期间美国研发制造的中型坦克,其命名源自美国南北战争时的北军名将威廉·特库塞·谢尔曼。该坦克最大的优点是生产容易,任何一间钢铁工厂都能生产"谢尔曼"坦克上的部分零件或者完成组装,使得美国能在短时间内开足马力,把所有产能投入军事生产。因此,该坦克总产量达49234辆,是二战中产量最大的坦克之一。

从战场表现来看,M4"谢尔曼"坦克存在很多设计败笔,无法同当时德国陆军的"虎"式、"黑豹"坦克相抗衡。早期型号"谢尔曼"把传动系统安放在正面,往往是挨了一炮就失去动力。而且,较高的车身外型使其不易躲藏,装甲过薄很容易被敌人击穿。德军在远距离开一炮就能摧毁一辆"谢尔曼",盟军往往要牺牲几辆"谢尔曼",才能击毁一辆"黑豹"或"虎"式。德军对"谢尔曼"甚至创造了一炮击穿两辆甚至是隔着房间击杀的战例。

在西线战场,"谢尔曼"基本是"一打就着",中弹后极易燃烧甚至爆炸,这让当时的美国大兵欲哭无泪。由于英军也装备了部分"谢尔曼"坦克,德军戏称其为"汤米烤肉炉"("汤米"是当时德国人对"英国佬"的习惯性代称,英国人对"德国佬"的代称是"杰瑞")。二战后,美军干脆给"谢尔曼"坦克起了一个外号——"朗森打火机",朗森是当时德国的打火机品牌,其广告词为"一打就着,每打必着",以此形容"谢尔曼"的易燃性。

美国陆军第3装甲师的老兵贝尔顿·库柏在其回忆录《死亡陷阱》中,对M4中型坦克提出了尖锐批评:"美国陆军无论做怎样的保证、声明、和承诺,都无法告慰成千上万死伤的坦克兵和依靠'谢尔曼'坦克掩护的步兵。提供质量与敌方差距如此悬殊的武器长达两年之久，无论是谁负责供应美军坦克，都必须为此承担罪责。我实在不能理解居然有人能够如此渎职而逃脱惩罚。"

机场围墙保卫者

在二战后相当长的一段时间里，米格设计局是苏联出口型战机的主导者，以米格-15、米格-21等为代表的轻型战机畅销全世界，"米格"几乎成了苏制战机的代名词。然而，倒霉的是，这个金字招牌砸在了第四代战机米格-29手里。

米格-29是米格设计局20世纪70年代设计的双发高性能制空战斗机，北约代号为"支点"（Fulcrum）。从性能水平看，米格-29是一架非常灵活的战机，无论是瞬时或者是持续盘旋性能均接近西方战机的平均水准，该机拥有良好的高攻角性能，而且不容易进入水平螺旋，机身结构足以承受9个G过载。在冷战后美俄开展的为数不多的几次军事交流中，米格-29在对抗F-16时都不落下风。

和以前的许多米格战机一样，米格-29不仅大量装备苏联军队，还成功外销到民主德国、伊拉克、南联盟、印度、叙利亚、厄立特里亚等许多国家。在使用过程中，米格-29作为一种前线战斗机，其早期型号"腿短"的先天不足逐渐暴露出来。以米格-29单座型9.12版为例，其6个内部油箱总容量只有4365升，这就极大地限制了战机的航程，该机在挂一个中线副油箱时的作战半径仅有278千米，在交战中开加力巡航的时间只有2分钟，最后以高亚音速巡航返回。而F-16早期型号的作战半径超过900千米，相比之下，简直是"人比人该死，货比货该扔"，米格-29由此戴上了"机场围墙保卫者"的帽子。

随着苏联解体，预算有限的俄罗斯空军更加青睐以远航程著称的苏-27战机，米格-29及其后续衍生型号走向外销为主。为了提高该机的航程，俄罗斯米格公司绞尽了脑汁，先后发展出了米格-33、米格-35等改进型

> 米格-29线机

号,其最大航程提升至2100千米,但航程不足这个恶名始终如影随形。

实战是最有说服力的证明。在1999年爆发的非洲之角空战中,厄立特里亚空军的米格-29"支点"战机,与埃塞俄比亚空军装备的苏-27"侧卫"战机展开殊死对决,这也是迄今为止苏-27战机与米格-29唯一的实战记录。在空战当中,米格-29原本不落下风,但终因燃油不足,被同一个娘家嫁出来的苏-27"暴揍",空战最终以长航程的苏-27获胜结束。米格-29"腿短"的帽子,真的是摘不下来了。

与米格-29命运相似的还有苏联的雅克-38舰载战斗机,这是苏联红海军航空兵第一款也是唯一一款服役的固定翼垂直起降舰载机,也是苏联第一种实用化的固定翼舰载机型号,专门为苏联"基辅级"航母量身打造,该机拥有3

> 苏联红海军的雅克-38舰载机

部发动机,分别是机尾的推进/升降发动机和在驾驶舱后方的2部升降发动机。由于垂直起降发动机技术不过关就仓促上马,雅克-38在机械结构上比较复杂,整机"死重"太多,航程受到严重限制,战机机动性也受到严重限制,难以挑战同时代的美国海军主力战斗机。

资料显示,雅克-38最大载荷不过2000千克,最小作战半径为100千米;即使只携带1000千克作战载荷,雅克-38的作战半径也仅为240千米,这个距离还没有苏联红海军远程反舰导弹的射程远。其实,英国同一时期的"鹞"式GR3垂直起降舰载战斗机也有这个毛病,作战半径也只有370千米。但是,苏联红海军挑战的可是美国海军的全球霸主地位,雅克-38曾是苏联海军航母化的希望,入役后航程太短的问题就难以容忍。再加上该机事故频发,在

1976 年乘"基辅"号航空母舰出巡的航程中，出发不久就有近一半故障不能飞行，一个月后只有一架可以继续飞。苏军因此给雅克-38 起了"和平鸽""桅杆保卫者"等外号。从 80 年代开始，该机开始撤出航母，部署在陆地上，最终于 1992 年全部退役。

不靠谱的欧洲枪炮

在欧洲现代军事装备发展史上，从二战到现在，多多少少都有一些不靠谱的武器，欧洲人在难堪之余，也用其一贯的冷幽默来自我调侃。

二战中，德国空军 1938 年设计的 Mg-131 航空机枪口径虽为 13 毫米，单发毁伤能力也比德军 Mg-17 有了很大提高，在各主要交战国使用的大口径机枪里，枪口动能只有同时期美制勃朗宁 AN/M2 机枪的一半，Mg-131 因此被称为"糖豆发射器"。与此类似的还有德军 Pak-35/36 型 37 毫米反坦克炮，无法击穿苏军防御能力极强的 T-34 中型坦克和 KV 系列重型坦克，即使击中目标，也仅能发出敲门一样叮叮当当的声音，德军因此戏称该炮为"敲门砖"。

同 37 毫米反坦克炮一起，另外一款惨遭调侃的是德军Ⅳ号坦克上的短身管 75 毫米火炮，在德国发动入侵苏联的"巴巴罗萨"计划的第 2 天，苏军第 3 机械化军的 KV 重型坦克与入侵德军在立陶宛境内爆发激战。战斗过程中，37 毫米反坦克炮打在苏军重型坦克上就像挠痒痒，Ⅳ号坦克上的 24 倍口径 75 毫米火炮也对 KV 坦克不起作用。结果，苏军重型坦克硬是顶着德军的反坦克火力，压扁了当面德国炮兵的榴弹炮。据战后统计，苏军在一次巷战中就压毁、击毁德军几十门 37 毫米、105 毫米以上火炮。尽管德军最终取得了

> 二战德国空军装备的 Mg-131 航空机枪

> 装备短管炮的德国陆军Ⅳ号坦克

胜利，但也暴露出了己方反坦克能力的不足，Ⅳ号坦克的75毫米火炮因此被称为"舒岑梅尔"，意思是"木头桩子"，形容面对苏联重型坦克时等于没有。

在欧洲的另外一个大国英国，让英军最为头疼就是手中的制式武器L85A1突击步枪，该枪是SA-80系列步枪的一种，1985年服役，采用的是采用无托结构枪械构造，造型看上去极为前卫。但在实际使用中，这款看上去很美的枪频频掉链子，在使用中却让英军经历了从抓狂到崩溃的心路历程——新枪卡壳走火都是小事，更要命的是射击时机匣盖会弹出来砸到操作者的脸上，弹匣卡笋挂不住弹匣，发射时弹匣有时会自己掉到地上；当下雨、天冷或在丛林中，枪上的SUSAT瞄准镜会模糊不清；塑料部件大都容易突然折断，击针容易破裂，全枪锈蚀严重……总之，故障率达到了令人绝望的地步。

在1990年的海湾战争中，L85A1作为一个匆匆服役的枪族，随同英军参加了"沙漠风暴"作战中，把所有问题都暴露出来，简直成了英军的战场噩梦：每射击99发子弹就要卡壳一次。此外，常见的状况还有弹匣经常脱落、撞针松脱或弹力不足等问题。英军士兵形容，在正常情况下，L85A1应该打不响；只有很幸运的时候，才会打响。英军战后报告中指出："只要有一丁点沙子进入我们的步枪，这些枪就会卡壳。如果润滑它们，砂砾就会被油黏在一起，让事情变得更糟。""步兵对他们的武器没有信心，大部分人预计卡弹将会在第一个弹匣发生。部分连队指挥官认为，如果伊拉克军队在行动中进行了任何抵抗，伤亡将不可避免的发生。"

糟糕的战场使用体验，给服役不久的L85A1带来了很多外号，比如"弹夹容量最大栓动步枪""最先进的栓动步枪""女王的烧火棍""突击步枪的耻辱"，主要是形容其射速并不比栓动步枪快，且故障率奇高。英军SAS特种部队无论如何也不接受L85A1这个"卡弹王"，宁可采购更靠谱的美制AR、奥地利AUG、德国Hkg3等步枪。

在一片嘲讽声中，英国国防部请来了经验老道的德国轻武器制造商黑克勒&科赫（H&K）公司，对L85-A1进行了有针对性的改进。在替换了近80%的零件之后，改进型L85A2平均每发射2.5万发子弹才会卡弹。即便如此，其他的小毛病还是难以根除。L-85步枪因此获得了新的美誉——"连德国人也修不好"。据说，在阿富汗战场上，英军出门巡逻之前都要打一梭子试枪。

"萌萌哒"小号最传神 | 官方名称之外的武器俗称

> 使用体验非常糟糕的英制 L85A1 自动步枪　　> 德国也修不好的英制 L85A2 自动步枪

　　L-85 步枪不靠谱的名声已经传到了国际上。据外媒报道，英国曾经为某非洲国家培训特种部队，在其培训过程中使用了 L-85 步枪。当训练结束后，英国准备把这些枪支作为军援时，却遭到了拒绝。为了"大英帝国"的面子，英国不得不高价进口了一批德国 Hkg36 步枪送给这个小国家。

08 偷鸡摸狗一场空
二战日军自杀式武器命名

1945年2月，号称"艨艟八百，海鹫三千"的日本帝国海军大多已沉入大海，所谓"绝对国防圈"已不复存在，美军逼近日本本土只剩下时间问题。日本军国主义者为了逃避战后清算的命运，制定了《"决"号作战准备纲要》，把全体国民绑上其丧心病狂的末日战车，大肆宣扬"本土决战，一亿玉碎"，试图以人命为代价，以自杀攻击为手段，阻滞美军登陆日本。

在这种"特攻作战"的思想指导下，日军中出现了一系列的自杀式武器，它们都被赋予了一些非常霸气的名字，实际上干的全是有去无回的一锤子买卖。在这些外强中干的武器命名背后，是日本军国主义者穷途末路下垂死挣扎的侥幸心理，堪称近现代装备史的一大怪胎。

"神风"特攻飞机

元朝军队在1274年和1281年两次东征日本，都因为海上突如其来的台风，导致元朝的舰队损失，东征告吹，日本因此逃脱了被蒙古人灭国的命运。日本人认为是神武天皇的鬼魂掀起的"神风"击退了元军，并专门为此立碑纪念。"神风"因此成为日本人的一个精神图腾。

二战末期，面对太平洋战场上的节节败退，日本人在败局已定的形势下，又把"神风"这个精神图腾和文化符号拉出来，为日军的自杀攻击打气。以"神风特攻"为标志，日军开启了二战末期自杀攻击的地狱之门。在日本海军中将大西泷治郎的提倡下，日本飞行员按照"一人、一机、一弹换一舰"的要求，组成了对美国海军舰艇编队、登陆部队及固定的集群目标实施自杀式攻击的特别攻击队，称为"神风特别攻击队"，有时简称"神风特攻队"或"神风特攻"。

"神风"特攻机是"神风"特攻队专用的自杀飞机，装载的弹药重量因机种而异。由零式战斗机改装的特攻机为 250 千克炸药，由九九式双发轻型轰炸机改装的特攻机为 800 千克炸药。这种自杀式飞机其实相当于飞行员人体制导的航空炸弹，飞机上满载炸药和航空燃油，飞行员的使命是驾驶飞机撞击敌方舰船，因此命中率远高于传统炸弹，破坏力也更大。即使在飞机损坏的情况下仍然能够命中目标。攻击对象主要是盟军舰船，尤其是航空母舰。

"神风"特攻机的具体攻击方式有三种：水平攻击、急降下攻击、直接攻击。杀伤机理靠的是撞击时引爆炸药爆炸的巨大的化学能和俯冲的巨大动能"双管齐下"，给美舰以重创。最初的攻击行动多为特攻机连同炸弹一同撞向美舰。后来多采用先投炸弹、再撞美舰的战法，使攻击的威力大增。为了表示"必死"的决心，"神风"特攻机只携带单程燃料，有去无回。更绝的是，日本人对某些特攻机的起落架做了"技术处理"，使特攻机一起飞起落架便自行脱落。特攻机不能在任何地方平安降落；还有的在驾驶员登机后由外面将舱门反锁上，使特攻人员只有"撞向敌舰"一条路。

> 由零式战斗机改装的"神风"特攻机可装载 250 千克炸药

> 准备出击的日本"神风"特攻队员，他们大多有去无回，成为军国主义的殉葬品

> 对美军密苏里号战列舰发起自杀攻击的日本神风特攻机

"神风"特攻队的首战是莱特湾战役，在这次战役中，日本海军共出动"神风"特攻机55架，击沉美航母1艘，重创4艘。而随后的冲绳岛战役是投入"神风"特攻机最多、最为惨烈、最为疯狂的一次作战行动，共有约2000架"神风"特攻机参加了此次作战行动，并造成了盟国海军的24艘～26艘大中型舰船被击沉，176艘～202艘被击伤（包括修复后二次被击伤者）。

然而，"神风"特攻机尽管疯狂，并取得了一定战果，但损失最多的还是日本战机和宝贵的飞行员，"神风"特攻机终究不能挽救日本军国主义者必然灭亡的命运。在美军加强防空火力后，"神风"自杀攻击就很难有成功的战例。日军飞机和飞行员因为损失又得不到补充，能够出动的飞机越来越少，进行自杀攻击的飞行员没有一个能够回来报告攻击经验和体会，无法针对美军的战术变化做出改进。后来的飞行员在迫于压力出击的同时，认定这种牺牲没有意义，厌战情绪逐渐在日军内部蔓延，甚至有些飞行员以没有发现美舰为借口返回了基地。据不完全统计，"神风"特攻队大约出动了1298架飞机，近4000名神风敢死队员丧生，攻击命中率仅24%，击沉率约为5%。

按照大西泷治郎的设想，如果悍不畏死的"特攻"能造成美方大量伤亡，显示日本人必死抵抗之决心，经过美国媒体报道后，或许会引起美国民众的厌战情绪，迫使美军放弃攻占日本本土。让日本人想不到的是，"神风"特攻队的自杀攻击不仅没有吓住对手，反而在美国民间塑造出日本人野蛮、残酷又疯狂的形象，更加强化了美方"对日作战应毫不留情"的舆论，在一定程度上促成了用B-29轰炸日本城市和向日本本土投掷原子弹等行动。

在日本宣布战败投降后，"神风特攻"的发起者大西泷治郎剖腹自杀。几乎在一夜之间，日本政府对"神风"特攻队态度大变，认为"神风"特攻队是日本的耻辱。许多"神风"特攻队员立刻被送进美军的感化院，在那里遭受凌辱。很多幸存的"神风"特攻队员战败后失去了工作的机会，一生被毁。

"樱花"特攻机

自然界中的樱花，从唐朝时传入东瀛，在日本广为种植，渐被日本人视为花的代表。整个日本樱花花期约为五十天，但每个地区从花开到花谢只有七至十天，樱花在日本人心中象征着热烈、纯洁、高尚。然而在二战时，"樱花"成了日军自杀武器的名字。

1944年下半年，随着战局的恶化，日本开始研制"樱花"特攻机，这是日本第一海军航空技术厂专为"神风"特攻队而设计的特别攻击机。代号"MXY-7"飞机，实际上是一种由人操纵进行自杀攻击用的空对舰导弹，相当于今日的反舰导弹与巡航导弹。这种自杀弹的最高平飞时速可达648千米，向下俯冲时速可达983千米，理论上没有炮火能阻止它。但"樱花"航程很短，仅为36千米。因此需要体型大、航程远的轰炸机作为母机。

一般情况下，母机负责将"樱花"型飞机送到离目标大约36千米的上空，并由母机进行投放，之后"樱花"导弹的飞行员启动固态火箭引擎，撞向目标。在理论上，由于"樱花"型飞机能高速飞行，在飞行员的操控下，它相当于一颗精确导引炸弹，加上它配备威力强大的弹头，如果命中目标，破坏效果将会是惊人的。

与以前以零式战斗机、九九式双发轻型轰炸机改装的自杀飞机相比，"樱花"特攻机更加充满了有去无回的绝望感。弹体极其简陋，采用木制结构，前部配备一枚1.2吨的弹头，尾部有火箭发动机，里面坐着一名飞行员。"樱花"

> 由母机携带的"樱花"特攻机

> 美国博物馆中展出的"樱花"特攻机

的战斗部是与弹体连为一体，不能分离出来。要想炸毁目标，"樱花"机体本身必须与目标同归于尽。而且，"樱花"的舱门从里面不能打开，飞行员无法逃生，加上"樱花"没有起落架，所以即使有任何原因要放弃进攻，飞行员也无法将它驶回基地降落在跑道上。

1944 年 10 月，日军组建了用于"樱花"特攻的部队"神雷部队"。随后日本开始用舰船把"樱花"用军舰运往前线的机场，在这个过程中，"樱花"取得了第一个也是服役生涯最大的"战绩"。1944 年 12 月 17 日，新建成的"云龙"号航母在 3 艘驱逐舰护卫下出航，运送"樱花"导弹前往菲律宾，但 12 月 19 日下午在东海被美国潜艇"红鱼"号（SS-395）攻击，被击中 2 枚鱼雷，本来 2 枚鱼雷还不一定能击沉 2 万吨级的"云龙"号，但"云龙"号搭载的 20 架"樱花"却被鱼雷诱爆了，因此"云龙"号中雷 15 分钟后就迅速沉没。

1945 年 3 月 21 日，"樱花"第一次实战。当天，16 架搭载了"樱花"的一式陆上攻击机，在 55 架零式舰上战斗机护卫下，攻击美军特遣舰队，另有 2 架一式陆上攻击机担任导航和观察。"樱花"攻击队在离目标 113 千米处，遭遇 50 架 F6F 战斗机拦截，所有的一式陆上攻击机都立即丢掉了它们的"樱花"导弹。结果，所有的一式陆上攻击机都没有回来，所有的"樱花"没有击中盟军船舰，特攻队员白白死去，只有 15 架负伤的零式机返回基地。

在随后的冲绳战役中，"樱花"开始被多次使用。1945 年 4 月 1 日，6 架一式陆攻带着"樱花"袭击美国位于冲绳海域的美军舰队，所有的一式陆攻都没有返航，而战绩则不明，美军报告称一架"樱花"击中了"西弗吉尼亚"号战列舰，但战舰损伤不大，人员也只有4死23伤。4月12日，9架一式陆攻带着"樱花"袭击美国位于冲绳海域的美军舰队，这次樱花终于取得了服役生涯唯一真正的击沉战果，美国驱逐舰"曼纳特艾伯尔"号（DD-733），但是，这艘驱逐舰在被"樱花"击中前已经被一架"神风"机撞成重伤了。另外还有2艘驱逐舰被"樱花"炸伤

战争中搭载"樱花"的母机一共出击78架，但只有26架回来，共计"樱花"驾驶员55人阵亡，母机飞行人员365人阵亡。而战果仅是击沉美军驱逐舰1艘，重创布雷舰1艘、驱逐舰2艘、轻伤驱逐舰3艘，造成美军150人阵亡，197人负伤。造成的敌人伤亡还没有自己人的损失多。

在美军舰艇密集火力拦截下，特攻机也鲜有战果。所以后来"樱花"就和它的名字一样，很快消失在了战场上。总体来看"樱花"是日本人一种丧心病狂，得不偿失的武器发展计划。有意思的是，美国将MXY-7飞机称为"八嘎"弹，"八嘎"，是日语"马鹿"的音译，在日语平假名和片假名中分别写作"ばか"和"バカ"，三者发音均为"baka"，常用于表示笨蛋、白痴、糊涂、愚蠢等贬义词。"八嘎"弹意思是"傻瓜"弹，这个称呼真可谓名副其实了。

"神龙"特攻机

"神龙"飞机属于日本海军X档案秘密战机，同样也是一种由火箭推进的自杀式攻击机。该型飞机机长7.6米，翼展7米，高1.8米，配备16枚~24枚非制导火箭弹，以及1枚重500千克的机首弹头，据说还有改装4门五式30毫米机关炮的方案。

"神龙"是由MXY6小型前翼滑翔机发展出来的，也可以说就是"震电"的火箭型。"神龙"原本计划用做截击美军B-29高空轰炸机，但由于战争末期日军展开了自杀特攻，而火箭机完全可以设计得十分简单，"神龙"的造型布局可以达到非常高的速度，所以日本海军决定使设计中的"神龙"按自杀特攻飞机的路子发展，"神龙"自杀攻击机将使用木制机身设计，而且飞

> "神龙"特攻机模型

机尺寸大大缩小，这样根本无需复杂的工厂与设备就可以生产"神龙"，保证"神龙"的大量生产，而且木制的"神龙"也难以被雷达捕获，行踪更加隐秘。

"神龙"的发动机为2具液态火箭，气动外型相当适合高速飞行，在"神龙"生产前，其滑翔机型就已经进行过了滑翔试验，在无动力的情况下，大角度俯冲的滑翔速度就超过了800千米/小时，预计"神龙"最高俯冲速度可以达到1000千米/小时左右的速度，"神龙"作战时可以捆上几枚火箭直接发射升空，然后点燃主发动机，迅速爬升到1万米以上高度，转向敌人舰队方向，滑翔上百千米远，滑翔时的平飞速度超过600千米/小时，大角度俯冲时达1000千米/小时左右，如果目标距离"神龙"的起飞点距离很近，"神龙"也可以点燃主发动机直接对准目标飞过去，以超过900千米/小时的速度撞过去。

不过，"神龙"还在最后设计时，战争就已经结束了，所以"神龙"只有试验用的滑翔体。战后美国缴获了"神龙"的设计资料，并进行过研究，指出这是一种非常可恶的武器，不过同时也指出该机的设计非常新奇，如果"神龙"真的大量投入实战，那对于美军来说，绝对是一场噩梦。

"剑"式特别攻击机

1944年10月至12月，日军首次在莱特湾战役中实施"神风"特攻后，陆军认为新式飞机执行有去无回的自杀任务"代价太高"，遂决定研发一款

> 中岛公司生产的 Ki-115 自杀飞机

专用的"神风"特攻机。中岛公司在 1945 年冲绳战役期间开始研制 Ki-115 自杀飞机。该机研制速度非常迅速，只两个月时间就已经完成样机，战争末期开始大批量投产。

"剑"式飞机充分暴露了日本人战争末期的经济窘境。这种飞机制造极其简单，而且发动机可以迅速更换，可以使用很多型号的日军现有航空发动机作为动力。机身使用细钢管做承力构架，而且机身的横断面采用最简单的圆形，蒙皮则选用薄钢皮制成，不消耗昂贵的航空铝材。发动机外面的罩壳用薄钢皮卷成，为了彻底简化构造，就连发动机罩后用来控制汽缸冷却空气流量的可动"裙板"也被完全省略了。由于是一次性消耗品，除了充当俯冲瞄准器的一根棍子外，连瞄准具也不装备，仪表和无线电也只是勉强够用，座舱为了省料也采用完全开放式。

为了最大限度节约成本，飞机起落架不是收放式的而是抛弃式的。只要飞机一升空，起落架就可以抛弃，可以装在下一架要起飞的 Ki-115 上重复使用，这样就大大减轻了飞机的结构重量，而且节约了昂贵的橡胶。日本陆军观看了 Ki-115 样机的飞行后，立即下令投产，并正式命名为"剑"式特殊攻击机。

Ki-115"剑"式特别攻击机由于使用零件非常少、制造极其简单，所以生产成本很低，尤其适合大规模生产。这种自杀式飞机的机身可以装载 1 枚 800 千克的炸弹，其最大速度超过 500 千米 / 小时，从 6000 米空中俯冲时的速度为 800 千米 / 小时，但挂载炸弹时巡航时速只有 300 千米。日本陆军原本计划生产 6000 架 Ki-115 自杀式飞机，以铺天盖地的蜂群战术用于本土决战。截至 1945 年 8 月，两个工厂分别产出 82 架和 22 架 Ki-115 甲型（由于日本在战争结束前焚毁了大量文件，一般推断在 105 架～115 架之间）。海军也看到这种飞机的潜力，将其称为"藤花"特别攻击机。但"藤花"特别攻击机刚刚投入生产，战争就结束了。

除了"藤花"以外，日军还研发"梅花"特别攻击机，可以当作 V-1 火箭的有人版。这种飞机可以安装 1 枚 100 千克～250 千克的航弹。它的空重为 750 千克，乘员 1 名，最大起飞重量为 1430 千克，最大飞行速度为 556 千米/小时，航程为 280 千米。同"藤花"的命运一样，这种飞机刚刚投产几天战争便宣告结束。

没有投入实战的 Ki-115 和"梅花"是幸运的。1944 年，美军的最后一代活塞式战斗机 F8F 和英军的"海怒"（Seafury）可能已投入使用，飞行时速都超过 600 千米。相比之下，慢吞吞的 Ki-115 和"梅花"，想要突破这 2 款战机的防线完成自杀攻击，真可谓"堂吉诃德挑战风车"，日本人面对的很可能是一场屠杀。

"回天"鱼雷

"回天"鱼雷是日本在二战末期研制的一种由人直接操控的自杀式鱼雷，有着"人操鱼雷"的别称。日本希望借用这种武器扭转战局，但最后还是无力回天了。这种鱼雷的直径为 1 米，全长 14.75 米，形状与正常鱼雷基本相似，只是体积稍大一些，构造十分简单。整个雷体分为前中后三部分：前部是炸药舱，装满了烈性炸药，外加一套接触引爆装置，与中部驾驶舱相连；后部是机器舱，一般配有一主一副二台柴油发动机；中部是驾驶员座舱，由于前舱装药太多，以致驾驶舱非常狭窄，仅能容一人蜷曲而坐。舱内安装了：可用于操纵鱼雷的驾驶盘、一部捕捉攻击目标的潜望镜，此外还有少数必备仪表。自杀队员进入驾驶舱后，舱门立即水密关上，此后便不能打开。这意味着"回天"鱼雷一经发射，只能一往直前，发现目标后即与目标同归于尽。因此，"回天"实际上是一枚装人的鱼雷肉弹。

"回天"鱼雷共发展了 5 种不同的型号，1 型～4 型由九三式鱼雷改造，10 型由九二式鱼雷改造，2、4、10 型只制造了少量而且不曾投入作战，3 型还只是在概念阶段。实际使用的 1 型有炸药量 1360 千克的弹头，大约制造了 400 枚，实际使用了 100 多枚。

"回天"鱼雷一般放置于潜艇与水面舰的甲板上。一只潜艇可以载运 3 个～6 个"回天"鱼雷。虽然可以在潜航时使用，但其设计大大限制了搭载潜艇的潜航深度。其操纵员必须在潜航之前进入鱼雷，导致潜艇无法在距离敌舰较远时开始潜航。因此，搭载"回天"的潜艇经常成为美军的目标，共被击沉 8 艘。

"回天"鱼雷实际操纵困难，接受过"回天"操纵训练的日军

> 无力回天的"回天"鱼雷

> 日本"海龙"自杀式袖珍潜艇，仅有 2 名乘员

人员共 1375 人，出击与战死者实际仅有 106 人。据后来统计，"回天"鱼雷在停战前的 3 个月里，共击沉美军运输船只 15 艘、巡洋舰 2 艘、驱逐舰 5 艘、水上飞机母舰 1 艘、不明舰种 6 艘，合计共 29 艘。

除了"回天"之外，日本人在 1943 至 1944 年间还设计了"海龙"袖珍自杀潜艇。该艇排水量为 19.3 吨，全长 17.2 米，宽 1.3 米，高 1.3 米，乘员 2 名，水上航程为 830 千米，水下航程为 70 千米，其水上航速为 13 千米/小时，水下航速为 19 千米/小时。武器装备上，主要配备 2 枚 450 毫米的鱼雷或重量为 600 千克的爆炸物。

"海龙"袖珍潜艇主要用于攻击海上航行中或锚地停泊的大型敌舰。1945 年 8 月，神子元岛的灯塔遭到美国潜艇炮击，日军派出一艘海龙前往攻击美军潜艇，在途中，"海龙"遇到美军舰载机的空袭，不过因为下潜躲避的够快，侥幸逃过一劫。这是"海龙"唯一一次出击。之后天皇就发布了终战诏书，昙花一现的"海龙"也就结束了它短暂的一生。

"震洋" EMB

EMB是"爆炸摩托艇"的英文缩写,这是当时日本的"海上轻骑敢死队"。在EMB中,最著名的当属日本在二战期间制造的"震洋"特攻摩托艇。和"回天"人操鱼雷相比较,"震洋"特攻摩托艇算得上是廉价的特攻兵器,因为它只要在摩托艇上装上烈性炸药即可。

1944年4月,这种"决死兵器"由日本第10技术研究所专门研制,按照日本军部的设计要求,"震洋"艇主要由摩托艇加以改造。其艇长约5米,宽约1.2米,全重约1.4吨,动力装置为汽车用的汽油机,加以必要的改造后装艇,功率49千瓦,最大速度约25节,艇员为1人。为了能达到撞击敌舰的效果,设计者特别为每艘艇的艇艏安装撞击起爆的撞角引信,以引爆艇内250千克高爆炸药。此外有的"震洋"艇还装有120毫米火箭发射器,五型上还装有13毫米机枪。"震洋"艇的前上方装有割网器,用来割断渔网或伪装网等。艇的主体用胶合板制成,这一方面反映出研制者想尽量减轻整个特攻艇的重量,另一方面也反映出在美国空军大规模轰炸的沉重打击下,日本的钢材已极度匮乏。

"震洋"特攻艇的战法是"隐蔽待机,突然接敌,群起攻之,同归于尽"。一般隐蔽在海军基地的洞穴里,待敌舰来袭时突然冲出,以最高速度冲向敌舰,靠"群狼战术"与敌舰同归于尽。到战争结束时,共有520多艘自杀艇、1636名自杀攻击艇员成为日本军国主义的末日冤魂,期间最大的战果是1945年2月,在菲律宾的科雷希多岛冲的作战中,击沉美军登陆舰一艘,重创美海军的巡洋舰一艘、驱逐舰一艘和两艘辅助舰。这是"震洋"艇动用规模最大并取得一定战果的一次作战行动,而其他"震洋"艇几乎就没有实战的机会,成为日本穷兵黩武的笑料。

> 简陋的"震洋"自杀武器,与其说是武器,不如说是道具

"伏龙"单兵水下攻击系统

"伏龙"单兵水下攻击系统，又称"伏龙特攻队"或"人间机雷"，是日本在二次世界大战即将结束的 1945 年，为进行所谓的"本土决战"开发出来的一种水下单兵作战武器系统，与"樱花"自杀机、"震洋"特攻摩托艇、"回天"鱼雷一样，都是所谓的"特攻兵器"，即有去无回的自杀性武器。

同其他系统相比，"伏龙"的技术含量很低，仅有由潜水员、1 枚 15 千克的五式水雷和 1 根 5 米长的竹竿构成。潜水员头戴潜水镜，身穿连体潜水服，携带 2 个氧气瓶，肚子和小腿绑着铅块，总重量高达 68 千克，无须游泳，全靠重量在海底步行。按照日军的设想，潜水员预先潜伏在美军将登陆的海域（理论上氧气瓶可维持 5 小时），耐心等到美军冲滩登陆时，走到浅水区的目标底下，用手持的触发式杆雷猛刺军舰底部，炸沉敌舰。

1945 年 3 月，日本海军开始组建"伏龙"特攻队，成员由海军飞行预科练习生的学生兵组成，足有 3000 人。"伏龙"特攻队属于镇守府，分为横须贺 5 个大队，吴军港 2 个大队，佐世保 2 个大队，舞鹤 1 个大队。3000 名学生兵实地培训了两个多月，由于潜水罐设计简陋，容易造成水管脱落海水涌入，碳酸气中毒等，训练事故频发，仅仅横须贺大队就有 10 人丧生。

尽管费尽心思训练，"伏龙"却根本找不到一次实战的机会，纯属纸上谈兵。更悲惨的是，1945 年 6 月 10 日，一支"伏龙"特攻队在土浦海军航空队基地遭到美军 B-29 轰炸，队员和教官 281 名当场被炸死。两个月后，日本本土吃了 2 颗原子弹，不得不被迫投降，这支"奇葩"的"伏龙"特攻队就此解散。

在今天的人看来，日军想要靠这些自杀式武器翻盘，无疑是痴人说梦。然而，脑子里只有一根筋的日本军国主义者，硬是把自杀式武器当成了本土决战的法宝，还异想天开地构建了一个"本土特攻"作战体系：当美军大举进攻时，用"神风""樱花"特攻机撞击美军的机动舰队；当美军运输舰接近时，用"回天"鱼雷、"震洋"特攻摩托艇、"海龙"袖珍潜艇攻击；迎击登陆舰艇时，用"伏龙"人操杆雷出击；当美军坦克上岸后，由陆军抱着炸药包进行肉弹攻击……所幸广岛、长崎的原子弹打消了日本人的幻想，否则，真要按照上述方案，日本恐怕有"全民玉碎"的可能。

09 从"达姆弹"到"比基尼"
一炮打响原产地的武器命名

许多武器的名字,是和它的生产地名和试验地名密切联系在一起的,有的甚至使产地一炮走红,以至于人们渐渐忘却了它的规范命名,而把地名作为它的标签。

"达姆弹"产地在印度

"达姆弹"(Dumdum bullets)是一种开花弹的俗称,又称"入身变形子弹",或者"炸子",是一种不具备贯穿力但是具有极高浅层杀伤力的"扩张型"(Expanding bullet)子弹。子弹本身口径不一,可由手枪或步枪发射。然而所造成的伤口与口径成倍数相差,并且与口径成正比。

在19世纪末期,英国在印度以303英寸子弹为基础研发成功了一种军用开花弹。该子弹由达姆兵工厂军方总监克莱上尉设计,他把7.7毫米枪弹去掉尖端被甲,裸露出铅心,就成了威名赫赫的达姆弹。由于这种子弹最早是位于加尔各答附近的达姆兵工厂生产的,因此被俗称为"达姆弹"。此后,出现了众多不同型式、不同口径,具有类似性能的枪弹。如:弹头壳尖端刻有十字切口或数条纵向裂纹的子弹、弹头前部开一纵孔或再在孔内放一细薄金属管的子弹、用铅或其他材料制成无弹头壳的

> 平头型达姆弹

> 类似达姆弹的扩张型狩猎枪弹

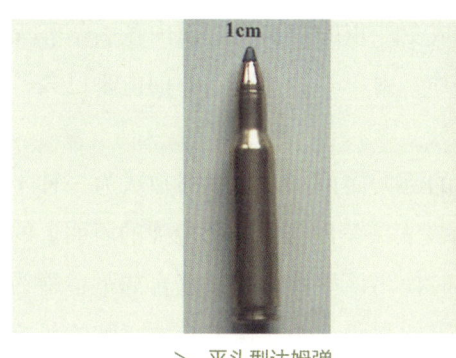

软弹头,等等。

达姆弹在子弹弹头分类上称为"半金属包覆弹"(JSP – Jacketed Soft Point),这种弹头与一般全金属包覆弹(Full Metal Jacket)不同之处在于,达姆弹弹头的金属外壳没有完全包覆弹头前端,弹头的铅质核心外露。这样一来,当弹头撞击人体时,由于铅的延展性高,以至于会立即变形,呈现扩展形状,而弹头后端的包铜由于质量高,加上仍然具有强大的惯性与动能,会将弹头前方的铅压碎造成高速的破裂与扩散,同时由于弹头自转的关系,铅块会以自转的方向成顺时针或逆时针扩散,由此产生对人体撞击点——伤口的严重撕裂伤害。

达姆弹击中人体后,弹头严重发生形变乃至破裂,导致人体组织出现喇叭状或葫芦状空腔,创伤面积是弹丸截面积的上百倍,在被命中时出现口径十几倍甚至更大瞬间空腔,对人体的血液循环系统产生巨大的压力。更令伤者痛苦的是,如果弹丸的碎片遗留在身体内部,那么就可能会造成铅中毒,即使侥幸碎片遗留在身体内部比较少,但是破碎的巨大伤口极难愈合,容易造成感染。一般情况下,达姆弹造成的撕裂伤害与枪管膛线绕距成正比,破损的铅弹头也会造成外科医师救治上的困难。资料显示,在 100 米距离上被达姆弹直接命中后,头部中弹的人 100% 会死亡,四肢中弹的人 20% 会死亡,剩下的全部截肢,左胸(心脏附近)中弹的人 100% 死亡,右胸中弹者 70% 死亡,腹部中弹者 70% 会死亡。

其实,能够造成达姆效应的子弹并非只有达姆弹一种,软头弹头击入目标体内后更容易翻搅。中空弹头在弹头上刻有 4 条容易割裂的沟纹,击中人体后除了翻搅之外，也会在目标体内造成更严重的割裂伤。而内藏引信和火药的中空弹头，会在击入目标体内后爆炸。由于"达姆弹"一词由来已久，逐渐成为所有扩张变形弹头的通称。

达姆弹极高的致死率和对伤员造成的巨大痛苦，使得达姆弹成为一种十分不人道的武器。在1899年海牙公约所发表《禁用入身变形枪弹的声明》的规定中，各国军队都不得在国与国交战时使用该型弹头。其宣言如下：缔约国同意放弃使用容易在人体中扩张或扁平的弹头，例如像是外面坚硬的包覆层没有完全包住弹体，或是有割痕的弹头。本声明仅在两个或多个缔约国之间的战争行为中生效。国际刑事法院在2010年对《国际刑事法院罗马规约》的修订中，将"非国际武装冲突"中使用达姆弹列为战争罪。红十字国际委员会认为习惯国际人道法在"非国际武装冲突"中也禁用达姆弹。

虽然禁止将达姆弹用于军事目的，但这一弹种并没有就此消失，其特有的低侵彻、高停止作用，在狩猎和警用两方面有了长足的发展。几乎国外所有的线膛狩猎步枪所配用的枪弹均采用类似弹头。同时，因为这种弹头能量释放快，可有效避免过分穿透，很适合特殊环境下的执法用途，因此获得了执法机构的青睐。不过，它们已经不再叫"达姆弹"，而是根据结构上的特点，称为"空尖弹"或"半被甲弹"。在发达的设计和加工技术帮助下，这些现代达姆弹能够精确地控制弹头变形的方式和大小，从而更加有效地利用自身能量，达到最好的侵彻和杀伤效果。在现代空尖弹研发生产领域，美国处于绝对领先的地位，几大弹药公司都有自己性能优异的拳头产品。20世纪90年代，温彻斯特弹药公司研制的"黑爪"（Black-Talon）、雷明顿武器弹药公

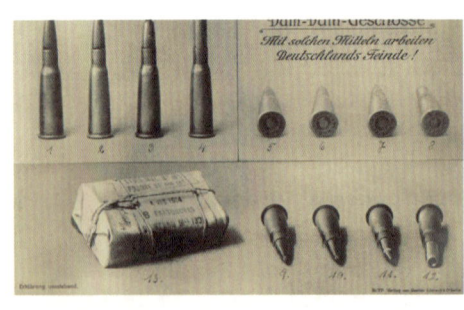

> 德国第一次世界大战的宣传海报，攻击法国使用达姆弹

> 俄罗斯M43子弹也带有中空弹的杀伤效应

司研制的"金马刀"（Golden-Saber），都是现代达姆弹的代表之一。

有些国家为了国内执法的需要，在非武装冲突的情况下，特别是为了在城市环境和密集人群中与携带武器的人对抗时，允许警察可以使用扩张型子弹，以确保子弹不会在穿透嫌犯的身体之后再射中别人，并且使嫌犯一旦被击中，就无法开枪还击。值得注意的是，警察使用的扩张型子弹是由手枪发射的，其动能比起步枪低得多，所以，警察部队使用的扩张型子弹与在军用步枪上被禁用的种类不同。某些国家允许警察使用扩张型子弹，表明它们认为在这些情况下，使用这种子弹有其必要。

1974年起，已经有报道声称美国数个州的警局在民众不知情的情况下购买并使用中空弹。1990年起，洛杉矶警方开始购入并使用中空弹，理由是更加安全。1998年起，纽约警方开始购入并使用中空弹。2012年，纽约警方在使用中空弹射杀一名涉嫌枪杀了同事的市民时，飞射的弹片伤到了附近的六名路人。美国国土安全部在2012年订购了4.5亿发中空弹，并且不愿意解释其购买原因与用途。此外，联邦调查局等许多执法机构也配备了中空弹。这些子弹击中人体后，也会产生类似达姆弹的效应。

另外，瑞士国家弹道研究实验室曾做过大量相关实验，他们的研究表明，简单地通过剪断弹头尖部、磨平弹尖或给弹尖钻孔等手工方式来使普通弹头射入目标后"炸开"，是不太现实的，因为枪弹的终点效应和弹头种类及具体结构有很大关系，而且这种手工改制的弹头精度没有保证，在自动武器上使用时容易造成卡弹故障，其杀伤效果也无法与工厂里专门制造的达姆弹相提并论。

"比基尼"背后的历史罪恶

比基尼环礁，是属于马绍尔群岛国的一个堡礁，其英文名"Bikini"是由德属新几内亚时期德国的命名而来的。而德国命名是由当地人对其的称呼——"Pikini"所命名的。马绍尔语中，"Pik"的意思是"陆地"，"Ni"则是"椰子"，因此其岛名在马绍尔语中的意思是"椰子岛"。该堡礁内有一个面积达229.4平方英里（594.1平方千米）的礁湖，由环绕礁湖的23个小岛组成。

师出有名：武器装备的命名和外号

> 比基尼环礁航拍图

> 比基尼环礁核爆

> 比基尼环礁升起的核爆蘑菇云

美国从1946年到1958年在马绍尔群岛共进行了20多次原子弹和氢弹的爆炸。最出名的是1946年在比基尼环礁进行的核试行动"十字路口"行动（Operation Crossroads），这次行动一共进行两次核试验，包括代号"Able"的空中核试及代号"Baker"的水下核试验。测试目的是调查核武器对水面军舰的打击威力。

"十字路口"行动的筹办，与美军第一次世界大战后的发展有莫大关联。早在一战结束后，美国陆军航空勤务队及其沿革组织均主张以制空权为战争首要打击力量，并以此为由，要求成立独立空军。然而，美国陆航空兵主张以远程轰炸机取代水面军舰作为海上防卫，并将海军航空兵及其航空母舰置于空军管辖之下时，却因此与美国海军产生极为严重的军种摩擦。这个军种竞争在第二次世界大战结束再次加剧，陆航希望证明核武及战略轰炸将是未来战争的王牌武器，且只有空军远程轰炸机能做有效打击；而海军则希望阻止陆航垄断核武器的投射权力，并证明水面军舰能够有效抵御核爆。二战后，恰恰又赶上美国军费面临紧缩，美国总统杜鲁门希

116

望成立美国国防部，统一三军拨款，以裁减冗余的军费开支。在这个特殊的背景下，陆航与海军的矛盾延伸为军费之争。"十字路口"行动正是双方角力以争取美国国会以至民间支持的结果。

为了进行这次核试验，美国海军挑挑拣拣，共选择了95艘军舰，包括2艘航空母舰、5艘战列舰、4艘巡洋舰、12艘驱逐舰、8艘潜艇、60艘各式登陆载具及运输舰，以及3艘驳船。为方便量度核爆破坏力如何随距离递减，海军将军舰密集布置，而没有重构现实下锚情况。各艘军舰均安装了量度仪器，监察气压、船只动向以及辐射。整场核试中，美国一共使用了200只猪、60只豚鼠、204只山羊、5000只老鼠、200只小鼠，以及带有不同种类昆虫的谷物，用活体辐射实验品，测试生物在高辐射下的基因变异。

1946年7月1日上午9时，一架B-29轰炸机在目标舰上空投下23000当量的"Able"核弹。核弹原定在"内华达"号战列舰上空520英尺（160米）爆炸，但却意外大幅偏离目标710码（650米），最后在"吉列姆"号海军运输舰（USS Gilliam, APA-57）上空引爆。爆炸使"吉列姆"号及"卡莱尔"号（USS Carlisle, APA-69）即时沉没；2艘美国驱逐舰"安德森"号、"林森"号在一小时内沉没，而"酒匀"号轻巡洋舰则在次日沉没。

核爆引发的空气冲击波，是上述舰只沉没或受损的主因。至于在爆心1000码（910米）范围内的船只，其受损程度极受舰体方位左右。如阵列图中6号的"林森"号驱逐舰，因整面右舷朝向爆心，舰体横向承受冲击波，受损面积因此增大，故在一小时内沉没。反之，在爆心东南面的船舰以舰艉朝向爆心，纵向面对核爆冲击波，受损面积较小；再加上阵列的军舰密集编布，又分散了冲击波力量，使该区军舰受损相对轻微，遭受重创仍不至于沉没。

试验产生的大量辐射连同核爆冲击波，使大量活体生物死亡。10%生物被冲击波即时杀死；另外15%生物被带有辐射的火球击伤，并在数日内死亡；最后又有10%生物在后续研究中因辐射而死。由于这次核爆只产生一次性辐射，再加上大量老鼠被刻意配置于致命范围以外，以研究辐射会否引致动物后代变种，整体生存率因此被拉高。部分生物在核爆后出奇生还，当中最著名的是一只编号311的猪，在核试前被放置在军舰上，核试后被发现在环礁游泳，而被美军救起。该猪最后与另一只生还的山羊，一同送到华盛顿国家动物园饲养。

"Baker"水下核试采用了2.1万当量核弹（有指亦为2.3万当量），位处靶舰阵列正中央。7月25日上午8时35分，核弹引爆。核爆过后，LSM-60登陆舰没有留下任何可辨认残骸，被判定遭核爆汽化；另外八艘军舰在核爆后沉没，包括战列舰"阿肯色"号及"长门"号；航空母舰"萨拉托加"号；潜艇"舟鲕"号、"鲣鱼"号及"天竺鲷"号；以及YO-160石油驳船。"欧根亲王"号重巡洋舰在核爆后严重受损，并在12月拖行期间沉没。这次核试的破坏力主要来自水压冲击波，而其辐射尘更几乎污染全部靶舰，使之具放射性。

在美国军事史以外，"十字路口"行动在世界历史上同样有重要影响。大众媒体获得了这次核试验的现场采访权，也使世人首次获得了核试验现场的公开资讯及片段。也就在这一年，法国人路易·雷亚尔（Louis Reard）设计了一款由两块布组成的简便泳衣。因为这种泳衣相当暴露，完全突破当时人们的传统思想底线，发明者认为其影响力无异于一次核爆，故取名于这次在比基尼环礁的核试，叫作"比基尼泳衣"。

不过，"十字路口"行动同样首次曝露了放射性污染的危害。核试后比基尼环礁自此不再适居，岛上土著因而迫迁，部族生活陷入危机；辐射使环礁内的海水受到严重放射性污染，而部分靶舰更由海军拖到他处击沉，使多地的生态系统遭受破坏。最后参与的海军士兵又欠缺防备辐射的意识及装备，使多人在不知情下蒙受辐射病，沦为美国非道德人体实验的受害者。然而上述种种祸害在当时都没有得到重视，直到核试数十年后，才陆续为大众所知。

受"十字路口"行动伤害最大的，是167名比基尼环礁原住民。当马绍尔总督将众人带往朗格里克环礁安置后，原住民才发现新住处是"不毛之地"。1947年到当地旅游的旅客，发现整个比基尼族群几乎陷入饥荒。同年7月，比基尼族群开始营养不良，到1948年1月更变得骨瘦如柴。同年3月美军先将原住民迁到夸贾林，再在1月迁往吉利岛。然而，吉利岛的陆地面积仅为比基尼十分之一，更没有礁湖与及良好港口，年中有四个月无法航海，摧毁原住民的捕鱼文化。这使该批住民长期依赖进口食品，而其后代则多流徙至其他岛屿，甚至移民海外。

部分比基尼原住民试图返回比基尼居住，但由于美军先后在 1954 年、1956 年及 1958 年再在该处进行核试，一共引爆 21 枚核弹。21 枚核弹的总当量为 75 百万吨黄色炸药（310 拍焦耳），比起"Baker"核试超出 3000 倍以上。当中又以 1954 年 3 月 1 日"城堡"行动（Operation Castle）的"Bravo"核爆污染最大。该枚核弹在美国核试史上威力最大，而在世界史上亦仅次于"沙皇"炸弹。这次核试的辐射尘，亦波及到部分比基尼住民侨居的朗格拉普环礁，部分人因此辐射综合症受伤。在 1974 至 1978 年间，美国政府曾短暂有意准许原住民重返比基尼，但由于辐射污染严重而作罢。现在，前往环礁的休闲潜水爱好者，仍然只敢吃进口食品。

弯刀出自大马士革

大马士革钢（Damascus steel），是古时候的一种高碳钢；专门指的是 3 世纪到 17 世纪间，中东大马士革地区自印度、斯里兰卡进口乌兹钢再配合铸造技术打造出有利于铸造刀剑的钢材。大马士革钢从冶炼到锻造对温度的要求都很苛刻，冶炼时温度不得高于一千度，锻造时必须低温（即"冷锻"），其制成的刀剑锋利无比，位列世界名刀之首

"大马士革刀"是欧洲人的叫法，指的是用乌兹钢锭制造，表面拥有铸造型花纹的刀具。历史上大马士革刀的原产地其实在印度，大马士革刀通常为弯刀，其最大的特点是刀身布满各种花纹，如行云似流水，美妙异常。这种花纹是在铸造中形成的。乌兹钢在铸造成刀剑时表面会有一种特殊的花纹——"穆罕默德纹"，属于花纹钢中的铸造型花纹钢，区别于折叠锻打形成的焊接型花纹钢（中国剑、马来刀等）或者淬火型花纹钢（日本刀）。花纹能够使刀刃在微观上形成锯齿（肉眼无法分辨），使得刀剑更加锋利。

大马士革刀以古代波斯为代表，伊朗古代铁兵器极为著名，当时的印度、土耳其、阿拉伯以及蒙古等东方各国王室均聘用波斯良匠铸兵器，但是各国的兵器形状不同，而制刀者又未留铭文，随着年代的推移，人们已无法辨认哪些是波斯人造的了。

据说，来自印度的乌兹钢是用来生产大马士革钢的生铁材料，由于取得

> 大马士革钢刀的表面花纹——穆罕默德纹

> 现代加工的大马士革钢刀上的表面花纹，大多数是刻意加工的

> 旧时铸造大马士革钢刀的工匠

这种材料的贸易路线太长，而过长的贸易路线稍有毁坏，便可能破坏大马士革钢的制造，甚至最终导向技术的失传。同样的，如果来自不同生产地的金属原料，或是熔化后的矿石缺乏制造中所需的关键元素如钨或钒，也可能使得制造失败。用以控制温度的循环使熔炉保持在特定温度的技术也可能失传，因此阻碍了"穆罕默德纹"的出现。

在大马士革钢中发现的奈米碳管结构的证据支持了这项假设：大马士革钢里奈米碳管的沉淀可能起因于特别的制造过程，且由于制造技术和金属原料产生太多改变，使得难以再次复制大马士革钢。过去制造的大马士革剑亦有可能是在经过一连串的测试中选出小部分品质较佳的成品用于贸易。

大马士革钢的发明始于大约公元8世纪印度，后来乌兹钢由商人输出到其他地方，印度的乌兹铁矿在17世纪末被开采殆尽，至18世纪，面对产业化革命带来的现代冶铁工艺，工艺复杂成本高昂的大马士革钢在商业竞争上欠缺优势，工匠口口相传的技艺逐渐失传。20世纪，不断有人想利用现代的科学来分析和复制大马士革钢刀，但是都失败了，而今大马士革钢已经成为花纹钢的代名词了，现代的大马士革钢只是焊接型的花纹钢，而且这种花纹是为了美观而制作的，没有实际意义。

东南亚的马来短剑

马来短剑有时翻译为"克力士剑"，其拉丁语拼写为"keris"，指的是马来群岛及马来半岛各民族使用的一种独特的短剑，主要流行于印度尼西亚、马来西亚、文莱、泰国南部以及菲律宾南部等"马来世界"传统文化圈地区。由于它的剑刃是波浪形的，因此也被称为"波状刃短剑""波纹剑"。从长度看，克力士剑实际上是一种匕首型的短剑，与金庸武侠小说《碧血剑》中袁承志使用的金蛇剑有质的区别。

传统的马来克力士剑纯以天外坠落的陨石铁打造，主要是因为马来群岛上铁矿贫乏，而陨铁中含镍，可以增强刀身坚韧而不碎折，且刃上的花纹也非陨铁不能获得。后来随着中国、波斯等地的钢铁输入，加上马来本土也探出了少量铁矿，因此铸剑师在锻剑开始加入其他钢材，但仍运用部分陨铁来保证刀剑的品质。

克力士剑根据其尺寸、外形及工艺特征可以分成上百个品种，也各有特点。爪哇的克力士剑被认为是最标准的。其剑身主要分为直形和曲形两大类，直形代表静，曲形代表动。对于曲形剑来说，其弯曲的次数也各有讲究，必须是奇数。克力士剑还有一个重要特征，就是其表面的花纹，这种花纹与大马士革花纹不同，是通过各种成分的金属经过数百次反复折叠锻打而成的。一般长剑的波浪数大多是在 3 波 ~ 13 波，也有少数达到 29 波之多的精品。这种波浪的造型，在进行刺击时，相较于直刃能够有效扩大伤口的面积，配合马来群岛的传统武术，可以给敌人带来更加致命的伤害。

在印尼的爪哇岛，每个家庭中的男性成员都会佩带马来短剑。15 世纪，根据郑和下西洋时船队翻译马欢的记载，当时马来群岛上至老人，下到三岁小孩，人人皆备一柄克力士剑。这些克力士剑根据个人的相应财力，装饰也会有所差别。其作用也从辅助日常生活，一直到上阵杀敌甚至处决犯人。

1739 年，荷兰人攻占爪哇，在与土著居民的战争中，荷兰人算是小小领

师出有名：武器装备的命名和外号

> 马来克力士短剑

教了爪哇人手中克力士剑的厉害，据说有的克力士剑还涂有毒液，只要被其划伤、刺伤，就可能危及生命。尽管荷兰人打赢了战争，克力士剑却也因此在西方出了名。在当时，有些荷兰士兵从马来人手中夺过克力士剑，并将它们带回自己的国家，这些士兵们都以拥有一把克力士剑为荣耀。从荷兰大大小小的博物馆中的陈列品就可以证实这一点。

关于马来克力士短剑有许多不实的谣传，比如一剑劈断殖民者火枪，等等。实际上，克力士剑长度有限，最主要的使用方式是在近距离搏斗中进行刺击，而非用于大开大合的劈砍。马来短剑往往会有一个弯曲的剑柄，如此设计虽然能够加强砍、刺敌人时剑刃的压力。但是，克力士剑除了剑柄之外，没有对手部保护的装置。而且克力士剑的剑刃是弯的，使用起来难以控制，因此使用克力士剑时如果技术不精，很容易刺伤自己。

现在的马来短剑一般用于宗教和仪式，被当作护身符和传家宝，或者庆典的饰物。东南亚也流传着许多关于马来短剑的神话传说。2005年，联合国教科文组织确认印尼的马来短剑为世界非物质文化遗产。

10

敌人的恐惧是褒奖
来自战场死敌的武器外号

大多数武器装备的名称，都是出厂前由厂家或军方敲定的。但也有一些优秀武器的外号，并不是出自母国，而是来自战场上的对手，折射出敌人又怕又恨的心理。而来自敌人的畏惧，自然是对这些武器最好的褒奖。

苏德战场上的"黑色死神"——伊尔-2

伊留申设计生产的伊尔-2（俄语：Ил-2）是苏联第二次世界大战期间生产的一种对地攻击机。苏德战争爆发时苏联仅有249架伊尔-2，战时总共生产了3.6万架，占苏联飞机产量的三成还多。连同它的后续机型伊尔-10一起，一共生产了42330架，成为世界航空史上单型产量排名第二的军用飞机。

伊尔-2作为装备炸弹和37毫米机炮的攻击机，最初计划作为单座战斗轰炸机来使用，但较大的体型限制了它的飞行性能，在实战中不足以同德军的Bf-109进行空中格斗。后来，苏联人为伊尔-2加装了后座机枪手和自卫重机枪，强化了机体装甲，将该机用于攻击地面目标，由此造就了二战东线战场著名的坦克杀手。

改进后的伊尔-2是一种带装甲对地攻击机，采用双

> 伊尔-2 强击机

座设计。除了飞行员外还有一个无线电操作员及后机枪射击手，使飞机在招待低空对地攻击时，可以从后半部向飞机进攻的敌方战斗机发起射击。它装备了大口径的机关炮，用于攻击敌方装甲目标、地面工事和行军纵队等。飞机的主要部位都有装甲保护，战场生存能力超强。它采用单引擎，双座设计，包括乘员在内合计总重量不得大于 700 千克。伊尔-2 还装有 4 至 7 毫米镍钼合金钢装甲板，机翼为全金属，机身为金属和木制混合，机身后部为木制。

伊尔-2 投入战场后，主要用于对陆军进行低空火力支援。它被认为是二战时最好的对地攻击机，苏军称之为"飞行坦克"，斯大林曾经称赞"伊尔-2 就是红军的面包和空气"。对于伊尔-2 的各种武器，苏联英雄切尔卡申曾这样描述："机炮和机枪的精度相当高，火箭弹只有在进行大面积攻击时有效，想用它打坦克极为困难，能打中完全是因为运气好。需要定点清除时，我们会用机炮，Vya 型机炮十分出色，它有 300 枚炮弹。要对付坦克时，那最有效的武器无疑是 PTAB 型炸弹，那玩意儿太牛了。在每个炸弹挂架上，我们都会挂上 128 枚这种小型炸弹。想象一下：现在我们发现了一列 10 辆坦克，6 架强击机在他们头顶上，沿着其行进道路进行一轮攻击，第 1 架飞机将四个挂架下的弹药逐一倾泻，然后是第 2 架、第 3 架、第 4 架……待 6 架飞机离开现场，你会看到 2 到 3 辆坦克已燃起熊熊大火……这就是我所谓的一次成功的出击。"

二战中消灭德军战机最多的苏联飞行员，其实并不是来自战斗机部队的伊凡·尼·阔日杜布（战果 62 架），而是伊尔-2 强击机飞行员亚历山大·叶菲莫夫。这位活到99岁的苏联元帅，曾经荣获两次金星奖章的传奇英雄，在其战斗生涯中摧毁地面敌机85架，空战中击落敌机7架，是名副其实的"双料"王牌。

与此同时，伊尔-2也是德军在二战时期最怕的强击机之一，东线德军称之为"黑色死神"。几乎每一本东线德军的回忆录中，都会提到苏联强击机永不停歇的空中打击给他们带来的深刻恐惧。当然，在德军战斗机的空中打击下，奋不顾身的伊尔-2机群也付出了巨大伤亡代价，二战时期损失高达一万多架。

二战后期，苏联人在伊尔-2的基础上，改进出了伊尔-10攻击机，其外观和伊尔-2相似，但为全金属结构，外观不同的地方，是改用似普通战斗机的收放式起落架。

日军眼中的"双身恶魔"——P-38

P-38 "闪电"式战斗机是二战时期由美国洛克希德公司生产的一款双引擎战斗机。为了满足美国陆军航空军（USAAF，美国空军前身）的要求，P-38的两具发动机分别装设在机身两侧并连结至双尾桁，飞行员与武器系统则设置在中央的短机身里。这架飞机的用途十分广泛，可执行多种任务，包括远程拦截、争夺制空权及护航战斗机、侦察、对地攻击、俯冲轰炸、水平轰炸，等等。

P-38对于美国航空科技史具有划时代的重要意义，它拥有许多第一的纪录，包括：

美国陆军航空军第一种双发动机战斗机。

第一款采用前三点起落架设计的战斗机。

第一种在机体外壳上应用平头对接铆钉（butt-jointed flush riveted）的美国飞机。

第一种大量使用不锈钢材料的飞机。

第一种战斗机在设计阶段就使用泪滴外型的座舱罩设计。

美国第一种飞行速度超过640千米时速的双引擎战斗机。

> 伊尔-10是伊尔-2的弟弟

它是美国唯一从珍珠港事件到大战结束都在生产的美国战斗机。

……

P-38总产量共约接近1万架；它是整个二战期间都在生产的战机之一。P-38也影响了许多飞机的设计，比如说，洛克希德生产的L-049"星座"客机的机翼就是大号的P-38机翼。

在实战中，P-38也创造了许多空战记录。比如，美国陆军航空军击落的第一架德国飞机（Fw-200）是由P-38取得，同时，它也是美国第一款深入柏林上空的护航战斗机。此外，它是击落日本飞机最多的美国陆航军战斗机，达到了惊人的1800多架。日本投降之后，美国陆军航空军第一架降落当地的飞机，也是49战斗机大队P-38。

1942年8月9日，美国陆军第11航空军第343战斗机大队的两架P-38E在阿拉斯加执行一次远距离巡逻任务中，与两架日本海军的九七式水上飞机相遇，并将它们击落。这是第一批被P-38击落的日本战机。

在中途岛海战之后，美国陆航开始派遣战机进入英国参战。第1战斗机大队的P-38以冰岛为中转站飞到了英国。8月14日，一架P-38F和一架P-40在冰岛外围执行任务时击落了一架Fw-200；随后，美军第1、第14、第82战斗机大队的P-38加入了驻在北非的第12航空军。1942年11月19日，P-38护卫着B-17完成了对突尼斯的一次轰炸任务，并造成广泛破坏。1943年4月5日，第82战斗机大队的26架P-38F和P-38G在一场战斗中击落了31架德意战机，它们帮助盟军巩固了地中海战区的制空权，在几场最为重要

> 战场上的 P-38

的轰炸任务中，这三个大队的 P-38 成为盟军护航力量的核心，击退了大量的"轴心国"战斗机。由于 P-38 在地中海上空的活跃表现，德军飞行员给 P-38 起了个外号"叉尾妖怪"（Der Gabelschwanzteufel）。

由于 P-38 具有高速、强火力和远程续航力等优势，该机在在西南太平洋战场得到了最广泛也最成功的应用。尤其双发动机所带来的安全性，使许多飞行员在飞机受损后，可以飞回基地维修后再战，其他飞机就只能危险迫降了。P-38 因此成为美国陆航 1943 年中期至 1945 年太平洋战争的主力战机。

在温暖的热带海域，P-38 的机舱较不需处理像欧洲战场上的保暖问题。尽管 P-38 的运动性和滚转率并不如零式和其他许多日本战机，但它的高速和优异的爬升率，给美国飞行员提供了两种充裕的战术选择：交战和脱离，其机头的密集火力对于防护能力较弱的日本战机来说深具毁灭性。P-38 的闪亮登场，使得美军飞行员们开始在与日本战机的交战中取得优势。这让南太平洋作战的日本飞行员们又爱又恨，P-38 因此得到另一个著名的外号——"双身恶魔"。

P-38 在南太平洋完成的任务中，包括了二战中最有名的一次斩首行动：1943 年 4 月 18 日，第 339 与 70 战斗机中队的美军飞行员，奉命驾驶 P-38G 远程截击日本海军司令山本五十六的座机。在美国情报部门破译的一则密电中，情报人员发现山本将到布干维尔岛的前线视察，于是美军派了 18 架 P-38 去执行这个任务。这个计划并不像想象中那么容易，为了避免被前线日军发现，美军飞行员先要在海平面以上 3 米至 15 米的高度，低空飞行了 700 千米，除了双发动机的 P-38，其他飞机很难担负这一重任。在当天的斩首行动中，美军发现目标后，由 4 架飞机攻击山本座机，其他飞机爬高担任掩护。终于成功击落了山本五十六和宇桓缠中将的座机，山本五十六这个从珍珠港起就让美军头疼的死敌，终于陨落在"双身恶魔"的火力之下。

P-38 也是平面竖版射击游戏《1942》的主角，它在后来此系列的每款游戏中都曾出现。日本游戏公司"彩京"发行的两款射击游戏《打击者 1945》以及《打击者 1945II》，P-38 都是可选择的战机角色。

> P-38 的机头特写

> 飞行中的 P-38J

风雷动变化瞬息间
以天气命名的武器

暴雨、冰雹、雷电、台风、海啸等，都是大自然界的恶劣气象。1944年12月，美海军第三舰队曾在菲律宾海域遭遇台风袭击，一次就造成765人死亡或失踪，100多架飞机，3艘驱逐舰沉没，2艘航母严重受损，充分证明人类在坏天气面前是何等苍白无力。有趣的是，偏偏就是这些坏天气，成了许多国家武器装备命名的重要内容。而且，为了彰显武器装备的强大威力不可抵挡，越是不可抵抗的糟糕天气，用于武器装备命名时越吃香。

"战斗民族"就爱"坏天气"

以勇猛刚强、彪悍豪放著称的俄罗斯人，经常被中国人称呼为"战斗民族"。不管俄罗斯人承认不承认这个外号，至少在武器装备命名上，从苏联到今天的俄罗斯，都喜欢用恶劣天气来给武器装备命名。

一般说来，经常出海的海员们通常很讲迷信，很忌讳提及"飓风""海啸"等不吉利的天气。但是，"战斗民族"偏偏不信这个邪。在苏联和俄罗斯各大舰队中，以"坏天气"命名的舰船比比皆是。比如，从1931年9月开始，苏联第一艘"飓风"号护卫舰进入波罗的海海军部队服役,随后其姊妹舰"涡流"号、"台风"号、"旋风"号、"暴风"号和"龙卷风"号也相继服役。红海军官兵们不仅没有丝毫避讳,反而给这6艘新军舰组成的护卫舰大队起了个形象的绰号——"坏天气"舰队。到了二战时的卫国战争初期,北方舰队司令戈洛夫科下令将一批拖网捕鱼船改装成了护卫舰。这些渔船改装后也获得了新的命名,专门授以"信风"号、"雾"号等诸如此类的天气名称。战后,其中一艘"龙卷风"号曾从北方舰队远航抵达莫斯科。当时,这种小型驱逐舰各大舰队都有,通常被编成一个舰艇编队,编队中的军舰均以恶劣天气名称命名,如"雷雨"号、"暴风雪"号,等等。

20世纪60年代末,苏联建造的1135型导弹护卫舰(北约代号"克里瓦克级"),绰号叫"风暴海燕"。在20世纪90年代,俄罗斯科技人员研制成功的超空泡鱼雷也命名为"暴风"。这是一种潜基高速鱼雷,它是苏联海军在历经10多年的秘密研究与发展之后,才得到成功的一种"超空泡武器",于1997年装备俄罗斯潜艇部队。鱼雷从潜艇上的发射管发射后,先由8支启动火箭工作,将鱼雷加速至超空泡速度。航行时首先由空泡发生器产生局部气泡,然后由通气管向局部气泡注入气体,使之膨胀成为超空泡。然后主火箭发动机工作,使鱼雷在水中高速运行。"暴风"鱼雷在超空泡状态下,水阻力很小,航速最高可达200节,远远超过普通鱼雷。

> 俄罗斯军队 VA-111 "超空泡鱼雷"

> 俄罗斯波罗的海舰队"风暴"号护卫舰

  在今天的俄罗斯海军中，依然还有类似的"坏天气舰队"。俄罗斯海军新近建造的22800型护卫舰1号舰、2号舰，最开始分别命名为"风暴"和"台风"。首舰"风暴"号（后改名为"梅季希"号）已经于2017年7月29日完成建造，并于2018年10月16日开始国家测试，并于2018年12月17日交付波罗的海舰队。第二艘"台风"号（后改名为"苏维埃茨克"号）也在2017年11月24日完成建造，将于2019年年底服役。第三艘"暴风"号（后改名为"奥金佐沃"号）已经于2016年7月开始建造，并于当年8月5日展出。2016年12月24日，第四艘"暴风雪"号则是在2018年10月23日在"佩拉"工厂下水。

  从2016年11月，位于克里米亚的费奥多西牙造船厂也获得了部分订单。从2016年11月到2020年12月31日期间生产3艘22800型护卫舰。2016年5月10日，该厂建造的22800型首舰"风暴"号护卫舰（后改名为"科泽利斯克"号）下水。第二艘"鄂霍次克"号护卫舰于2017年3月17日开始建造，第三艘"旋风"号护卫舰于2017年12月19日开始建造。

  2016年8月5日，克里米亚的"Zaliv"工厂也开始了22800型护卫舰的建造工作，已经投入建造的为"季风"号护卫舰和"信风"号护卫舰。2019年4月26日，A.M.高尔基造船厂也开始了22800型"乌云"号护卫舰的建造

> 俄罗斯出口印度的 BM-30"龙卷风"300 毫米火箭炮改型

工作。从这些舰名可以看出,"战斗民族"的"花天气舰队"命名传统,注定要长期流传下去。

除了海军以外,苏联陆军中的火箭炮、装甲车也经常以恶劣天气命名。比较出名的有 BM-21"冰雹"122 毫米火箭炮、BM-27"飓风"270 毫米火箭炮、BM-30"龙卷风"300 毫米火箭炮。其中,"冰雹"火箭炮,是继"喀秋莎"之后苏联研制的第二代火箭炮系统,发射速度快,火力猛,主要用来对抗敌炮兵力量,加强团炮兵群火力,摧毁敌战术核武器。"龙卷风"火箭炮以远射程、大威力和高精度著称,其最突出的优点之一,是真正解决了传统火箭炮射弹散、布面大而命中精度差的问题。像俄罗斯海军一样,近年来俄陆军也重拾"坏天气"命名的传统,在 2015 年 5 月 9 日红场胜利日阅兵式上,紧随"虎"式轻型装甲车之后出场的重型轮式防雷装甲车,也被命名为"台风"。这在俄制装甲车命名历史上尚属首次。

此外,苏联 1988 年 11 月 15 日首飞成功的航天飞机,也命名为"暴风雪"号。如此广泛而频繁的"坏天气",足以说明"战斗民族"对恶劣天气词汇的热爱了。

日本的"云、雨、雾、潮"系列

二战时显赫一时的日本海军,也超级喜欢用天气来给驱逐舰命名。不过,日本在军舰命名上,不像"战斗民族"那样专挑坏天气,非要在驱逐舰命名上搞出一副附庸风雅的样子。日本海军在明治末期制定的《海军舰艇命名基准》规定:一等驱逐舰为天候、气象用语。具体使用过程中,第二个字多用风、雪、月、云、雨、波、潮、雾、霜之类的天候自然名称,第一个字则用形容词或名词。其中:

"峰风级"一等驱逐舰中,以天气命名的有"峰风""泽风""冲风""岛风""滩风""矢风""羽风""汐风""秋风""夕风""太刀风""帆风"11艘,"峰风级"改进型中,还有"野风""波风""沼风"3艘。

"神风级"一等驱逐舰中,有"神风""朝风""春风""松风""旗风""追风""疾风""朝风""夕风"9艘。

"吹雪级"一等特型驱逐舰中,和天气沾边的军舰,有"吹雪""白雪""初雪""深雪""丛云""东云""薄云""白云""矶波""浦波""绫波""敷波""朝雾""夕雾""天雾""狭雾""潮"17艘。

"晓级"一等特型驱逐舰中,也有"雷""电"两艘以天气命名的舰艇。

"白露级"一等驱逐舰,有"白露""时雨""村雨""春雨""五月雨"5艘。其改进型中,又有"海风""山风""江风""凉风"4艘。

"朝潮级"一等驱逐舰中,有"朝潮""大潮""满潮""荒潮""朝云""山云""夏云""峰云""霞""霰"。

"阳炎级"一等甲型驱逐舰中,有"黑潮""亲潮""早潮""夏潮""初风""雪风""天津风""时津风""浦风""矶风""滨风""谷风""萩风""舞风"14艘。

"夕云级"一等甲型驱逐舰中,有"秋云""夕云""卷云""风云""长波""卷波""高波""大波""清波""玉波""凉波""藤波""早波""滨波""冲波""岸波""朝霜""早霜""秋霜""清霜"20艘。

此外,还有一艘"岛风"号一等丙型驱逐舰。

据不完全统计,二战日本海军中一等驱逐舰中,第二个字使用"风"字

> 二战日本海军"雪风"号驱逐舰，被它护航的友舰几乎全被击沉了

的最多，总共有 38 艘之多。这让取名的军官不得不挖空心思去想第一个字，到最后一个字实在想不出，那就两个字吧，如"太刀风"号、"天津风"号、"时津风"号。排在"风"后面的，使用"波"字有 16 艘，使用"云"字的有 11 艘，使用"潮"字的有 9 艘，使用"霜"字的有 4 艘，使用"雪"字的有 5 艘，使用"雨"字的有 4 艘，使用"雾"字的有 4 艘。

在如此众多的以天气命名的军舰中，唯独一艘"雪风"号最为出名。在太平洋战争中，由于日本海军的驱逐舰经常投入激战区，损耗率极高，唯有"雪风"号驱逐舰熬过了 16 次以上的作战，先后参加过著名的中途岛海战、南太平洋海战、圣克鲁斯海战、第三次所罗门海战、班加拉岛海战、马里亚纳海战、莱特湾海战、冲绳特攻战等战役，和"雪风"并肩出击的友舰纷纷被美军的舰炮、鱼雷和炸弹送入海底，唯有"雪风"屡屡躲过打击、死里逃生，最终以近乎毫发无损的状态活到了战争结束。

"雪风"因此在战后受到高度评价，拥有着"不死鸟""奇迹的驱逐舰"等美称。母港在吴港的"雪风"号，与另外一艘幸运舰"时雨"号（1945 年 1 月被击沉）合称为"吴之雪风、佐世保的时雨"。依照曾经担任"雪风"舰长的寺内正道所说，"雪风"能生还的理由，除乘员优秀外，同时的原因"还是运气吧"。后来，日本"海自"的"春风级"护卫舰2号舰也被命名为"雪风"。现在，日本海上保安厅所配备的一艘"凉风级"巡视艇（舷号CL-81，驻泊于北海道根室市花咲港），继承了"雪风"号的舰名，成为第三代"雪风"号。

二战后，日本"海自"的甲型驱逐舰都沿袭了过去以天气命名的习惯。1954年引进的第一种"甲型警备船"，即1600吨的美制"科佛摩尔级"驱逐舰，便被重命名为"朝风级"。1953年，日本战后第一代国产护卫舰也命名为"春风级"。其1、2号舰在1954年11月、12月先后开工时，其最初命名分别是"真风"和"白云"，但当两舰正式服役时，其舰名已分别变更为"春风"和"雪风"，前者取"春风化雨，万物复苏"之意，而后者则是沿用了有"不死鸟""雪风"号驱逐舰的旧名。

自"春风级"开始，海上自卫队建造的全部反潜护卫舰"绫波、山云、峰云"，多用途护卫舰"村雨（一代）"、通用驱逐舰"初雪/朝雾/村雨（二代）/高波"和部分防空驱逐舰"秋月/天津风/太刀风/旗风"，都沿袭了天气命名法。

从潜艇看，日本在1957年自行设计建造了战后第一艘潜艇，命名为"亲潮"号。从那时起，日本的"潮"字号潜艇的发展就变得一发而不可收拾。在"亲潮"之后，日本海上自卫队又先后建造了"早潮级""夏潮级"，20世纪50

> 日本自卫队"村雨级"多用途护卫舰

年代中期以后，又建成了"若潮级""早潮级""涡潮级"。20世纪80年代后，日本潜艇建造逐渐走向高峰，新一级潜艇命名"夕潮级"。该级艇建成后，很快就在世界各国潜艇中崭露头角。在此之后，日本又相继建造了号称世界一流的"春潮级"和"亲潮级"潜艇，"夕潮""春潮"和"亲潮"一起，并称"日本'海自'现役潜艇三剑客"。

西方的"风、雷、电、霆"

欧美国家中，喜欢用天气命名的也不少。比如，挪威的"盾牌级"隐身导弹快艇的2号舰（P-961），就命名为"风暴"（Storm）号。二战前后显赫一时的美国共和飞机公司，也特别喜欢用"雷"这个词给飞机命名，1942年生产的P-47战斗机命名为"雷电"（Thunderbolt），1947年6月生产的F-84战斗机命名为"雷闪"（Thunderjet，有时也翻译为"喷气雷电"），1949年

> 美国共和飞机制造的F-105"雷公"战斗轰炸机

5月首飞的XF-91命名为"雷截"（未投产），1958年服役的F-105战斗轰炸机命名为"雷公"（Thunderchief），真可谓"天雷滚滚，雷死人不赔命"。

叫"雷"的飞机，还有瑞典研制的单发单座SAAB-37战斗机，命名为"Viggen"，瑞典语中是"雷"的意思。SAAB-37在瑞典空军中服役，配套的作战系统被称为"第37武器系统"，1967年首飞成功。第二年，SAAB-37通过瑞典空军的验收，初步订购了超过800架，但后来只生产329架。SAAB-37的的衍生型包括SF-37、SH-37，同时担任双座教练机。1970年代末增加了全天候战斗机兼拦截机的JA-37。

此外，叫"风"和"电"的欧洲武器出现得更早。1942年以后，面对北非战场盟军飞机的低空扫射，德国非洲军团蒙受了重大损失。德国陆军不得不加强自己的防空火力，重点发展"带装甲的自行高射炮"（Flakpanzer）。1944年中旬的"旋风"（Wirbelwind）和"东风"（Ostwind），就是两种拥有旋转炮塔的自行高射炮的代表，它们直接把一个敞开的炮塔放在Ⅳ号坦克的车体上面。其中"旋风"装备的是Flakvierling 38四联装20毫米高射炮，，而东风装备的是一门37毫米口径的Flak43高射炮。四联装20毫米高炮的火力密集，而37毫米高射炮的射高和单发炮弹威力都要更大，两者可以分别负责低空和中空两个空域的防空任务。同时，由于两者使用大型敞开式炮塔，被德军自己戏称为"点心盒子"。

> 二战德军的"球形闪电"装甲防空战斗车

随着二战后期西线战场的开辟，像"旋风""东风"这样没有全向装甲保护的防空战车处境其实非常危险，有时候攻击机会优先把它们当成目标。德国人继续在Ⅳ号坦克的基础上，研发出了封闭式装甲防空战斗车辆，命名为"球形闪电"（Kugelblitz，德语中的"Kugel"是球，"Blitz"是闪电）。德国的"球形闪电"内部安装了车内通话装置和毒气过滤装置、呼吸管，主炮改装自空军使用的MK-103机关炮，该炮享有"坦克开罐器"的美誉。"球形闪电"计划1944

年9月造出5辆，从1944年12月开始，每个月量产30辆，并以此车替代东风自行高炮。结果，在美英军队的轰炸下，最终只有3辆球形闪电组装完成。此外，美军中叫"闪电"的P-38、叫"闪电Ⅱ"的F-35，叫"雷电Ⅱ"的A-10，早已经耳熟能详。

目前，以天气命名的欧洲军机中，莫过于欧洲"三风"。即"阵风""台风"战斗机和"狂风"战斗轰炸机。

> 法国达索公司制造的"阵风"战斗机

"阵风"战斗机（法语：Rafale，中文又译作"阵风"或音译为"拉斐尔"）是法国达索（Dassault）飞机公司开发和建造的双引擎、三角翼、高灵活性多用途战机；其航电及气动外形优化了制空型战机的角色。

在2009年，阿联酋ATLC军事演习中，参加的包括有有法国空军的阵风、英国皇家空军的"台风"、美国的F-22。法国宣称"阵风"在空战演习中以7：1大比数击败英国皇家空军的台风战机，英国方面则称此次演习结果不具代表性。而备有二维向量喷嘴的第5代战机F-22、在演习中的近战对阵风时也只能小胜。

"台风"战斗机（英文：Eurofighter Typhoon，通称："欧洲台风"，其他名：EF-2000），是一型由欧洲战斗机公司（英、德、意和西班牙四国合作）设计的双发、三角翼、鸭式布局、高机动性的多用途第4代半战斗机。

"台风"战斗机采用了鸭式三角翼无尾布局，矩形进气口位于机身下。

这一布局使得其具有优秀的机动性，但是隐身能力则相应被削弱，被调侃为"开口笑"。另一个获此殊荣的是波音公司竞标 JSF 失败项目 X-32。

"台风"战斗机已经投入量产，并且首先在意大利空军和西班牙空军形成战斗力。英国和德国也在 2006 年宣布将"台风"投入使用。奥地利订购了 15 架"台风"，沙特阿拉伯在 2006 年 8 月 18 日签订合约，订购了 72 架。

欧洲"台风战机"计划特别的意义除了军事上以外还有政治上，这是第一次有两个以上国家构成的集团在研发阶段就开始整合资源；进行一个武器专案，也为后来的欧洲统合之路发出了象征性的推动效果，当"台风"战机在各国服役的那一刻也成了欧洲统合的一次媒体活宣传，"台风"战机还未真的上战场就已经打了一场胜战，在概念上改变了国界。

"狂风"战斗机（Panavia Tornado）是一种由英国、联邦德国及意大利联合开发的双座双发超音速变后掠翼战斗机。按照功能分成三种型号：IDS（阻绝打击）、ADV（防空拦截）、ECR（电子战/侦察），在 1974 年 8 月 14 日进行首次飞行。主要用于近距空中支援、战场遮断、截击、防空、对海攻击、电子对抗和侦察等，是为适应北约组织对付突发事件的"灵活反应"战略思想而研制的，主要用来代替 F-4、F-104、"火神""堪培拉""掠夺者"等战斗机和轰炸机，执行截击、攻击等常规作战任务。

"狂风"1970 年开始研制，1972 年完成结构设计，1974 年 8 月首飞，1974 年 9 月命名为"狂风"。采用串列双座，两侧进气，常规布局，全金属

> 欧洲联合的"台风"战斗机　　　　　　　> 欧洲多国合作的"狂风"战斗机

半硬壳结构，机翼为变后掠翼，带全翼展襟副翼及前缘缝翼，铝合金整体加强蒙皮，尾翼为全动升降副翼，内置方向舵，采用电传操纵系统。

英国皇家空军、意大利空军和德国空军现在仍然使用这型战机。目前仍有992架分布在三伙伴开发国和沙特阿拉伯这四国。仍在使用中的飞机，目前都已计划替换成欧洲"台风"式战机，之后全面退役。

"狂风"战斗机先后参加了海湾战争、科索沃战争和打击IS的行动。该机在海湾战争期间，出动了2400架次，炸毁了伊拉克35个大型机场和60个小型机场。在突击机场时，通常是超低空进入，先后投下装有炸弹和延时地雷的JP-233反跑道子母弹。在战争初期，由于实施低空投弹，被伊拉克密集的防空火力击落8架。海湾战争开始后10天，英国空军就损失"狂风"战斗机6架。这主要是由于"狂风"战斗机执行的是超低空轰炸攻击任务，出动的次数多，强度大，攻击的又是伊空军机场等重要目标，这种目标均配置有较强的防空火力，尤其是有大量的肩射和低空防空导弹，加之"狂风"战斗机在沙漠地区缺少地标的条件下飞行，又不宜使用60米左右的最佳高度实施突防，而在100米以上的高度飞行易被肩射和低空防空导弹击中。

据英国《每日邮报》2015年12月2日报道，在英国议会以397票对223票的比例通过"英国对IS展开空袭"的提案后数分钟之内，8架英国战机从英军军事基地起飞，对叙利亚境内的IS目标展开空袭。据悉，参与空袭的战机为2架"狂风"战斗机和6架"台风"战斗机，配备有精确制导的"硫磺石"反坦克导弹和"宝石路"激光制导炸弹。

复活的军团
以将帅命名的武器

在人类战争史上涌现出过许许多多的将帅,其中有不少属于人们口中常说的名将和名帅。这些著名将帅是一个国家的宝贵财富,也是激励斗志的最好例证。以著名将帅为武器命名,既是为了纪念著名将帅,向著名将帅致敬,也是为了军魂的传承,激励官兵爱军尚武。尤其是在各国海军中,有不少舰艇是以本国历史上的著名将帅命名的,有些历史比较悠久的海军强国,同一个著名将帅的名字还会被用好几遍。

英国:三大海军名将挑大梁

英国海军历史上涌现的名将虽然很多,但是用来为舰艇命名的却不多。论名气,又以纳尔逊、胡德、罗德尼三人最大。纳尔逊的全名是霍雷肖·纳尔逊,英国海军上将,是英国在风帆战舰时代最著名的海军将领和军事家,在1798年尼罗河口海战及1801年哥本哈根战役等重大战役中率领英国海军获胜,他在1805年的特拉法尔加战役中指挥英国海军击败了法国及西班牙组成的联合舰队,迫使在欧洲大陆上势如破竹的拿破仑彻底放弃从海上进攻英国本土的计划,拯救了英国。然而,纳尔逊本人却在这场海战中被法舰"敬畏"号上的一名狙击手击中,最后因伤重不治而阵亡。2002 年,英国广播公司(BBC)举行过一个名为"最伟大的 100 名英国人"的调查,结果纳尔逊位列第 9 位,由此可见纳尔逊在英国人心目中的地位之高。

纳尔逊被视为英国海军历史上最无畏的海军将领,是英国历史上与威灵顿、丘吉尔齐名的三大英雄之一。值得一提的是,纳尔逊不仅在英国备受敬仰,在其他国家也同样受到敬仰。日本海军著名将帅东乡平八郎就对纳尔逊极其崇拜,在 1905 年的对马海战时,东乡就命令他的旗舰"三笠"号战列舰升起当年纳尔逊在特拉法尔加海战中曾经升起的 Z 字旗,指挥拥有 4 艘战列舰的日本联合舰队一举歼灭拥有 7 艘战列舰的俄国太平洋第二舰队。

在英国海军史上,纳尔逊的名字曾经三度被用来为舰艇命名。最早采用"纳尔逊"舰名的是 1814 年下水的一艘风帆战列舰,装有 126 门炮。1867 年被转手卖给澳大利亚,1898 年再度转卖给民间,先后作为储油船和储煤船使用,直到 1928 年才被拆解,前后使用时间长达 110 多年。

第二艘"纳尔逊"号是"纳尔逊级"装甲巡洋舰的首舰,1881 年服役,1902 年转为训练舰,1910 年被拆解。

第三艘"纳尔逊"号是"纳尔逊级"战列舰的首舰,1927 年 8 月 15 日服役。"纳尔逊"号曾多次改装,先后安装了新型高炮,加装了对空、对海警戒雷达和主、副炮及高炮火控雷达。在二战期间,"纳尔逊"号参与了支援登陆突袭挪威纳尔维克附近德军设施的行动,在地中海支援和掩护运补马耳他的护航队以及支援盟军在法属北非登陆的"火炬"行动。

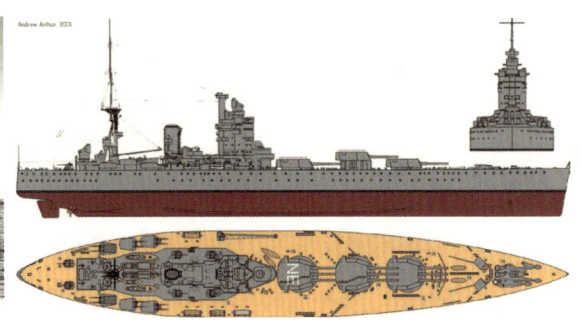

> 英国海军"纳尔逊"号战列舰

1943年7月,"纳尔逊"号在西西里登陆行动中负责火力支援,9月参加掩护在意大利南部萨勒诺的登陆行动。9月29日,代表盟军的艾森豪威尔将军和代表意大利的巴多格里奥元帅在"纳尔逊"号上签署了意大利投降的协定。

1944年,"纳尔逊"号、"罗德尼"号参加了诺曼底登陆战役。1945年,"纳尔逊"号开赴印度洋参加对日本的作战行动,见证了日军在印度尼西亚群岛的投降行动。1948年2月,"纳尔逊"号战列舰退役,次年被拆解。

胡德的全名是塞缪尔·胡德,18世纪英国海军上将。塞缪尔·胡德是开创胡德家族累世功勋的奠基人,是该家族军功最显赫的将领,而且他还是霍雷肖·纳尔逊的老师。纳尔逊对胡德推崇备至,称其为"英国海军第一人",由此可见胡德的才华多么出众。

胡德在1757年指挥"羚羊"号炮舰,俘获了两艘法舰。1759年,担任"维斯塔"号(有32门火炮)舰长的胡德在英吉利海峡与法军"布里翁"号(有32门火炮)上演了一场精彩的单舰对决,胡德最终获胜。1782年4月12日的圣徒岛海战中,胡德指挥英军后卫舰队包抄分割,最终英军重创由德·格拉瑟率领的法国舰队。可是英军舰队司令罗德尼在战局已定的情况下没有继续扩大战果,这让胡德很不满。胡德坚信只有决定性的追击才能确保全胜。果不其然,当时有5艘受伤的法舰逃跑,当胡德终于得到追击的命令后,他又俘虏了其中的2艘。在此之后,胡德与罗德尼之间的矛盾就变得十分尖锐。1788年,胡德晋升为海军中将,统领英国地中海舰队。之后,胡德指挥英军舰队相继参加了对土伦港的进攻以及夺取科西嘉岛的战役(当时还是上校的纳尔逊在登陆战中失去了一只眼睛)。1794年,胡德晋升为海军上将,但没多久却因批评英国海军部而被解职。

英国海军用胡德的名字命名过4艘舰艇,其中广为人知的是一战期间建造、1920年服役的"胡德"号战列巡洋舰。该舰原本是英国海军最后一代战列巡洋舰海军上将级中的1艘,其他3艘还有"罗德尼"号、"安森"号、"豪"号。由于4艘舰都是以英国历史上的海军上将命名,所以称为"海军上将级"。但实际上,海军上将级最终只建成了"胡德"号。

从性能指标上看,"胡德"号相当牛。其标准排水量达41125吨,装有4

座双联装381毫米主炮、12门单管140毫米副炮、6具533毫米鱼雷发射管，最大航速32节。"胡德"号建成时，是世界上最大的战舰，自然也是英国海军的骄傲。

在二战爆发前，"胡德"号进行过两次大规模改装，换上了新的火炮射击指挥系统和无线电天线，撤除了2座水下鱼雷发射管，换装高炮，增强装甲并装备雷达。最终，"胡德"号的标准排水量增至48360吨，航速下降到约30节。而在1940年4月至1941年3月，"胡德"号又先后进行了3次小改装，拆除两舷12门140毫米副炮，加装了7座双联装120毫米高炮、3座8联装40毫米"砰砰"炮，以及新设计的5座20管76毫米火箭发射器（可算是最早的防空火箭），并且还加装了一部284型火控雷达。此时，"胡德"号的满载排水量已经达到了49133.7吨。

1941年5月24日，"胡德"号与战列舰"威尔士亲王"号一起拦截德国"俾斯麦"号战列舰，在丹麦海峡发生激战。"胡德"号先后遭到"俾斯麦"号战列舰、"欧根亲王"号重巡多次炮弹命中，其中"俾斯麦"号主炮打出的一发炮弹命中"胡德"号主桅附近，并穿透甲板，进而引起舰上120毫米高炮炮弹和主炮炮弹相继殉爆，导致舰体段为两截，迅速沉没。

罗德尼的全名是乔治·布里奇斯·罗德尼，英国海军上将。在英国海军内，罗德尼是第一个在海军内部突破线式战术的将领。而且罗德尼的实战指挥能力也很强，在英法七年战争、北美独立战争期间，罗德尼率领英军舰队多次

> 塞缪尔·胡德，英国海军上将　　> "胡德"战列巡洋舰，英国皇家海军的骄傲

> 乔治·布里奇斯·罗德尼，英国海军上将

> 二战英国海军"罗德尼"号战列舰

击败法国舰队和西班牙舰队，战功卓著。

用罗德尼的名字先后命名的英军舰艇多达 7 艘，其中最后 1 艘是"纳尔逊级"战列舰的 2 号舰。在二战期间，"罗德尼"号战列舰的表现比"纳尔逊"号更好，名气也更大。例如在围歼"俾斯麦"号战列舰时，"罗德尼"号的 3 座三联装 406 毫米主炮共发射了 378 发炮弹，其中 40 发命中。此外，"罗德尼"号还发射了 2 条鱼雷，其中 1 条命中，成为世界海战历史唯一一次战列舰用鱼雷击中战列舰的战例。之后，"罗德尼"号又和"纳尔逊"号一起，相继参加了北非登陆、西西里登陆、诺曼底登陆战役，为登陆部队提供火力支援。战后不久，"罗德尼"号退役，1948 年被拆解。

英国海军中另外两位被用来命名舰艇的海军上将是前面提到的安森、豪，最后分别被用来命名"乔治五世级"战列舰中的后两艘"安森"号和"豪"号。

美国：海军将领数星星

美国海军以将领名字为舰艇命名的情况在二战后非常多。例如 20 世纪 50 年代发展的"法拉格特级"导弹护卫舰就全部以美国海军历史上的名将命名的。"法拉格特级"导弹护卫舰后来在 1975 年升格为导弹驱逐舰。由于前 3 艘与后 7 艘区别较大，所以通常又把前 3 艘称为"法拉格特级"导弹驱逐舰，后 7 艘称为"孔茨级"导弹驱逐舰。这里还是按照最初的分法，首舰"法拉格特

号以美国南北战争时期的海军将领,同时也是美国海军历史上第一位少将、中将和上将的戴维·格拉斯哥·法拉格特命名;二号舰"鲁斯"号以美国海军上将、美国海军战争学院创建者和第一任院长的斯蒂芬·鲁斯命名;三号舰"麦克多诺"号以美国历史上第二次独立战争(1812至1815年美英之间的战争)期间美国海军名将托马斯·麦克多诺命名;四号舰"孔茨"号以美国海军上将、"大白舰队"指挥官、第二任美国海军作战部长罗伯特·孔茨命名;五号舰"金"号以美国五星上将、二战美国海军总司令、在美国海军有"全能的上帝"尊称的欧内斯特·约瑟夫·金命名;六号舰"马汉"号以美国海军少将、军事理论家阿尔弗雷德·塞耶·马汉命名;七号舰"达尔格伦"号以海军少将、军事发明家(美国滑膛炮的发明人)、先后担任美国海军大西洋舰队和太平洋舰队司令的约翰·阿道弗斯·伯纳德·达尔格伦命名;八号舰"威廉·普拉特"号以美国海军上将、美国海军舰队总司令、第五任美国海军军令部部长威廉·维齐·普拉特命名;九号舰"杜威"号以美国海军特级上将(美国海军最高等级的军衔,杜威也是迄今唯一获此殊荣的人)、马尼拉湾海战美国亚洲舰队司令、海军总委员会主席乔治·杜威命名;十号舰"普雷贝尔"号以美国独立战争时期率军攻打特里波利、美国海军主要创建者之一的爱德华·普雷贝尔命名。

在上面这些美国海军将领中,名气最大的是马汉。他当过舰长,在海上漂过,但最牛的还是军事理论。马汉不仅担任过美国海军学院的教授,而且还两

> 阿尔弗雷德·塞耶·马汉,《海权论》之父

度出任海军学院院长。在教学中，马汉把之前分散的舰艇战术整合为舰队战术体系，并且还亲自制作模型，为学生上课，被学生们尊为"海军中的约米尼"。

马汉的思想深受古希腊雅典海军统帅地米斯托克利及政治家伯里克利的影响，而他对后世的很远影响是三本书——《海权对历史的影响》《海权对法国革命及帝国的影响，1793—1812》《海权的影响与1812年战争的关系》，合起来就是现在人们耳熟能详的《海权论》。通过对历史上大国兴衰与海权关系的分析，马汉提出"制海权对一个国家最重要"的观点。海洋的主要航线能带来大量商业利益，因此必须有强大的舰队确保制海权，以及足够的商船与港口来利用此一利益。马汉很强调海洋在军事安全方面的价值，认为海洋可保护国家免于在本土交战，而制海权对战争的影响比陆军更大。因此，他极力主张美国建立强大的远洋舰队。

马汉的《海权论》对美国政府的影响十分深远，西奥多·罗斯福就对马汉的理论十分认同，在担任美国海军副部长时，致力于美国海军现代化，为美国海军的壮大起到了巨大的推动作用。而他在担任美国总统期间推行的"大棒政策"，就是脱胎于马汉的《海权论》。即使到现在，美国的亚太战略以及美军在亚太的部署仍旧是以马汉的《海权论》为基础。

"莱希级"巡洋舰也全部是以美国海军历史上的名将名字命名的。首舰"莱希"号以美国海军五星上将、第七任美国海军作战部长威廉·丹尼尔·莱希命名；二号舰"亚内尔"号以美国海军上将、美国亚洲舰队司令哈里·欧文·亚内尔命名；三号舰"沃登"号以美国海军上将、美国南北战争英雄约翰·洛里默·沃登命名；四号舰"戴尔"号以美国独立战争大陆军海军将领理查德·戴尔命名；五号舰"特纳"号以二战太平洋舰队两栖部队司令、海军上将里士满·特纳命名；六号舰"格里德利"号以美西战争中的海军中将查理斯·格里德利命名；七号舰"英格兰"号以珍珠港事件英雄少尉约翰·查尔斯·英格兰命名；八号舰"哈尔西"号以美国海军五星上将、二战太平洋战场高级指挥官小威廉·弗雷德里克·哈尔西命名；九号舰"里维斯"号以美国舰队总司令、海军上将约瑟夫·里维斯命名。可以看出，除了七号舰之外，其余8艘全部都是美国海军一等一的高级将领，其中包括2位五星上将。

哈尔西对于人们来说如雷贯耳，绰号"公牛"的哈尔西在太平洋战争中

> "蛮牛"哈尔西，二战美国海军名将

指挥美国海军航母机动舰队，对日本海军进行了沉重打击。莱希对于大多数人来说都很陌生，这位毕业于美国安纳波利斯海军学院的职业军官除了早年间以低级军官"打酱油"的角色在加勒比海、西太地区进行各种活动之外，在一战和二战期间再未参加过一场实际的作战行动。那么，他凭什么获得五星上将的殊荣呢？实际上，莱希的角色类似二战期间美国陆军参谋长乔治·马歇尔，虽然没有实际到战场，但他将主要精力放在参与军事决策和协调各方关系上，如联系总统和各战区司令的关系，动员军事力量，起草军事文件等。这些看似琐碎但十分必要的事务，莱希处理得很出色。

美国海军"斯普鲁恩斯级"驱逐舰的31艘舰中有近一半是以美国海军高级将领的名字命名的，包括斯普鲁恩斯、保罗·福斯特、金凯德、休伊特、奥尔登多夫、阿瑟·拉德福德、理查德·L·康奈利、亨利·W·希尔、莫顿·L·德约、英格索尔、詹姆斯·菲佛、弗莱德·弗莱彻、罗伯特·W·海勒，这些人的军衔都是海军上将或中将。

斯普鲁恩斯的全名是雷蒙德·阿姆斯·斯普鲁恩斯，太平洋战争后期任美国海军太平洋舰队第五舰队司令，由于他沉默寡言，所以被称为"沉默的提督"，美国海军太平洋舰队司令尼米兹称赞他是"海军上将中的上将"。

在太平洋战争中，斯普鲁恩斯先后指挥了中途岛战役、马绍尔群岛战役、马里亚纳海空战、塞班岛战役、硫磺岛战役、冲绳战役，立下了卓越战功。但由于众议员卡尔·文森的阻止，斯普鲁恩斯一直未能晋升成为五星上将。不过，美国国会最终通过了一项前所未有的议案，当中表明斯普鲁恩斯退休后，将维持海军上将（四星）的薪酬直至去世。

2001年7月12号，美国国会终于通过2492号法案，并在稍后由小布什总统签署生效，已故海军上将斯普鲁恩斯追授"Fleet Admiral"军衔，即"海军五星上将"。

> 斯普鲁恩斯，二战美国海军名将

"斯普鲁恩斯级"驱逐舰是美国在冷战期间建造的大型反潜驱逐舰，具备出色的远洋反潜作战能力。美国海军用斯普鲁恩斯的名字命名该级舰，是对这位追授的海军五星上将致以崇高的敬意。而在斯普鲁恩斯级全部退役之后，美国海军又把1艘"伯克Ⅱ"A型驱逐舰命名为"斯普鲁恩斯"号。

美国海军现役的"伯克级"驱逐舰也有不少是以海军将领的名字命名的，例如首舰"伯克"号就是以美国海军上将、1955至1961年间海军作战部长阿

> "伯克级"驱逐舰的命名，源自美国海军上将阿利·艾伯特·伯克

利·艾伯特·伯克的名字命名的，而且还是美国海军史上第一次以一位在世名人命名军舰（"伯克"号是在1989年下水的，1991年服役，而伯克是在1996年去世的）。其他像"马汉""哈尔西""法拉格特""格里德利""杜威""斯普鲁恩斯""普雷贝尔"等都是沿用之前的舰名，而"迪凯特""巴克利""钟云""基德"等则是新命名的，这些人也都是美国海军历史上的高级将领。

钟云是美国海军一位华裔少将，原籍广东中山。太平洋战争后期，钟云担任美国海军"弗莱彻级"驱逐舰"西格斯比"号舰长，在冲绳战役中指挥该舰对抗日军"神风"特攻队的自杀飞机达数小时之久，共击落20架日本自杀机。由于他在此役中战功卓著，随后获颁美国海军十字及银星勋章，并晋升为海军少将。

美国海军航母主要是以总统或者资深议员的名字命名的，以海军将领命名的只有1艘，就是尼米兹级核动力航母的首舰"尼米兹"号，以美国海军五星上将、太平洋战争期间担任美国海军太平洋舰队司令、太平洋战区盟军总司令、战后出任过美国海军作战部长的切斯特·威廉·尼米兹命名。不过，"尼米兹级"的"艾森豪威尔"号虽然是以美国总统德怀特·艾森豪威尔的名字命名，但是艾森豪威尔在二战期间担任欧洲盟军总司令，并且获得了陆军五星上将的军衔，所以这也算是以名将命名的航母。

俄罗斯：海军名将的轮回

俄罗斯海军用名将的名字来为舰艇命名，早在19世纪就开始了，尽管不是常态。1884年，当时的沙俄海军就把1艘下水的蒸汽战舰命名为"纳希莫夫海军上将"号，以纪念在1853年锡诺普海战中大败奥斯曼土耳其海军的著名海军将领帕维尔·斯捷潘诺维奇·纳希莫夫。不过，纳西莫夫在海战期间的军衔还是中将，至于上将衔是在1855年视察马拉霍夫岗工事时被子弹击中阵亡后追授的。

一战前夕，俄国海军开始建造"斯维特兰娜级"轻巡洋舰，计划建造8艘，除首舰之外，其余7艘均以俄国历史上的海军将领名字命名，分别是"格雷格海军上将"号、"布塔科夫海军上将"号、"斯皮里多夫海军上将"号、"纳西莫夫海军上将"号、"柯尼洛夫海军上将"号、"伊斯托明海军上将"号、"拉扎列夫海军上将"号。

但是随着一战爆发，俄国在战场上连吃败仗，国内局势也是风起云涌，因此这些舰在整个一战期间都没有建成。苏联成立后，继续扩充海军，于是就对这8艘半成品进行了检查，最后将前5艘进行了续建。令人啼笑皆非的是，"格雷格海军上将"号、"布塔科夫海军上将"号是被作为运油船续建完工的，并且分别改名为"阿兹尼夫特"号、"格罗兹尼夫特"号，不知两位海军上将的在天之灵得知这个消息后，会是什么感想。只有"斯维特兰娜"号、"纳西莫夫海军上将"号、"拉扎列夫海军上将"号是以原来的轻巡洋舰身份完工的，并分别改名为"国际工会"号、"红色乌克兰"号和"红色高加索"号。在伟大的卫国战争爆发前，"国际工会"号再度改名为"红色克里米亚"号。

卫国战争爆发后，3艘轻巡曾在敖德萨战役及塞瓦斯托波尔战役中为苏联陆军提供火力支援。1941年11月13日，"红色乌克兰"号被德国空军击沉于塞瓦斯托波尔。"红色克里米亚"和"红色高加索"熬到了战争结束，其中前者在1959年7月拆解；后者则于1947年改为训练舰，1950年10月30日被当作靶舰击沉。

在苏联海军时期，尽管新建的舰艇数量十分庞大，也有一些是以人名来进行命名，比如，二战前建造的"基洛夫级"轻巡洋舰、冷战期间建造的"基洛夫级"核动力巡洋舰，就是为了纪念1934年遇刺的联共（布）的主要领导人——谢尔盖·米罗诺维奇·基洛夫；"伏龙芝"号核动力巡洋舰，是为了纪念苏联杰出的红军统帅、军事理论家——米哈伊尔·瓦西利维奇·伏龙芝。但纵观苏联海军时代，并没有采用过海军将领的名字进行命名。直到苏联解体后，俄罗斯才重新开始以俄国和苏联历史上的著名海军将领，为海军舰艇命名。例如，3艘"基洛夫级"核动力巡洋舰——"基洛夫"号、"伏龙芝"号、"加里宁"号分别被重新命名为"乌沙科夫海军上将"号、"拉扎耶夫海军上将"号、"纳西莫夫海军上将"号，"基辅级"航母4号舰"巴库"号被重新命名为"苏联海军元帅戈尔什科夫"号，1143.5型航母从"第比利斯"号更名为"苏联海军元帅库兹涅佐夫"号。

然而，当时的俄罗斯国力窘迫，俄海军连这些舰艇养护起来也费劲，上

> 苏联红海军"基洛夫"号核动力巡洋舰

述 3 艘"基洛夫级"巡洋舰很快就封存起来以节省费用,"戈尔什科夫"号则被卖给了印度,改装后更名为"维克拉玛蒂亚"号。

好在随着普京上台,俄罗斯海军算是止住了一路下滑的状态。普京希望能够复兴俄罗斯,对海军建设也很重视。尽管手头紧,但仍然竭力为海军发展倒腾经费。这些年,俄罗斯海军开始建造改进型的 11356M 型护卫舰和全新的 22350 型护卫舰,均以俄国和苏联历史上的海军将领名字命名,其中一些是继承沙俄时期的舰名。

11356M 型护卫舰首舰被命名为"格里戈罗维奇海军上将"号,二号舰被命名为"埃森海军上将"号,三号舰被命名为"马卡洛夫海军元帅"号,在建的四号舰被命名为"布塔科夫海军上将"号,在建的五号舰被命名为"伊斯托明海军上将"号,计划建造的六号舰被命名为"柯尼洛夫海军上将"号。

22350 型首舰继承了"苏联海军元帅戈尔什科夫"号的舰名,后续在建的分别被命名为"卡萨托诺夫海军元帅"号、"戈洛夫科海军上将"号、"苏联海军元帅伊萨科夫"号、"阿梅尔科海军上将"号、"奇卡戈夫海军上将"号。

至此,苏联时期仅有的 3 位苏联海军元帅全部被用来命名舰艇。有必要提一嘴的是,苏联海军元帅是是苏联时期海军的最高军衔,与苏联元帅平级,而海军元帅只相当于陆军的大将平级。

此外,俄罗斯海军还对"纳西莫夫海军上将"号、"拉扎列夫海军上将"

号巡洋舰进行大规模的现代化改装，使这两艘大型战舰成为未来俄罗斯海军远洋作战的骨干。

德国：陆海名将作舰名

德国海军在舰艇命名上对于名将的选择与其他国家海军完全不同，大部分是以陆军名将为主，比如陆军名将格尔哈德·约翰·达维德·冯·沙恩霍斯特、奥古斯特·奈哈特·冯·格奈森瑙、格布哈德·列博莱希特·冯·布吕歇尔、欧根亲王·冯·萨伏伊、弗里德里希·威廉·冯·塞德利茨、路德维希·阿道夫·威尔海姆·冯·吕佐夫都被用来命名舰艇。

这些人都是普鲁士陆军的大牛人，但最有意思的是布吕歇尔、沙恩霍斯特和格奈森瑙，这三人关系十分密切。布吕歇尔是拿破仑战争时期的普军高级指挥官，沙恩霍斯特和格奈森瑙先后是布吕歇尔的参谋长，而格奈森瑙还是沙恩霍斯特的得意门生兼好友。

1806年耶拿-奥尔施泰特会战时，普军战败，布吕歇尔和沙恩霍斯特都成了法军俘虏，后来在交换战俘时才获释。但在后来的战争中，布吕歇尔和沙恩霍斯特、格奈森瑙配合，在多次战役中获胜，尤其是在滑铁卢战役中，布吕歇尔和格奈森瑙指挥普军给了拿破仑沉重打击，迫使拿破仑再度退位。正因战功卓著，布吕歇尔和格奈森瑙后来都成为普军的陆军元帅。沙恩霍斯特之所以没有成为元帅，是因为1813年吕岑会战之后不久就在布拉格因血液感染去世了。在作战中，布吕歇尔的特点是进攻为上，简直就是为进攻而生，所以被称为"进攻元帅"；沙恩霍斯特和格奈森瑙则长于谋划，而且这两人还是普鲁士军事改革的主要推行者、总参谋部制度主要创建者。

沙恩霍斯特和格奈森瑙在二战爆发前被用于2艘新型战列巡洋舰的命名，也就是著名的"沙恩霍斯特级"。

布吕歇尔则不同，曾三次被用来为军舰命名，第一艘是1877年下水、1879年服役的巡逻舰，第二艘是一战期间的装甲巡洋舰，第三艘是二战时期的"希佩尔海军上将级"重巡洋舰的二号舰。

塞德利茨是18世纪奥地利王位继承战争时普军的著名将领，他的名字曾

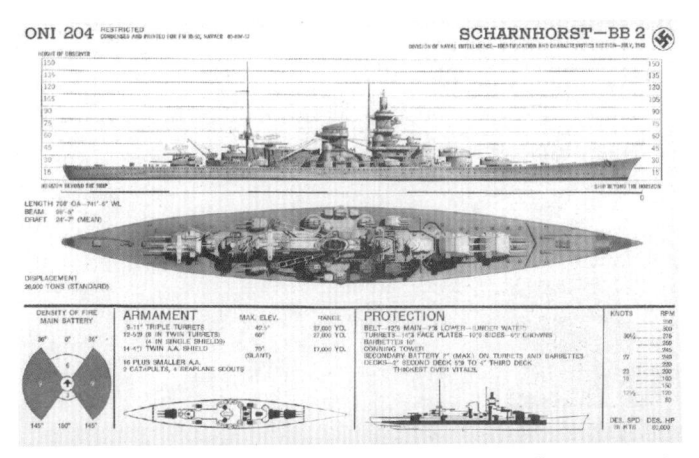

> 二战德国海军"沙恩霍斯特"号战列巡洋舰

经两度被用来为军舰命名,第一次是一战时期的战列巡洋舰,第二次是二战期间"希佩尔海军上将级"重巡洋舰四号舰(未完工)。

吕佐夫是 1813、1814 年反法战争中的普军将领,组建过著名的吕佐夫志愿军。在滑铁卢战役中被法军俘虏,拿破仑退位之后重获自由,最高军衔是中将。吕佐夫的名字曾两度被命名军舰,第一次是一战时期的"德弗林格尔级"战列巡洋舰二号舰,第二次是"希佩尔海军上将级"重巡洋舰五号舰(未完工),后来又接替"德意志"号袖珍战列舰的舰名。

当然,为了追溯历史的光荣,二战德国海军也曾使用过"欧根亲王"作为舰名。他是神圣罗马帝国奥地利哈布斯堡王朝杰出的军事统帅,在欧洲声名隆盛,所以不只是德国海军,英国海军、意大利海军也都用过他的名字来为各自的军舰命名。

德国海军以历史上的海军名将来为舰艇命名的情况也不少,前面多次提到的"希佩尔海军上将级"重巡洋舰就是根据弗兰茨·瑞特·冯·希佩尔海军上将的名字来的,该级舰的首舰就是"希佩尔海军上将"号。希佩尔海军上将的主要战绩是一战时期与英国海军著名战将贝蒂率领的战列巡洋舰队之间的交手,一次是在多格尔沙洲之战中以损失 1 艘重巡洋舰的代价逃离了贝蒂布设的陷阱,第二次是在日德兰海战中拯救了舍尔海军上将率领的德国公海舰队。

"德意志级"袖珍战列舰除首舰命名为"德意志"号(后改名为"吕佐夫"号)之外,其他两艘分别以格拉夫·斯佩海军上将、舍尔海军上将的名字命名。

> 二战德国海军"提尔皮茨"号战列舰

德国在二战期间还用德国海军元帅阿尔弗雷德·冯·提尔皮茨的名字命名了"俾斯麦级"战列舰的二号舰,即"提尔皮茨"号。很多人可能对提尔皮茨不熟悉,实际上此人在德国海军历史上大名鼎鼎,他在一战前就力主德国发展远洋海军,被称为"德国公海舰队之父"。

而以他的名字命名的"提尔皮茨"号战列舰虽然没有打过一场堂堂正正的海战,二战期间绝大部分时间都是待在挪威的峡湾里,但是该舰的存在牵制了英国海军大量兵力。为了对付它,英国海军和空军进行了很多次行动,直到 1944 年 11 月 12 日,英军采用重型轰炸机投掷巨型炸弹将其炸沉。

荷兰:海军上将集合

荷兰虽然国小人少,但也曾经是海上强国,垄断过世界海上贸易,因此被称为"海上马车夫"。在 17 世纪,荷兰海军是世界上最强大的海军之一。但在进入 18 世纪之后,荷兰海军衰落了,最后成为欧洲"打酱油"角色。尽管如此,荷兰海军仍然有一定的实力。在 20 世纪二三十年代,荷兰海军建造过 8 艘驱逐舰,全部以荷兰历史上著名的海军上将命名,所以这一级驱逐舰也被称为"海军上将级"驱逐舰,包括"厄弗仙""皮特·海因""德鲁伊特尔"(1933 年改名"范根特")"科顿埃尔""范·盖伦""威特·德·威斯""班克特""范·内斯"。

二战爆发后,"范·盖伦"号在荷兰本土港口遭到德机轰炸而沉没,其余 7 艘都在亚洲的荷属东印度(今天的印度尼西亚)部署,未受损失。然而好景不长,随着太平洋战争爆发,日军入侵东南亚,这些荷兰驱逐舰都被日舰和日机击沉。

战后,荷兰海军又相继用上述舰名来命名新的护卫舰。

地面武器中的名将命名

用名将来为地面武器命名的情况在世界上不多。二战时,英国人用 17 世纪的"护国公"奥利弗·克伦威尔的名字命名了一款巡洋坦克。克伦威尔在 1642 年开始的英国内战期间,指挥议会军队多次战胜王党军队,并将国王查理一世送上了断头台。1649 年 5 月,克伦威尔宣布英国为共和国。1653 年,克伦威尔解散国会,出任护国公,成为英国事实上的国家元首。"克伦威尔"坦克在二战期间表现一般,主要是其装甲太薄,突击能力不强,但其速度极快,最大可达 61 千米/小时。所以,该坦克在二战中一直使用到末期。

美国人最喜欢用名将的名字来为自己的坦克装甲车辆命名。两次大战时期到现在,美国研制的坦克基本是以陆军名将命名,包括 M3"斯图亚特"、M4"谢尔曼"、M26"潘兴"、M47/48 和 M60"巴顿"、M1"艾布拉姆斯",M2 步兵战车和 M3 骑兵战车则以布莱德雷命名。

> 二战英国的"克伦威尔"坦克

师出有名：武器装备的命名和外号

> M1A2"艾布拉姆斯"主战坦克

> M26"潘兴"坦克

158

斯图亚特是美国南北战争时期南军的骑兵将领，以他的名字命名是表明 M3 坦克具有良好的机动性。因为 M3 是轻型坦克，机动性是比较好的。二战期间，M3 主要是在太平洋战场上对日作战。

谢尔曼是美国南北战争时期北军的著名将领、陆军上将，地位仅次于北军总司令格兰特。以他的名字命名的 M4 坦克是二战中后期美军最重要的坦克，也是二战中生产数量最多的坦克，总生产量达到了 49234 辆。

约翰·约瑟夫·潘兴是美国著名军事家、陆军特级上将（六星上将），又称"铁锤将军"，还有个绰号叫"黑桃杰克"。参加过美西战争，一战后期担任美国驻欧远征军总司令，战功卓著。以他的名字命名的 M26 是一款重型坦克，是美军唯一能和德军"虎"式、"虎王"重型坦克正面对决的坦克。

M47/48/60 是美国战后相当长时间内的主战坦克，以二战时期美军名将乔治·巴顿的名字命名。M47/48/60 坦克参加过越战、中东战争，表现不错。

M1 是美军在 20 世纪 70 年代末研制的主战坦克，其改进型包括 M1A1/A2，现在仍是美国陆军的主力坦克，参加过 1991 年的海湾战争、2003 年的伊拉克战争，并在之后的伊拉克和阿富汗执行了多年的治安作战。该坦克是以越战后期侵越美军司令艾布拉姆斯的名字命名的，在当时是有些拍马屁的意思。

M2/M3 是美国陆军现役的主力步战车，以美国陆军五星上将奥马尔·纳尔逊·布莱德雷的名字命名。该型步战车参加过 1991 年的海湾战争、2003 年的伊拉克战争以及伊、阿长期的治安作战。

13 迷死你不偿命
以女性命名的武器

在漫长的人类战争史上，"战争让女人走开"，曾经是许多国家流行的战争信条。但是，自近现代战争史以来，越来越多的女性开始走上战场，以女性命名的武器也并不罕见。

近水楼台的英俄皇室女性

英国海军历史悠久，每艘舰艇名字前面都有"HMS"这个英文缩写前缀，意思是"大不列颠国王/女王陛下的舰船"。因此，英国海军在舰艇命名上，很照顾王室成员，尤其是女性成员。

19世纪，英国海军曾经以英国历史上著名的维多利亚女王来命名过4艘舰艇。维多利亚女王是英国汉诺威王朝的最后一位君主，1837年6月20日继位，1838年6月28日在威斯敏斯特教堂加冕，1876年5月1日加冕为印度女皇。维多利亚女王在位时间长达64年，是英国历史上在位时间第二长的君主，仅次于现在的伊丽莎白二世女王。维多利亚女王也是第一个以"大不列颠和爱尔兰女王和印度女皇"名号称呼的英国女王。

维多利亚女王在位期间是英国最强的"日不落帝国"

时期，英国历史上称为"维多利亚时代"。此时，英国在全世界范围内进行大规模殖民扩张，英国国力空前强大，经济、文化空前繁荣，君主立宪制得到充分发展，因此维多利亚女王成了英国和平与繁荣的象征。

最早的"维多利亚"号是1839年在印度建的一艘小型单桅风帆护航舰，这艘小型舰主要是在南亚近海看看场子，没有什么风光的经历，1864年就被卖掉了。

最后1艘"维多利亚"号是在1890年3月建成服役的，这可是一艘排水量11200吨的前无畏舰，花了845000英镑，在当时已经属于巨款了。由于"维多利亚"号是首舰，所以这一级前无畏舰也被称为"维多利亚级"（实际上只有2艘）。

"维多利亚"号火力强大，装有2门413毫米舰炮、1门254毫米舰炮、12门152毫米舰炮、12门57毫米舰炮和6具360毫米鱼雷发射管。在当时，该舰是英国海军的骄傲，因为世界上还没有哪个国家有这样威力强大的水面战舰。

然而，这艘前无畏舰没有进行过一场海战，也没有遇到惊涛骇浪，却死在了海上，而且很窝囊，因为它是被一道愚蠢的命令给害的。1893年6月22日，英国海军地中海舰队在司令乔治·特赖恩中将的率领下，从贝鲁特启航，向东北方向驶去。"维多利亚"号前无畏舰是特赖恩的旗舰。

> 英国维多利亚女王

下午2时40分,特赖恩命令他手下的8艘战列舰和5艘巡洋舰,变成两列纵队航行。右队以"维多利亚"号旗舰为首的7艘战舰组成,左队是以"坎博当"号战列舰为首的6艘战舰组成,两列威武的舰队在海上保持着6链(约1100米)的距离,并肩前进。

就在这时,特赖恩脑中出现了一个古怪的念头——他想让整个编队做一个高难度的转向,看一看皇家海军的训练水平。于是他立即下令:"'维多利亚'号及后续舰左转180度,'坎博当'号及后续舰右转180度。"

"维多利亚"号舰长博洛克对此命令大为不解,他马上对着传话筒说:"尊敬的舰队司令,本舰长请求你重复一下你的命令。""180度转向不明白吗?"特赖恩反问道。

"当然,不过我想提醒注意:本舰的回转直径是730米,'坎博当'号的回转直径是550米,而我们相距才1100米……"

对于博洛克的提醒,特赖恩很恼火:"你在给我上课吗,舰长先生?执行。这是军令!"

"我请求接到你的书面命令。"博洛克继续说道。

"我会送去的。"特赖恩冷冰冰地答着。

一会儿,一名水兵送来了司令的手令:"左队右舵180度转向,右队左舵180度转向。立即执行。"

面对这样荒唐的命令,"维多利亚"号的其他军官都很疑惑,纷纷向舰长询问是否传错了。博洛克很无奈地告诉大家,的确是这样的命令,"执行吧,诸位。"

旁边的"坎博当"号接到此令后,也不解地升旗询问:"命令不明,请重复。"特赖恩命令信号兵升起"你队右转180度,执行"的信号。

下午3时31分,两列舰队开始执行这一荒唐的命令了。两位优秀的舰长都在海图上标出了将要发生碰撞的位置。博洛克舰长还写了一个书面报告:再过9分45秒,正负5秒之内,"坎博当"号将撞上我舰。特赖恩看后,没有说任何话,当然也没改正他之前下达的命令。就这样,两舰按海图标出的轨迹迅速靠近。

很快,两舰完全按照两位舰长计算好的时间和位置相撞。"坎博当"号的舰首撞进了"维多利亚"号的右舷前侧，海水大量地涌进"维多利亚"号舰内。13分钟后，"维多利亚"号前无畏舰带着尚未逃生的359名官兵沉入了东地中海。特赖恩没有离舰，他也随舰沉入大海。

事后英国组成了事故调查委员会，最终认定两位舰长"忠实执行了命令"，没有任何过错，"不予追究"。

在这之后，英国海军未再次用维多利亚女王的名字来为舰艇命名。不过，英联邦成员国里却有国家采用维多利亚女王的名字来为舰艇命名，例如加拿大海军就把从英国采购的"挑战者级"常规潜艇的首艇命名为"维多利亚"号，而该级潜艇也因此被改称为"维多利亚级"。

一战爆发前，英国建造了一级强大的新型战列舰，首舰在1914年1月服役，并以英国历史上著名的女王伊丽莎白一世的名字命名为"伊丽莎白女王"号。

伊丽莎白一世名叫伊丽莎白·都铎，是都铎王朝最后一位君主，英格兰与爱尔兰的女王，也是名义上的法国女王，在位45年。伊丽莎白一世终身未嫁，因此被称为"童贞女王"。

伊丽莎白一世统治期间，使英格兰成为欧洲最强大的国家之一。英格兰文化也在此期间达到了一个顶峰，涌现出了诸如莎士比亚、弗朗西斯·培根这样的著名人物。英国在北美的殖民地也在此期间开始确立。因此，英国历史将伊丽莎白一世统治时期称为"黄金时代"。

"伊丽莎白女王"号战列舰满载排水量33790吨，最大航速16.3节，装有4座双联381毫米舰炮、16门单管152毫米舰炮、2门76毫米舰炮和4具533毫米鱼雷发射管。

> 英国海军"伊丽莎白女王"号战列舰

"伊丽莎白女王"号战列舰在一战期间参加过达达尼尔海战，但在1916年由于维修而错过了日德兰海战。1916年11月，该舰接替"铁公爵"号战列舰成为英国大洋舰队的旗舰。

1926至1927年、1937至1940年，"伊丽莎白女王"号战列舰经过两次大规模改装，性能变得更加先进。

1941年12月19日，"伊丽莎白女王"号战列舰在埃及亚历山大港内被秘密潜入的意大利蛙人用水雷炸沉。1942年2月，英国海军将该舰打捞出水，随后送到美国波士顿海军船厂进行修复。1943年下半年，修复完成的"伊丽莎白女王"号加入英国远东舰队参加对日作战。1946年8月退役，1948年3月19日被拆解。

现在，英国海军又用伊丽莎白一世的名字来命名其史上最大航母的首舰。这艘6万吨级的"伊丽莎白女王"号航母采用了独特的双舰岛设计，并且像之前的无敌级轻型航母那样继续沿用滑跃起飞方式，在舰首铺设有滑跃甲板。载机是从美国进口的F-35B垂直/短距起降隐身战斗机，但数量只有20多架，这是因为英国面临的海上威胁不强，而且英国现在手头吃紧，没有太多的钱来为航母配置数量更多的舰载战机。

> 英国海军"伊丽莎白女王"号航母

迷死你不偿命 | 以女性命名的武器

　　而在一战爆发前，英国海军还建造了一艘新型战列巡洋舰，以当时的英国国王乔治五世的王后——玛丽王后的名字命名为"玛丽王后"号。该舰满载排水量 32160 吨，最大航速 28 节，主要武备是 4 座双联装 343 毫米舰炮。

　　战列巡洋舰的定位特点是牺牲防护性来换取速度和火力，所以"玛丽王后"号虽然火力强、航速快，但是装甲防护能力弱，主装甲带厚度只有 102 毫米 ~ 229 毫米，炮塔装甲厚度 203 毫米 ~ 229 毫米，而甲板装甲厚度只有

> 英国海军"玛丽王后"号战列巡洋舰

> 英国海军"玛丽王后"号战列巡洋舰

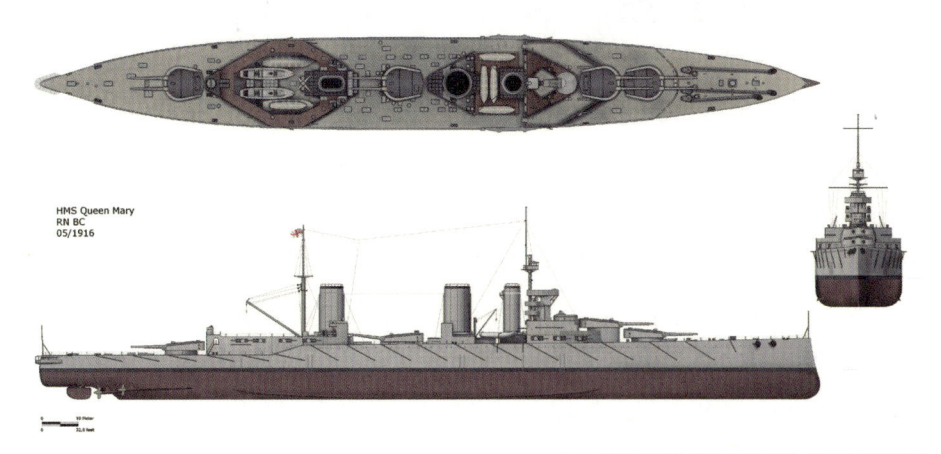

165

64毫米。

在1916年5月31日的日德兰海战中,"玛丽王后"号遭到德国海军"赛德利茨"号、"德弗林格"号战列巡洋舰的围攻。尽管"玛丽王后"号打得"赛德利茨"号很狼狈,但是"德弗林格"号的主炮齐射却给"玛丽王后"号带来了致命伤害,因为德国人的炮弹引爆了"玛丽王后"号的主炮弹药库,巨大的殉爆将"玛丽王后"号的舰体撕裂成两半,夹裹着烈焰的浓厚黑烟随即升腾而起,最终达到了差不多600米的高度。很快,这艘战巡就沉没了。

而在当日随"玛丽王后"号出战的1266人中,只有18人被"桂冠"号和"蒂珀雷里"号驱逐舰救起,一名幸存者被"皮塔德"号驱逐舰搭救("皮塔德"号也在日德兰海战中沉没,幸存者弗朗西斯经历了又一次磨难,但又一次活了下来,真是命大),还有2人被德国G-8驱逐舰救起,其余1245人全部遇难。

沉没之后,"玛丽王后"号的舰名此后再也没有被英国海军使用过。"日德兰的玛丽"就此成为以英王乔治五世的妻子为名的唯一一艘海军舰只,她留在历史上的满是悲伤的回忆。

在这艘战列巡洋舰沉没75年之后的1991年,几位潜水员发现了她的残骸。"玛丽王后"是所有沉没于日德兰半岛水域的舰船中触底位置最深的残骸,她趴在60米深的水底,舰身最高处距离水面45米——这个沉没深度保护了"玛丽王后"号几乎没有受到商业潜水队的掠夺性破坏,这与在日德兰海战中沉没的其他舰只的境遇完全不同。

2006年,英国议会通过了一项法案,宣布"玛丽王后"的安息地成为保护区,严禁开展各类商业打捞行动。对于舰上的1245名遇难者来说,他们的水下墓地将不会受到任何打扰了。

能够同英国皇室女性在武器命名上媲美的,唯有沙皇俄国海军。一战前沙俄为黑海舰队建造了3艘新型战列舰,以对抗土耳其海军计划从英国购买的无畏舰。这3艘新型战列舰中,有2艘是以沙俄历史上的皇室女性成员名字命名的,分别是"玛丽亚皇后"号、"叶卡捷琳娜大帝"号,另外1艘则以沙皇亚历山大三世的名字命名为"亚历山大三世"号。由于首舰被命名为"玛利亚皇后"号,所以该级舰被称为"玛利亚皇后级"战列舰。

玛利亚皇后是沙皇亚历山大三世的皇后,是丹麦国王克里斯蒂安九世的女儿，她也是罗曼诺夫王朝唯一不是德裔的皇后。

"玛丽亚皇后"号满载排水量23413吨，最大航速21节，装有4座三联装305毫米舰炮、20门130毫米舰炮。在一战期间，"玛利亚皇后"号主要是打击奥斯曼土耳其在黑海的舰艇以及炮击沿岸目标。1916年7月，该舰成为新任黑海舰队司令高尔察克中将的旗舰。但在3个月后的10月20日，该舰却发生了不明的大爆炸而最终沉没，1名军官、2名候补生和225名水兵丧命。

叶卡捷琳娜大帝的原名是索菲娅·奥古斯特，出生于普鲁士的一个败落贵族家庭。1744年，她被俄罗斯女皇伊丽莎白一世挑选为皇位继承人彼得三世的未婚妻。1745年与彼得结婚并皈依东正教，改名为叶卡捷琳娜二世·阿列克谢耶芙娜。

在1762年，叶卡捷琳娜二世率领禁卫军发动政变后即位，成为罗曼诺夫王朝第12位沙皇，俄罗斯帝国第8位皇帝，也是俄罗斯历史上唯一一位被冠以"大帝"之名的女皇。在她统治俄罗斯的34年里，俄罗斯帝国向南、向西扩张，参与俄普奥三次瓜分波兰，对土耳其作战取得黑海沿岸地区，吞并克里米亚汗国，使俄罗斯的疆域达到鼎盛，并且成为名副其实的欧洲第一强国。由于叶卡捷琳娜在位时期治国有方、功绩显赫，因此成为俄罗斯人心目中和彼得一世齐名的英主。

但是以她的名字命名的"叶卡捷琳娜大帝"号战列舰却没有在海战场上演辉煌篇章，由于服役较晚，该舰没有在一战中参加实际战斗。在二月革命和十月革命之后，"叶卡捷琳娜大帝"号换了个名字为"自由俄罗斯"号。根据布勒斯特条约，德军要进占乌克兰。列宁不愿看到这么1艘战列舰落到德国人手里，于是指示一旦德国人强行登舰，就立即自沉。1918年6月19日，接到自沉命令的黑海舰队派"刻赤"号驱逐舰发射3条鱼雷，将"自由俄罗斯"号击沉。

"孟菲斯美女"和"伊诺拉·盖伊"

如果说，皇室女性的武器命名多少还沾了其出身显贵的光，到了二战时期，更多以平民女性命名的武器开始走上战场。其中，最早为中国人所熟悉的，当属苏联红军的"喀秋莎"火箭炮，这是在现代兵器史中少见的温情脉脉的名字。

"正当梨花开遍了天涯，河上飘着柔曼的轻纱，喀秋莎站在峻峭的岸上，歌声好像明媚的春光。"提及《喀秋莎》，人们的耳际往往会回响起1938年诞生的苏联经典歌曲，这首旋律欢快的民歌描写的是一位名叫喀秋莎的姑娘对前线情侣的思念，在卫国战争时期被广为传唱。到了1941年，第一辆BM-13自行火箭炮从位于列宁格勒的共产国际工厂下线配发部队。7月14日，7门BM-13隔着奥尔沙河，发射了112枚火箭弹，打击了对岸的德军。当时，出于保密的需要，部队甚至不知道这款武器的名字。但是，在火箭发射架上，细心的红军战士们发现了共产国际工厂的俄文首字母K，于是他们灵机一动，干脆给这款武器起了一个俄罗斯民间姑娘的常见名字——"喀秋莎"（Катюша）。这个称呼虽然并不是正式称呼，却因同名歌曲的广为流传，以及武器本身的传奇色彩，而越来越让人喜闻乐见。

二战中，"喀秋莎"火箭炮因其射程远、发射声音大、火力密集程度高，

> 曾令德军闻风丧胆的"喀秋莎"火箭炮

令敌人闻风丧胆,也正因为这些特点,"喀秋莎"又收获了"斯大林管风琴"(Stalinorgel)的美誉。在德军的战地日志中,亦多次提及'喀秋莎'火箭炮的威胁——"如冰雹般砸下,如飓风般咆哮"。其威力之大、影响之深,给德军造成了巨大的恐慌和震慑。

与喀秋莎同时走入战争的,还有美国轰炸机中的"美女们"。在二战期间,美国陆军航空队的 B-17、B-29 战略轰炸机分别对日本进行大规模战略轰炸。虽然 B-17 和 B-29 战略轰炸机都有官方绰号,分别是"空中堡垒"和"超级空中堡垒",但是美军的空勤人员给数以万计的 B-17 和 B-29 都一个个起了新名字,其中很多都是以女性命名,如"玛格丽特""苏""三角洲女孩""迪克西·珍""艾达""女主角""珍妮特夫人""玛乔丽·安"等。

而在众多以女性命名的 B-17 战略轰炸机中,名气最大的莫过于"孟菲斯美女"号。这个名字来自于 B-17F-10-BO 的机长兼正驾驶罗伯特·K·摩根,他的女朋友是田纳西州孟菲斯的一位美女,名叫马格丽特·波尔克。当机组为他们的飞机命名的时候,摩根不会放过这个向他"亲爱的波尔基"表达爱

> "孟菲斯美女"号代表了美军的战场趣味性

意的机会，他觉得"孟菲斯美女"听起来很不错。为了得到这个命名，摩根还说服了一位机组乘员支持他。最终，"孟菲斯美女"号得到了两票，而其他名字都只有一票。于是该机就被命名为"孟菲斯美女"号，而机头的头饰则是一位身穿泳装的美女。这幅著名的机头装饰画原本由乔治·佩蒂为《绅士杂志》所作，摩根与他联系后，获得了复制这位身材火辣的美人儿的许可，然后托尼·斯达瑟下士把她画在了机头上。

在这之后，摩根驾驶"孟菲斯美女"号飞到孟斐斯完成磨合飞行，并在那里接受了正式的命名，而马格丽特·波尔克则作为受邀作为观礼嘉宾，并且她还收到了摩根的求婚戒指。所有这一切做完之后，"孟斐斯美女"号跨越大西洋，从美国飞往91轰炸机大队在英国伦敦附近巴辛伯恩基地，并被编入第324轰炸机中队。

从1942年11月到1943年5月，"孟菲斯美女"号在欧洲上空总共执行了25次战斗飞行任务，法国、德国和比利时上空投下60多吨炸弹，打击德军补给站、铁路编组站、飞机工厂和各类军事基地。以令人惊讶的准确性炸毁了不来梅的福克-伍尔夫工厂、圣纳扎尔和布勒斯特的船闸、威廉港的船坞和造船设施、鲁昂的铁路编组站、洛里昂的潜艇船坞和发电站、安特卫普的飞机工厂。此外，"孟菲斯美女"号的炮手还在空中击落了8架德军战斗机、击伤了至少5架。尤其令人不可思议的是，在25次任务中，"孟菲斯美女"号毫发无损，而该机所在的大队仅在头3个月的作战中就有80%的B-17被击落。不能不说，"孟菲斯美女"的魅力实在太大，高射炮弹和德军战机的枪弹见了她都绕着走。

"孟菲斯美女"号回到美国之后进行了连续宣讲展示，并且成为好莱坞电影、新闻片、报纸、书籍和教材里的明星。如今，"孟菲斯美女"号依然在孟菲斯市进行着公开展示。

在众多以女性命名的B-29战略轰炸机中，最有名的莫过于"伊诺拉·盖伊"号，这个命名源自该机机长保罗·蒂贝茨（Paul Tibbets）母亲的名字。二战期间，该机隶属于美国陆军航空队第313飞行大队。1945年8月6日，"伊诺拉·盖伊"号在日本广岛上空投下了绰号"小男孩"的原子弹，由此名声大噪，并且被永久载入史册。

迷死你不偿命 | 以女性命名的武器

> 二战英军"玛蒂尔达"步兵坦克

彪悍的"玛蒂尔达"坦克

英国人是坦克的发明者，但是英国人对坦克的巨大战术作用认识却比较迟钝，没有像德国人一样将坦克作为主要的地面突击武器，并以坦克为核心发明了闪击战术。不过，英国人在两次大战期间也发展了不少新坦克，而且分为快速性好、装甲较薄的巡洋坦克以及机动较差、装甲较好的步兵坦克，其中前者用于机动作战、后者用于支援步兵。而在英国人研制的步兵坦克中，有一款是以女性命名的，这就是"玛蒂尔达"步兵坦克，而这也是世界上唯一用女性来命名的坦克。玛蒂尔达是英国女性常用的名字，但其词源来自欧洲的战争女神希尔德加德（Hildegard），因此命名为"玛蒂尔达"是有一语双关之意。

"玛蒂尔达"有1型和2型之分，二战中产量最大、使用最多的是2型坦克，但其最大时速也只有25千米。这么慢的速度，主要是因为它主要支援步兵，跑快了没用。主炮是一门40毫米炮，辅助武器是7.7毫米机枪。别看"玛蒂尔达"坦克速度慢、主炮一般，但其正面装甲厚度却达到了78毫米，这在二战初期和中期简直不科学。德军在非洲与英军作战时发现，自己手中的37毫米反坦克炮在"玛蒂尔达"坦克面前就如同烧火棍，只有威力强大的88毫米高炮平射才能解决"玛蒂尔达"坦克。后来，德军又以二号坦克搭载缴获自苏军的76毫米炮或德国的75毫米炮研制成功"黄鼠狼Ⅱ"自行反坦克炮，才算挡住了"玛蒂尔达"的威胁。尽管如此，"玛蒂尔达"坦克在二战初中期都是德军极为头疼的武器，而英军则称其为"战场皇后"。

冷酷的"弹跳贝蒂"

在网络游戏《使命召唤Online》中的战术装备中，有一款是"贝蒂"跳雷。被触发时，它们在空中才爆炸。这种武器在现实中是存在的，它就是二战时期德国人研制的S型反步兵跳雷，绰号就是"弹跳贝蒂"。该种地雷被设计用来攻击开阔地带无掩护的步兵，一旦踩中，地雷先弹跳到齐腰高再爆炸，形成的高速霰弹向水平方向射出，杀伤无死角。二战期间，德国总共生产193万颗S型地雷，给盟军造成了很大伤亡。

> 二战德军S型反步兵跳雷被称为"弹跳贝蒂"

14 我家开了动物园
以动物命名的武器

世界上有非常多的动物，它们或勇猛，或狡黠，或灵活，或独来独往，或群体行动，经常被视为力量与勇气的象征。因此，以动物来为武器命名不仅在世界上极其普遍，而且种类遍及陆海空。

三栖作战的猛兽

在动物界中，虎、豹、狮都是猛兽，陆地动物的王者。它们不仅有着尖牙利爪，力大无穷，而且行动迅速，瞬间就能扑倒猎物。因此，虎、豹、狮就成为最常见的用来为武器命名的动物。

地面武器：德国在二战期间就以"虎"和"黑豹"来命名其两款威力强大的坦克。其中"虎"式坦克在某种程度上成了德国坦克的代名词，战后至今西方、苏联/俄罗斯拍摄的无数影视作品，以及近30年来的很多游戏中都可以看到"虎"式坦克的身影。

"虎"式坦克重达56吨（初期型）或57吨（后期型），采用表面硬化的渗碳钢装甲，装有令人生畏的88毫米炮，在当时真的是披坚执锐。盟军的主力坦克，如T-34、M4"谢尔曼"等中型坦克，与"虎"式很难正面抗衡。

例如"虎"式的88毫米炮可在1500米距离上击穿T-34的正面装甲，而T-34/76的76毫米炮只能在750米距离上击穿"虎"式的正面装甲。而M4"谢尔曼"即使换装76毫米长身管炮，远距离面对"虎"式也无法奏效，唯一的机会是绕到"虎"式背后近距离攻击。战后统计，平均击毁1辆"虎"式需要付出5辆M4"谢尔曼"的代价。在波卡基村战斗中，德军坦克王牌魏特曼指挥的"虎"式坦克就击毁了12辆英军坦克。即使是盟军的IS-2、M26"潘兴"等重型坦克，面对"虎"式也没有必胜的把握。

不过，"虎"式坦克的速度太慢，只有34千米/小时，而且太重，很多桥梁承受不了，因此，"虎"式坦克机动性不佳，用于进攻并不是很理想，其对盟军坦克的战绩主要是防御作战中取得的。而且"虎"式产量极低，整个二战期间仅生产了1355辆，还不如T-34一个月的产量。因此，面对盟军的坦克洪流，"虎"式再厉害，最后也被摁到地上摩擦又摩擦。

"虎"式过重的主要原因是德国没有镍铬等战略性金属，无法生产防护力强而又比较轻的均质钢装甲，只能采用表面硬化的渗碳钢装甲。虽然后者防护力很强，但是非常重，而且还有一个很大的缺陷是容易崩落。有不少"虎

> 二战德国的"虎"式坦克

> 二战德国的"黑豹"坦克

式在战斗中虽然装甲没有被击穿,但是产生了崩落,防护力大减,而德军又无法进行战场维修,最终不得不放弃。战后有专家指出,如果德国人能够用均质钢作为"虎"式的装甲,那么其战斗全重可减少10吨以上,而防护力不变。加入这样的话,那么"虎"式的机动性将大幅提升,其对盟军坦克的威胁也将剧增。当然,历史没有如果,"虎"式只能在盟军坦克的围殴中被逐一猎杀。

"黑豹"是德国人参考苏军T-34坦克设计的一款中型坦克,战斗全重35吨,乘员5人(驾驶员、车长、炮长、装填手、无线电报务员);车首装甲厚度达到了80毫米,炮塔正面装甲厚度达到了100毫米;装有1门75毫米长身管火炮,在炮口装有制退器,辅助武器是2挺7.92毫米MG34机枪;行走装置采用双扭杆独立式悬挂装置和液力减振器,车体每侧有8个负重轮,分两排交错排列,主动轮在前,诱导轮在后。履带为660毫米宽的钢制履带,可安装防滑齿。最大公路速度55千米/小时,公路行程177千米~200千米。"黑豹"有多个改进型,最重要的是D型和G型。

"黑豹"坦克在二战中后期大量投入战场。在库尔斯克战役中,德军共损失了156辆"黑豹"D,其中真正被苏军T-34、KV1坦克击毁的"黑豹"D只有20多辆,其余都是因为机械故障、发动机意外起火、触雷、空中攻击以及陷入壕沟等原因毁弃的。苏军的战斗总结表明,T-34/76、KV1坦克的76毫米火炮无法击穿"黑豹"D倾斜设置的前装甲。德军在坦克对抗中被毁的20多辆"黑豹"D中,没有1辆的正面装甲被击穿,几乎都是车体或炮塔侧面和后面中弹。相反,苏军所有坦克却难以抵御"黑豹"D的75毫米火炮打击。

实战中，"黑豹"D的火炮可在1500米~2000米处击穿T-34/76和KV1的车体和炮塔正面装甲。再加上"黑豹"D火控性能较好，因此在与T-34/76和KV1的对抗中稳占上风，对于击毁美国援助苏军的M3坦克更是在3000米外就可办到。据统计，"黑豹"D在库尔斯克战役期间共击毁苏军各型坦克267辆，战绩可谓惊人。

库尔斯克战役后，德军忙着改进"黑豹"D机械性能差和发动机容易自燃的问题，而苏军则开始紧锣密鼓地设计安装85毫米火炮的T-34/85中型坦克和安装122毫米火炮的IS-2重型坦克。而在这两种火炮威力更大、防护力更强的坦克出现之前，"黑豹"一直占据着远距离攻击和防护力方面的技术优势，击毁了数以千计的苏军坦克和自行火炮。

进入1944年后，T-34/85和IS-2逐渐成为对抗"黑豹"的主角。德军通过实战发现，"黑豹"的前装甲防护力比T-34/85及IS-2坦克要稍强，但两侧、后面的装甲与T-34/85相比没有优势，更不如IS-2。火力方面，"黑豹"的长身管75毫米炮面对T-34/85的长身管85毫米炮和IS-2的122毫米炮丝毫不落下风，在精度上更是优势明显。

在二战期间，"黑豹"的总产量是6000多辆，虽然远远超过"虎"式，但与苏联坦克产量相比就差太远了。不算IS-2，仅T-34/85的产量就达到了2.2万多辆，是"黑豹"总产量的近4倍。由于"黑豹"还要腾出相当一部分应对美英盟军的攻击，因此T-34/85对"黑豹"的数量优势就更大。此外，"黑豹"故障率高的问题一直没有得到有效解决，再加上产量低，导致前线德军始终只能保持数百辆的规模。因此在实际作战中，苏军坦克可以对"黑豹"展开围攻。

西线的情况与东线实际上差不了多少，美英盟军的所有坦克无论是火力还是防护力都比不上"黑豹"，在对抗中要付出更大代价，但是它们在数量上占绝对优势，而且美英盟军手里还握有空中优势。结果，"黑豹"根本架不住美英空地两方面的火力打击，命运就只能悲剧了。

"黑豹"坦克虽然一直被机械故障和发动机可靠性问题所困扰，但其设计上采取的大功率发动机、宽履带、长身管火炮以及倾斜装甲等做法，很好地将机动力、火力和防护力结合起来，达成了三者的有效平衡，被视为世界

> 德国的"豹Ⅱ"主战坦克

上第一种主战坦克,并被誉为坦克设计史上的一次革命。"黑豹"对于战后坦克发展的影响极大,特别是战后西方国家的坦克设计师,对"黑豹"的设计思想极为推崇,以至于西方战后研制的坦克,或多或少都有"黑豹"的影子。实际上,"黑豹"的影响一直持续至今,因为即使是现在的第三代主战坦克,在设计上也没有完全脱离"黑豹"的窠臼。

二战期间,德国还研制了一款"豹"式装甲抢救车,用来在战场上回收和抢救受损的坦克和装甲车辆。

二战之后,联邦德国将其新研制坦克用"豹"来命名,先是"豹Ⅰ",接着是"豹Ⅱ"。其中后者是德国在战后研制最成功的的坦克,不仅装备了德国陆军,还出口到北约多个国家。如果不是美国凭着北约老大的身份压制,"豹Ⅱ"很可能成为北约制式坦克。而除了北约国家外,世界上还有很多国家,例如土耳其、新加坡等也都采购了"豹Ⅱ"坦克。

进入本世纪之后,德国 PSM 公司(由克劳斯-玛菲·威格曼公司和莱茵金属地面系统公司共同出资组建,双方各占 50% 的股份。在分工上,克劳斯-玛菲·威格曼公司主要负责研制炮塔系统,包括车长和炮长的车内舱位布置;莱茵金属地面系统公司则主要负责研制底盘)又开始研制"美洲狮"步兵战车,2010 年开始进入德国陆军服役。

"美洲狮"步兵战车采用了模块化设计,可以根据需要采用不同的装甲套件来提高防护,或者采用口径更大的火炮。基本型"美洲狮"重 29.4 吨,

> 英法合作的"美洲虎"攻击机

A级防护标准的"美洲狮"战斗全重31.45吨，C级防护标准的"美洲狮"战斗全重41吨，超强型防护型战斗全重高达43吨，比俄罗斯的T-72主战坦克还重1吨。据称C级防护标准的"美洲狮"全车可防御30毫米穿甲弹以及空心装药反坦克火箭筒、大口径榴弹破片、炸弹破片的攻击，底部可防御10千克TNT装药的反坦克地雷以及爆炸成型侵彻型反坦克地雷的打击。

"美洲狮"的主要武器是1门30毫米机关炮，可根据需要换装35毫米甚至40毫米机关炮来提高火力。

善于改装的以色列陆军则用退役的"酋长"主战坦克改装出了"美洲狮"重型步兵战车，其防护能力和机动能力与坦克相同。这还不算，以色列近些年又用"梅卡瓦"MK4主战坦克的底盘改装出了比"美洲狮"更先进的"雌虎"重型步兵战车，不仅有厚重的装甲，而且还装有"战利品"主动防护系统，主要武器是1门30毫米机关炮。

空中武器：美国格鲁曼公司（现诺斯罗普·格鲁曼公司）在20世纪40年代后期开始研制该公司第一款舰载喷气式战斗机F9F，名字叫"黑豹"。该机采用正常式气动布局、圆钝机头、平直翼，翼尖携带有副油箱，这是美国早期喷气式战斗机常见的布局。该机装有2门20毫米机炮、飞行速度925千米/小时。机头没有雷达，所以夜战能力不强。由于该机在美国海军服役的时间较短，所以了解该机的人不多。虽然表面上看着性能平淡无奇，但它的可靠性很好，而且还具有很不错的多用途能力。在20世纪50年代，"黑豹"

是款相当好的多用途战斗机。

美国诺斯罗普公司（现诺斯罗普·格鲁曼公司）在20世纪50年代开始研制F-5"虎"式轻型战斗机，60年代初投入使用。"虎"式战斗机采用正常式气动布局，双发，空重4.347吨，最大起飞重量11吨，高空最大速度1.6马赫。

"虎"式战斗机轻巧灵活，可挂载3.2吨载荷。但是其航程仅890千米，作战半径只有220千米，属于典型的"机场保卫者"。

美国空军只是在20世纪60年代装备过"虎"式战斗机，并在越战中投入使用，之后就将其淘汰。尽管美国空军看不上这款轻型战斗机，但是其他国家和地区却喜欢上了体态纤细的"虎"，先后有28个国家和地区购买了"虎"。这点令美国很高兴，并且为此还对"虎"式进行了持续改进。如今，世界上还有10多个国家和地区装备有"虎"式战斗机。

英法在20世纪50年代研制了一款多用途攻击机，名字叫"美洲虎"。这款战机最大飞行速度1.6马赫，机翼下方和机腹总共可挂载4.5吨载荷，并且还有2门30毫米机炮。该机最有意思的设计是近距格斗空空导弹不是挂在机翼下面，而是挂在机翼上面。在1991年的海湾战争中，英法两国空军的"美洲虎"攻击机均参加了对伊拉克军队的空中打击，共出动1200多架次，据称表现不错。

以色列飞机工业公司在20世纪60至70年代以法国的"幻影Ⅲ"为基础研制成功了"幼狮"战斗机，80年代又自主研制了采用"鸭"式气动布局的"狮"式战斗机。就技术性能来说，"狮"式与美国空军的F-16战斗机相当，这让美国很慌神儿，认为以色列会在国际军贸市场上抢夺F-16的生意，于是对以色列施加政治压力，迫使以色列放弃了"狮"式战斗机的发展。

南非在20世纪80年代对自己手头的"幻影"3战斗机进行了现代化改进，命名为"猎豹"。该机的外形与以色列的"幼狮"很相似，所以外界推测很可能是以色列人深度参与了"猎豹"战斗机的改进工作。

法国的欧洲直升机公司（现空中客车直升机公司）在20世纪60年代后期研制成功了一款SA-330中型双发通用直升机，名为"美洲狮"。进入70年代后，法国人又发展了改进型的AS-332"超美洲狮"、AS-352"美洲豹"。这些中型直升机性能优良，先后出口到30多个国家，目前还有10多个国家在使用。

> 法国生产的"黑豹"舰载直升机

> 德法合作的"虎"式武装直升机

20世纪70年代，欧洲直升机公司又在以民用版的AS-365"海豚"2轻型直升机发展出了军用型的AS-565"黑豹"舰载直升机，用于驱逐舰和护卫舰搭载。不过，法国海军采购的"黑豹"直升机不多，而且主要是用于搜救。

冷战后期，德国和法国还联手研制了一款新型武装直升机，命名为"虎"式。由于冷战结束，"虎"式的研制进度变慢，直到2003年才开始投产。"虎"式属于中型武装直升机，采用串列式座舱，机身两侧的短翼下可挂8枚反坦克导弹，或者混装近距格斗空空导弹、火箭发射巢、反坦克导弹等武器；机头装有1门30毫米机关炮。"虎"式武装直升机速度不是很快，最大332千米/小时（HAP型），巡航速度230千米/小时。

海上舰艇：英国海军用虎和狮命名的舰艇非常多，其中"虎"用作舰名的时间长达431年，先后用于17艘舰船的舰名，第一艘是1546年的1艘风帆炮舰（装22门炮），最后一艘是二战末期建造的"虎级"轻巡洋舰的首舰。在这17艘"虎"舰中，最有名的一艘"虎"号是一战期间的战列巡洋舰。

"狮"在英国海军用作舰名的时间更长，达462年，先后用于20艘舰船的舰名，第一艘是1511年的一艘风帆炮舰（装36门炮），最后一艘是二战末期建造的"虎级"轻巡洋舰的二号舰。在这20艘"狮"舰中，最有名的一艘"狮"号是一战期间"狮级"战列巡洋舰的首舰。而且由于"狮"号是英国海军名将贝蒂海军中将的座舰，因此提到"狮"号，就会想到贝蒂；反之亦然。但是，"狮"号在一战的表现并不好。1915年1月的多格尔沙洲海战中，"狮"号就受到了很大损伤；1916年5月31日的日德兰海战中，"狮"号的艏部炮塔被击中，险些引起弹药库发生殉爆，最后向弹药舱注水才保住了全舰。

法国海军在一战爆发前曾计划建造 2 艘"狮级"驱逐舰，分别命名为"狮"号和"猎豹"号，但是一战爆发后，由于陆战吃紧，法国取消了建造计划。

20 世纪 20 年代，法国海军建造了 6 艘"美洲虎级"大型驱逐舰，全部以动物命名，其中首舰命名为"美洲虎"号，二号舰命名为"豺"号，三号舰命名为"虎"号，四号舰命名为"豹"号，五号舰命名为"黑豹"号，六号舰命名为"山猫"号。

"美洲虎级"驱逐舰航速高达 36 节，装有 4 座单管 130 毫米主炮、2 座三联装 533 毫米鱼雷发射管。法国海军是想用该级驱逐舰对付意大利海军轻巡洋舰，但为了追求高航速和重武装，该级驱逐舰装甲防护能力很弱。在二战中，该级舰没有发挥任何作用，其中"虎""黑豹""山猫"1942 年 11 月 27 日在土伦港自沉，"美洲虎"被德军鱼雷艇击沉，"豺"被德军飞机炸沉，"豹"号参加了自由法国海军，但 1943 年 5 月 27 日在比赛大港触礁搁浅。

联邦德国海军在 20 世纪 50 年代建造了 20 艘"美洲虎级"高速攻击艇，全部以动物命名，其中就有"美洲虎""虎""豹""黑豹"这些西方常用

> 苏联和俄罗斯的"猎豹级"轻型护卫舰

的猛兽名。

20世纪80年代，苏联开始研制一款轻型护卫舰，称为"11661型"，北约称之为"猎豹级"。该级舰在1990年才开工首舰，在苏联解体之后长时间搁置，直到90年代中后期才重新建造，2003年服役，其他后续舰也是近10年才陆续建成服役。而在自己建造的同时，俄罗斯也在向外推销，很快获得了越南海军的青睐。2011年至今，越南已装备了4艘"猎豹级"。

2005年，俄罗斯还向外推销新的"虎级"轻型护卫舰，也称"20382型"。"虎级"护卫舰具有良好的隐身性，满载排水量1900吨，续航力4000海里，很适合近海作战。而在2015年，俄罗斯又对外展出了一款20386型隐身护卫舰，外形类似缩小版的美国DDG-1000驱逐舰，排水量3400吨。俄罗斯对外仍然称其为"虎级"，但是作战能力比之前的"虎级"强了很多。

纵横陆海的狼、象、狐

以色列在进入21世纪后研制了"狼"式多用途装甲车，专为以色列国防军在约旦河西岸执行快速机动任务。该车外形给人以敦实可靠的感觉，可扮演人员输送车、指挥控制车、战场急救车和后勤支援车等多种角色。基本型战斗全重8吨，底盘负载性能突出，除了装载武器及弹药外，还可乘坐至少5名全副武装的士兵，并搭载一副可固定式担架。

欧洲国家则喜欢用狼来命名舰艇，英国海军从1656年开始就用狼来命名舰艇，到一战期间共有16艘舰艇被命名为"狼"号。不过与虎、豹、狮等相比，狼的地位就差了很多，都是些小型舰艇，最后一艘"狼"是1895年服役的小型驱逐舰，排水量仅361吨，装有1门76毫米炮、2具450毫米鱼雷发射管。

意大利海军在20世纪70年代发展了"狼级"护卫舰，采用平甲板舰型，舰前部设有一短桥楼，采用小球鼻首、方尾；使用双桨、双舵、柴燃交替动力装置。"狼级"护卫舰的特点是布局紧凑、作战指挥灵活、探测设备完善、武器装备齐全，具有较好的多用途能力。意大利海军共装备了4艘"狼级"护卫舰，并且还分别向秘鲁和委内瑞拉海军出口了6艘。

大象是一种大型陆地动物，平常都给人憨憨的、平和的感觉。但是，一

> 二战德军的"象"式重型坦克歼击车

些国家却用大象来命名凶猛的武器。

德国波尔舍公司在二战后期研制了一款重型坦克歼击车，名字就叫"象"。实际上，"象"的前身是"斐迪南"坦克歼击车，而"斐迪南"又是波尔舍公司在竞争"虎"式坦克项目失败之后，利用已经生产出的90辆底盘发展的。其车体前装甲、炮塔正面装甲厚200毫米，侧面和后部的装甲厚度也在80毫米，而厚实的装甲也使其战斗全重高达68吨。其主炮是一门威力强大的71倍径88毫米炮，可在1000米距离上以任何角度摧毁苏军任何一款坦克。

在1943年的库尔斯克战役中，"斐迪南"给苏军坦克以很大杀伤，但自身也由于机动不便而损失了一半。1944年1月，德军把剩余的45辆"斐迪南"送回到波尔舍公司在奥地利的尼伯龙根工厂进行维修改装。主要改装项目包括：考虑到库尔斯克战役时"斐迪南"被苏军步兵骚扰的惨状，在机电员位置加装了前向机枪，备弹3000发；车长指挥塔被重新设计；主炮根部的护盾装设方式变更；战斗室前部追加加强筋；所有车辆统一涂布防磁装甲；更换了履带的形制（有八字纹接地筋）。此外，随车工具的箱子从车体侧面移到车尾，备用履带装设位置也发生了变化。这种经过改装的"斐迪南"就变成了"象"，并在1944年2月投入到意大利战场，试图阻止盟军登陆。

但是，德军的反击根本无法阻挡盟军。1944年6月，德军只好放弃罗马，全线北撤。在后撤过程中，"象"式坦克歼击车笨重、机动性差的弱点暴露无遗，意大利多山的地形对"象"式的传动系统造成的破坏非常巨大，再加上盟军飞机不断空袭，因此到1944年8月，德军653营1连损失掉了绝大部分"象"式，仅余2辆。损失原因各种"奇葩"，有被盟军飞机扫射着火的，有传动系统崩溃被自毁的，还有过桥的时候把桥压塌挂掉的（编号121号的"象"式，在此车掉下桥的瞬间车长被主炮的重量压死，其余车组人员生还）。

653营的2连和3连领到返修的"象"式坦克歼击车（21辆，另有2辆"斐迪南"维修车）的时间略晚于1连，于是就没被送往意大利，而是被送回东线。1944年3月底，这批"象"式被装车送往乌克兰抵御苏军进攻。尽管"象"式坦克歼击车在东线开阔的地形上威力巨大，但区区21辆面对苏军的装甲洪流显然是杯水车薪。1944年6月苏军在东线全线反攻之后，"象"式在撤退中遭受了很大损失，1944年8月只剩12辆还能动弹。这时，德军又把从意大利撤回的2辆"象"式补充过来。由于653营所有3个连都准备去西线接收"猎虎"坦克歼击车，于是这14辆"象"式被编为一个单独的连——第614重装甲歼击连，继续留在东线作战。此时德国的工厂已经基本不再生产"象"式的备件，这14辆"象"式就这样在前景极度悲观的情况下熬到了1945年春。至于最后一辆"象"式是什么时候损失的，到现在也没有答案。

现在，世界上仅有1辆保存完好的"象"式重型坦克歼击车，是美军在安齐奥缴获的653营1连的连长座车（编号102），现存放在马里兰州的阿伯丁博物馆。此外，苏军在库尔斯克战役中缴获了1辆"斐迪南"坦克歼击车，现陈列在俄罗斯首都莫斯科郊外库宾卡博物馆。

英国海军从1705年用象给舰艇命名，到1945年共有5艘舰艇被命名为"象"，其中最后1艘"象"是1944年开工的"半人马座级"航母4号舰。但是由于二战结束，英国人取消了半人马座级最后4艘的建造计划，已经在船台上开工的5号舰、6号舰都被拆解。于是，4号舰的名字"象"就被原来的5号舰名字"竞技神"所代替。这艘航母战后经过多次改装，参加过1982年的马岛海战，1987年转卖给印度海军，更名为"维拉特"号，2017年3月6日退役。

狐属于食肉目犬科动物，给人的印象是狡猾、多疑、爱耍小聪明以及干一些偷鸡摸狗之类的事。一些成语，像狐假虎威、狐群狗党、狐朋狗友、兔死狐悲等，无不含有贬义。然而，自然界中的狐有着极其灵敏的嗅觉和听觉，

师出有名：武器装备的命名和外号

> 联邦德国研制的"狐"式装甲车

身体轻盈敏捷，使它具有对下能猎食、对上能逃遁的本事。一些国家却对狐很有好感，并用其来命名武器。

德国最喜欢用狐来命名装甲车辆，包括"狐"式6×6装甲车、"非洲小狐"（也称"耳廓狐"）4×4轮式装甲车。

"狐"式6×6装甲车是联邦德国在20世纪70年代研制的，80年代共向德国陆军交付了996辆。该车有多种变型，其中侦察车型，尤其是三防侦察车名气最大，超过了原型。现在人们提到"狐"，脑海里的第一印象就是三防侦察车。

"非洲小狐"4×4轮式装甲车是德国与荷兰在20世纪90年代后期联合研制的，2003年开始交付。这种车也有多种变型，数量最多的是装甲侦察车，比例达到整个车族的一半以上。该车外形低矮、结构紧凑、隐身性好、机动灵活，最大公路速度达112千米/小时，公路行程1000千米，爬坡60度，涉水深1米，机动性能超过了美军悍马高机动车。侦察设备包括新型热像仪、昼间摄像机和激光测距仪等，集成在车顶上的一根可伸缩的传感器桅杆上，最高可升至距地面 3.29 米的高度。传感器桅杆的升降由车载指挥控制系统控制，并联通战场网络，所获信息可以直接处理或远距离传送。

英国在 20 世纪 60 年代中期研制了 FV-721 型"狐"式 4×4 轮式装甲侦察车，1972 年投产。该车最大公路速度 104 千米/小时，公路行程 434 千米。车上有 1 个中置炮塔，采用 1 门 30 毫米机关炮，乘员 3 人。该车在行动中主要是利用隐蔽性好、机动灵活的特点执行侦察任务，而且其火力较强，遇到威胁还能进行抵抗。

韩国斗山集团在 2012 年开始研制"黑狐"6×6 轮式装甲车，其外形类似于流线型设计，线条流畅，机动性好，变型能力强。

2016 年，外界发现在叙利亚进行地面作战的英军特种空勤团官兵乘坐的不是英军传统的路虎"防卫者"4×4 高机动越野车，而是约旦生产的"狐"式 4×4 高机动远程巡逻车。这款"狐"式车辆由约旦轻型汽车制造有限责任公司研制和生产，而约旦轻型汽车制造有限责任公司又是由约旦阿卜杜拉二世设计和发展局（KADDB）和英国扬克尔装甲车公司共同投资组建的，所以"狐"式远程巡逻车实际上属于约旦和英国联合研制的特种军用越野车。

"狐"式远程巡逻车以日本丰田公司"陆地巡洋舰"79 系列底盘改装，选择这个底盘是因为丰田"陆地巡洋舰"79 系列可靠性和可维护性极高，又是中东地区应用最普遍的越野车型，零部件在中东地区供应极为充裕，因此选择该底盘有助于降低"狐"式远程巡逻车的整体成本，特别是在野战条件下的使用和维修比较容易。

"狐"式远程巡逻车适应的环境温度在 $-15°C$ 到 $+55°C$，这反映了该车与路虎"防卫者"、"悍马"等著名的军用高机动越野车之间的区别，即"狐"式远程巡逻车主要是在温带、亚热带和热带使用，不适合寒带使用。

到目前为止，约旦陆军共装备了 200 多辆"狐"式远程巡逻车，分别配属到野战侦察营、边境防卫营、特种部队营、特种侦察团等单位。此外，英国、毛里塔尼亚以及未曝光的 1 个北约国家和 1 个亚洲国家也购买了数量不等的"狐"式远程巡逻车，其中英国购买的该车全部用来装备特种部队。这种车属于左右驾通用型的左驾型，发动机最大功率 168 马力，最大公路速度 140 千米/小时。车上有两个 90 升油箱，最大公路行程 1200 千米。此外，车上还可携带 2 个 20 升和 1 个 30 升油桶，从而使最大公路行程增至 1500 千米以上。这么大的公路行程，主要是为了满足特种部队远程渗透、侦察的需要。

英国海军从 1650 年开始用狐来命名舰艇，到 1989 年共有 16 艘舰艇用过"狐"这个名字，最后一艘"狐"号是救生船。

矫健山猫众人爱

山猫是猞猁的俗称，这种猫科猛兽，体型似猫而远大于猫，四肢粗长而矫健，尾巴很短。山猫的栖息生境极富多样性，长于攀爬及游泳，耐饥性强，可在一处静卧几日，不畏严寒。很多国家都对山猫很喜爱，并用其来为自己的武器命名。

联邦德国在 20 世纪 60 年代末开始研制"山猫"8×8 轮式装甲侦察车，1975 年投产，到 1978 年总共生产 408 辆，全部装备当时的联邦德国陆军师装甲侦察营和旅装甲侦察连。德国统一之后，陆军实施了整编。8 个陆军师共有

> 联邦德国研制的"山猫"侦察车

8个装甲侦察营,其中重型装甲侦察营配30辆"山猫"侦察车,轻型装甲侦察营配36辆。快速反应部队的3个装甲侦察连配36辆,每连12辆。"山猫"侦察车战斗全重19.5吨,装甲可防7.62毫米机枪弹。车载武器主要是1门20毫米机关炮,侦察设备主要是潜望观察镜,可昼夜对外观察,视野良好。该车有个特点,就是倒车速度和前进速度一样,都是90千米/小时,这很便于在不利情况下紧急撤离,最大公路行程730千米。

2016年和2018年,德国莱茵金属公司分别推出了"山猫"Kf-31和Kf-41履带式步兵战车概念样车(KF是德语缩写,意即履带式车辆)。它们的主要目的是外销,而不是取代德军现役的"美洲狮"。

"山猫"Kf-31和Kf-41步兵战车有两大共同特点:隐身性好、防护能力强。外形上十分简洁,基本没有什么突出物,机关炮的炮管外面装有用于隔热和冷却的金属护套。不仅如此,Kf-41的车体表面喷涂有防红外涂料,能够显著降低红外探测装置的发现概率。

Kf-41与Kf-31的主要区别是防护能力更强,战斗全重高达44吨,比"山猫"Kf-31重6吨,比俄罗斯的T-72主战坦克也要重2吨。而据莱茵金属公司介绍,Kf-41的战斗全重可以进一步增至50吨,这也就意味着其可以继续加厚装甲,进一步提高装甲防护能力。此外,Kf-41还装备有主动防护系统和16具40毫米"Rosy"多光谱烟幕弹发射器,发射的多光谱烟幕弹结合了红外干扰机和诱饵弹的功能,发射后能够迅速形成大面积的烟幕屏障,可干扰和诱骗所有采用电视、光电、红外点光源、红外成像、激光和瞄准线制导的反装甲武器。

英法两国在20世纪60年代末开始研制一款海陆军通用的5吨级中型直升机,命名为"山猫"。这款直升机性能比较出色,是英国陆军和海军最重要的直升机,但是法军采购的较少。除了英法军装备之外,"山猫"还出口到世界上多个国家和地区。

在这之后,英法又改进发展了"超山猫"直升机。而在近些年,英国还推出了"山猫"的终极改进型"野猫",主要是强化了火力。

> 美国空军的 F-15 战斗机绰号"鹰"

空中猛禽是爱宠

自然界中，鹰、隼、雕等猛禽是空中的主宰。它们翱翔在高空，时刻搜寻着猎物。一旦发现之后，这些猛禽就迅速扑过去将猎物擒获。对于这些猛禽，人类自然不会放过用它们来命名武器。

美国空军在20世纪70年代研制的F-15和F-16战斗机,分别被命名为"鹰"和"战隼"。而这两款战斗机也没有辜负对它们的命名，不但技术性能在第三代战斗机中出类拔萃，而且实战表现也十分出众。1981年，刚刚得到 F-15 和 F-16 不久的以色列空军就精心策划了一场"歌剧行动"，用它们攻击了伊拉克的奥西拉克核反应堆,并且全身而退。紧跟着在1982年的贝卡谷地战斗中，以色列空军 F-15 和 F-16 再度大显神威，击落了数十架叙利亚空军的米格-21 和米格-23 战斗机，并且还协同 F-4、"幼狮"等战机摧毁了叙利亚军队部署在贝卡谷地的 19 个防空导弹连。

美国空军用 F-15 和 F-16 在 1991 年的海湾战争、1999 年的科索沃战争中，同样击落了对手的大量战机。特别是在海湾战争中，伊拉克空军眼见在空中不敌"鹰"和"战隼"，待在地面的战机又不断挨炸，于是来了个"走为上"，上百架战机逃到了邻国伊朗避难,结果被伊朗扣留下来。而在进入 21 世纪之后，"鹰"和"战隼"又无数次参加实战，像阿富汗战争、伊拉克战争、利比亚战争、叙利亚内战等等，依然是战果很大，损失却只有寥寥几架。

20世纪80年代后期，美国启动了第四代战斗机的研制工作，也就是今天的F-22隐身战斗机，并将之命名为"猛禽"。尽管不是具体的鹰、隼、雕等，但实际上这个名字是指F-22身上集合了所有猛禽的特点，是空战的王者。F-22以"4S"特性，即隐身、超音速巡航、超机动性、超级信息优势闻名于世，至今仍然稳坐第四代战斗机的头把交椅。

俄罗斯在20世纪90年代推出过一款苏-47战斗机（最初称为"S-37"），名为"金雕"。该机最大的技术特点是采用了带鸭翼的前掠翼气动布局，同时还采用了2台带推力矢量喷管的AL-41F涡扇发动机，因而具有优异的低空低速机动性和超机动能力。

不过，苏-47隐身能力不强，而且前掠翼布局也太过另类，俄罗斯空军没有采购，所以该机只是作为技术验证机存在，没有实现量产。

美国在20世纪60年代初研制了一款中程防空导弹，称为"霍克"，实际上这是英语的音译，意译就是"鹰"。该导弹三联装牵引式发射架，最大射程45千米。美国总共生产了3.7万多枚"鹰"式防空导弹，除了装备美军之外，还出口到比利时、丹麦、法国、德国、希腊、意大利、荷兰、挪威、

> 美国研制的"鹰"式防空导弹

日本、伊朗、埃及、约旦、以色列、科威特、葡萄牙、西班牙、瑞典、沙特阿拉伯、新加坡、韩国、阿拉伯联合酋长国等。

英国海军从1592年开始用鹰来为舰艇命名，到1972年共有18艘舰艇使用过"鹰"这个名字，其中最后2艘使用"鹰"名字的都是航母。第1艘"鹰"号航母原本是英国给智利海军建造的"拉托雷海军上将"号战列舰，因一战爆发中断建造工程，后被英国海军购买，并改造为航母，1924年服役。二战爆发后，"鹰"号主要在地中海作战。1942年8月11日，"鹰"号航母在阿尔及尔以北海面被德国海军U-73潜艇用鱼雷击沉，这也是英国海军在二战期间损失的最后一艘正规航母。第2艘"鹰"号航母是二战末期开工的，1951年10月5日服役，1972年1月26日退役。

毒蛇吐信也全能

以蛇类来命名的武器，最有名的莫过于美国在20世纪50年代研制的AIM-9近距空空导弹，名字叫"响尾蛇"。很多资料称这个名字来源于该导弹的制导方式是跟踪战机的红外热源，与响尾蛇搜索目标的方式相同。实际上，这种说法是不对的，因为寻热方式不是响尾蛇独有，所有蛇类都是如此。美国人将这种导弹取名"响尾蛇"，是因为这种导弹的4片尾翼上装有4个

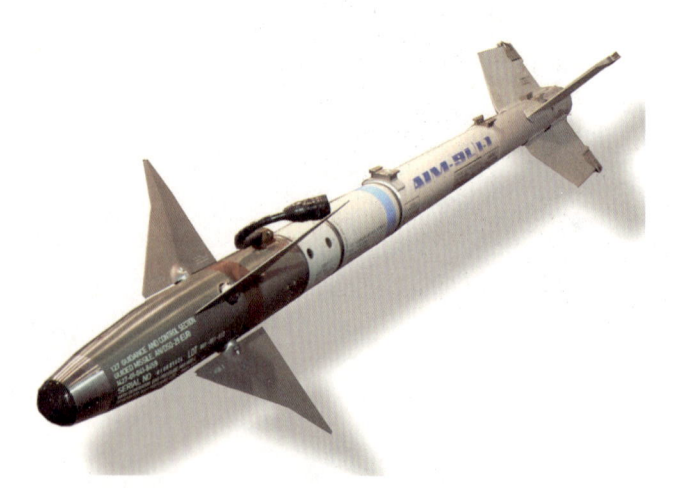

> 美国研制的AIM-9"响尾蛇"空对空导弹

控制导弹飞行稳定性的陀螺舵,它们在飞行中会高速转动,所发出的哗哗声很类似响尾蛇发怒时尾部发出的声响。

"响尾蛇"空空导弹开启了红外制导空空导弹的先河,对后来的近距空空导弹影响极大。美国在半个多世纪里对"响尾蛇"导弹一直进行着改进,最新的 AIM-9X 在外形上已经与早期的"响尾蛇"完全不同,并且取消了尾翼上的陀螺舵,性能有了质的飞跃,但是美国人仍然将其称为"响尾蛇"。

法国在 20 世纪 70 年代研制的地面发射的近程防空导弹也取名为"响尾蛇",后来还发展出舰载型"海响尾蛇"。

俄罗斯研制的 R-77 雷达制导中距空空导弹本来没有名字,但北约为它取了一个响亮的名字叫"蝰蛇"。

美国贝尔直升机公司研制的 AH-1 系列武装直升机,名字叫"眼镜蛇",也是非常著名的以蛇类命名的武器。在越战期间,美军迫切需要一款能够为地面部队提供快速火力支援的武器,于是就以贝尔的 UH-1 "休伊"通用直升机研制了"眼镜蛇"武装直升机,其开创性地采用串列座舱布局,这成为后来武装直升机的经典布局;机身两侧加装短翼,可以挂载各类对地武器;机头装有 1 门活动的 3 管 20 毫米机炮。美越战争期间,AH-1 和 UH-1 搭档,参加了很多次行动。

> 美国贝尔直升机公司研制的 AH-1 "眼镜蛇"武装直升机

AH-1在美国陆军装备到20世纪80年代，随着更先进的AH-64"阿帕奇"武装直升机的到来而退出现役。但是，美国海军陆战队一直很喜欢AH-1武装直升机，并且不断改进，出现了AH-1J"海眼镜蛇"、AH-1W"超级眼镜蛇"以及最新版的AH-1Z"蝰蛇"。

除了美军使用之外，AH-1还出口到10个国家和地区，主要是后期改进的AH-1F、AH-1W。但是已经改名为"蝰蛇"的AH-1Z现在还没有国外客户购买。"蝰蛇"的改动很大，不仅机体更富有流线型，而且旋翼数量也从"眼镜蛇"万年不变的2片变成了4片。

比利时在20世纪70年代后期研制了一款履带式装甲车，名为"眼镜蛇"，主要是为了出口。该车的最大特点是采用了2套电传动系统，车体装甲能防御14.5毫米机枪弹打击。但是，由于"眼镜蛇"一直无人问津，所以该车到了80年代后期也就没有继续发展。

巴西在20世纪70年代研制了EE-9"响尾蛇"和EE-11"蝰蛇"6×6轮式装甲车，具有较强的变型能力。

土耳其奥托卡公司在20世纪90年代末研制成功了"眼镜蛇"4×4轻型装甲车。该车吸收了美国"悍马"高机动车的长处，并力避它的短处。"眼镜蛇"的发动机、传动装置和轮胎都与"悍马"相同，公路最大速度可达110千米/小时。但"眼镜蛇"配有独特的冷却系统，使车辆动力系统能适应中东、西亚地区的气候。

流线形车体没有凸出部位是"眼镜蛇"设计的最精彩之处。车体结构设计充分考虑到防轻武器袭击，特别是防反坦克地雷袭击。像"悍马"那样遭地雷袭击车体便开裂的情况在"眼镜蛇"车上不会发生。"眼镜蛇"战斗全重为6.3吨，可用CH-47直升机进行吊运，也可由C-130运输机装运，具有较高的战略机动性。

英国海军在19世纪末建造了1艘410吨的驱逐舰，命名为"眼镜蛇"号。该舰装有1门76毫米炮、5门57毫米炮2具450毫米鱼雷发射管。在今天看来，这只是1艘小型攻击艇，但在当时却是相当出色的水面舰艇。

蜘蛛也疯狂

在自然界中，蜘蛛虽然很不起眼，但是绝不可小看，因为很多蜘蛛是有毒的，如果小视它们，很可能会丧命。在军事领域，不少国家就用剧毒的蜘蛛来为武器命名。

冷战时期，苏联就研制了 1241 型导弹艇，取名为"毒蜘蛛"，有Ⅰ型、Ⅱ型和Ⅲ型之分，其中"毒蜘蛛Ⅲ"导弹艇性能最好、作战能力最强。该型艇航速可达 36 节以上，装有 16 枚 SS-N-25 高亚音速反舰导弹。越南海军对这款导弹艇就很满意，引进了多艘。

2018 年，俄罗斯又推出了 22800 型小型导弹舰的出口型，名为"黑寡妇"，这是取自寇蛛里的一种剧毒蜘蛛。这种舰满载排水量 800 吨，装有 8 单元垂直发射装置，可发射"宝石"超音速反舰导弹和"俱乐部"巡航导弹。此外，舰上还装有 1 门 100 毫米舰炮和 1 座弹炮合一近程防御系统。

韩国斗山重工在进入 21 世纪之后研制了一款 6×6 轮式装甲车，并且赢得了印度尼西亚陆军的采购合同，印尼陆军将该车命名为"狼蛛"。该车战

> 苏联 1241 型"毒蜘蛛"导弹艇

斗全重 18 吨，配备 3 名乘员（驾驶员、车长和炮手），最大行驶速度可达 100 千米/小时，水中行驶速度为 8 千米/小时，装有 1 门 90 毫米主炮和 1 挺 7.62 毫米机枪，能打击敌方轻型装甲车辆。此外，该车也可执行游击搜索和摧毁任务。韩国斗山重工负责"狼蛛"装甲车的制造和炮塔装配工作，交付工作在 2013 年底完成。

2019 年 5 月，韩国韩华集团还推出了名为 AS-21 "红背蜘蛛"的履带式步兵战车，用来竞争澳大利亚陆军"陆地 400"项目。"红背蜘蛛"是以韩国 K-21 步兵战车为基础发展而来，提高了防御性能，增加了尺寸，所装的 T-2000 模块化炮塔可搭载多种武器，目前装的是 1 门 40 毫米机关炮，并且还有 2 枚以色列的"长钉"反坦克导弹、1 挺 7.62 毫米并列机枪、1 挺装在炮塔顶部的 12.7 毫米遥控机枪。

南非动物大合唱

在非洲国家中，南非是有较强军工实力的，研制过很多颇具特点的武器系统，其中不少都是以动物来命名，包括"大羚羊""大山猫"装甲侦察车，"蜜獾"系列轮式装甲车、"水牛"装甲车、"石茶隼"武装直升机、"褐雨燕"激光半主动制导反坦克导弹、"猎豹"激光驾束制导反坦克导弹、"猛禽Ⅱ"制导炸弹等。

"大山猫" 8×8 轮式装甲侦察车是南非轮式装甲车的代表作，其研制于 20 世纪 80 年代，90 年代开始量产。该车战斗全重 28 吨，初期型装有 1 门 76 毫米火炮，1994 年之后换装 1 门 105 毫米火炮，火力能够匹敌很多主战坦克。该车最大公路速度 120 千米/小时，最大行程 1000 千米。

"石茶隼"武装直升机也是南非武器的一个代表作，可以和欧洲的"虎"式、A-129 武装直升机媲美。"石茶隼"专门根据南非的地形条件设计，可靠性高、维修性能好。机头下方有 1 门 20 毫米单管机炮，机身两侧短翼可挂载反坦克导弹、空空导弹、火箭发射巢、机枪吊舱等武器。

"格鲁曼养猫厂"

过去，美国格鲁曼公司（现诺斯罗普·格鲁曼公司）最喜欢用猫科动物来为其研制的战斗机命名，包括F-4F"野猫"、F-6F"地狱猫"、F-7F"虎猫"、F-8F"熊猫"、F-14"雄猫"。所以，外界戏称格鲁曼公司为"养猫厂"。

F-4F"野猫"是美国海军在太平洋战争初期和中期的主力舰载战斗机，虽然其速度和机动性不如日本海军的A6M零式战斗机，但机体十分坚固，很抗揍。而且该机还有自封油箱，被日军战机的7.7毫米机枪子弹击中后会自动封闭缺口，不容易漏油和起火爆炸。因此，"野猫"的生存能力是很强的。此外，该机的6挺12.7毫米机枪，火力也很猛。

F6F"地狱猫"是美国海军在太平洋战争后期的主力舰载战斗机，速度、火力、防护力、生存力、垂直机动性全面优于零式战斗机，仅在续航力、盘旋性能上处于劣势。在马里亚纳海空战中，美国海军的F6F大开杀戒，击落336架日军飞机，自身仅损失26架。所以，美军将这场空战称为"马里亚纳

> 格鲁曼公司的F-14"雄猫"舰载机，是许多军迷心中的一代名机

猎火鸡"。

F7F 和 F8F 是格鲁曼公司在进入喷气时代的初级作品，没有多大名气，但是到了二战后的一代名机 F-14 则不一样。F-14 采用可变后掠翼结构，装有 AWG-9 雷达，与 AIM-54 远程空空导弹相结合，具有非常强的远程拦截能力，成为美国海军航母的保护神。但是在 2006 年，美国海军将"雄猫"全部退役，但没有给出原因。外界分析"雄猫"退役的原因主要是使用、维修都比 F/A-18 贵，而多用途能力却明显不如。

美国海军的"鱼类博物馆"

美国海军在早期对于潜艇全部以鱼类进行命名，在二战中由于造的潜艇数量太多，甚至一度出现鱼名不够用的问题，于是就把一些鱼的别称拿来作为艇名。

二战期间，美国潜艇对于切断日本的海上运输线发挥了巨大作用。日本的运输船遭到美军的潜艇攻击，损失惨重。到战争后期，日本造的运输船已经远远无法弥补被美军潜艇击沉的数量。由于海运被切断，日本的战争潜力受到了极大影响。例如到战争末期，日军在海外掠夺的粮食堆积如山，但因缺乏运输船，日本国内出现了粮荒。同样由于缺乏运输船，日本难以向国内运送继续的各类战略物资，也难以将本土的部队和武器弹药运送到海外侵占地。

在塔拉瓦、塞班岛、硫磺岛、菲律宾、冲绳等一系列战役中，守备日军根本无法得到外部日军支援，只能孤军顽抗，最终都被以美军为首的盟军歼灭。

美国潜艇不仅打击日本的海上交通线，还击沉了大量日本海军作战舰艇，其中不乏航母，例如日本最大的"信浓"号航母在首次试航时就被美军"射水鱼"号潜艇用鱼雷击沉，日本二战期间最好的装甲航母"大凤"号则是被美军"大青花鱼"潜艇用鱼雷击沉。

二战之后，美军仍然有很长时期用鱼类来为潜艇命名，例如"鲣鱼级""鲟鱼级"攻击核潜艇。直到"洛杉矶级"开始，美军才结束了用鱼类命名潜艇的历史。

> 波音公司的 MQ-25"黄貂鱼"舰载无人加油机

还有一些国家则用鱼类来为自己的鱼雷命名，例如英国就将自己的 MK-24 重型鱼雷命名为"虎鱼"，将反潜鱼雷命名为"黄貂鱼"。

美国海军现在把波音公司正在研制的 MQ-25 舰载无人加油机命名为"黄貂鱼"，将来希望将这种无人机搭载到航母上，为舰载战机进行空中加油。

瑞士则把自己研制的 8×8 轮式装甲车命名为"锯脂鲤"，也有译为"剪刀鱼""食人鱼"的，其实都是一回事。锯脂鲤是后两种鱼的学名，用作装甲车名字的实际上是指嘴里有利齿的塔式锯脂鲤，异常凶猛。

15 目标是星辰大海
以天体命名的武器

浩瀚无垠的宇宙存在着无穷无尽的天体，而且始终给人以无限的遐想空间和神秘感。以天体来为武器命名，寄托着人类对宇宙的好奇和致敬，同时也是希望以此赋予武器神秘的力量。

航母中的"星座"号

美国海军在历史上曾经四度用星座来为舰艇命名，第1艘"星座"是1797年的风帆护航舰（装32门炮）；第2艘"星座"是1854年的风帆战舰；第3艘"星座"是20世纪20年代初的战列巡洋舰，但因1922年《华盛顿海军条约》的限制而被取消建造计划；第4艘是1961年建成的"小鹰级"航母二号舰。

"小鹰级"航母是美国海军最后一级，同时也是最大的常规动力航母，满载排水量达82583吨，采用4台蒸汽轮机，总功率高达28万马力，比"尼米兹级"核动力航母还要高出2万马力，因此最大航速可达32节。该级航母装有4部蒸汽弹射器，可搭载82架各型舰载机。

1964年8月4日，也就是北部湾事件发生两天后，"星座"号航母便出动F-4B舰载战斗机轰炸北越，是美军发动全面侵越战争后第一艘参战的攻击型航母。越战期间,"星座"号表现很活跃,是对北越轰炸的主要航母之一。

越战结束后,"星座"号进行了改装,成为一艘多用途航母。在1991年海湾战争爆发时,"星座"号没有参战,因为它当时正在费城海军船厂根据美国海军舰艇延长服役年限计划进行改装,以使它的服役年限能够延长15年左右。

1998年,美国海军计划用"星座"号取代部署在日本的"独立"号航母,但发现"星座"号的状态比"小鹰"号要差,于是美国海军改用"小鹰"号接替"独立"号,而将"星座"号纳入2003年退役名单。而在退役之前,"星座"号还过了一把电影瘾,就是在2001年的电影《珍珠港》中扮演美国海军二战时期的"大黄蜂"号航母,场景为杜立特驾驶B-25轰炸机从"大黄蜂"号航母上起飞,执行空袭东京的任务。

以星座名命名的武器

许多西方国家的武器装备,喜欢用星座来命名军事装备。比如,飞马座、半人马座、金牛座,可谓比比皆是。一个星座就对应着一个美丽的希腊神话,很有意思。

以北天星座之一的飞马座命名的武器无论是种类还是数量都是最多的。英国海军早在1776年就开始用飞马座来为其舰艇命名。到1934年,共有8

> 美国海军"星座"号航母

艘舰艇被命名为"飞马座"号。其中最后 1 艘"飞马座"是 1914 年 10 月服役的，原名"皇家方舟"号，但在 1934 年更名为"飞马座"号。这是世界上第一艘专门建造的水上飞机母舰，可搭载 8 架水上飞机。"飞马座"号水上飞机母舰使用到 1944 年退役，1946 年卖给巴拿马转为民用商船，1950 年被拆解。

在 20 世纪 70 年代，欧洲国家为美国海军设计过一款名为"飞马座"的水翼导弹艇。该级艇满载排水量只有 239 吨，但是装有 1 台马力强劲的 LM2500 燃气轮机，最大航速高达 48 节，在海面上就是飞一样的感觉。而且艇上装有 8 枚"鱼叉"反舰导弹和 1 门 76 毫米舰炮，还有"海虎"对海搜索雷达、导航雷达、卫星通信系统，这些配置与 4000 吨级护卫舰相比也毫不逊色。不过，"飞马座"导弹艇只在 1977 至 1982 年服役于美国海军，然后就迅速退役。

在 21 世纪初，美国诺斯罗普·格鲁曼公司开始为美国海军研制无人战机的技术验证机 X-47B，名字为"飞马座"。2011 年 1 月，"飞马座"无人机实现了首飞。2013 年，X-47B 开始在美国海军航母上进行起降试验。从试验情况看，X-47B 的表现还是不错的。但是在 2016 年 5 月，美国宣布取消 X-47B"飞马座"无人机项目。

2019 年初，美国空军开始接收波音公司研制的 KC-46A 新型空中加油机，它的名字也是"飞马座"。与老旧的 KC-135 相比，"飞马座"的能力要强出不少。"飞马座"最大起飞重量达到了 188.24 吨，而 KC-135 只有 146.285 吨。载油能力方面，"飞马座"的机翼油箱加上在货舱地板以下增加的 4 个内部油箱，总油量达到 96.3 吨，比 KC-135 多 6 吨左右。加油能力方面，KC-46 采用了综合性的空中加油系统，即同时装有硬管和软管加油设备，其中机尾装硬管加油设备，两侧机翼下方分别挂载 1 个软管加油吊舱。这样，"飞马座"就可以在为 1 架美国空军战机进行硬管加油的同时，为 2 架美国海军或者盟友的战机进行软管加油，而且兼容的机种达 64 种。"飞马座"的硬管加油设备采用计算机控制，每分钟输油量约 4542 升，比 KC-135R/T 的液压式硬管加油设备更快（每分钟约 4451 升）；翼下的软管式加油设备每分钟可输油 1514 升。

"飞马座"取消了 KC-135 设在机体尾部的加油员操作台，而是采用了先进的远程视觉系统技术和电传操控技术，可让加油控制员在驾驶舱内进行

> 美国空军 KC-46"飞马座"空中加油机

操作，不但环境舒适，还便于与其他机组人员交流。众所周知，空中加油机通常都是部署在战区边缘的空域，以最大限度地保证战机和自身在加油时的安全。为了方便战机寻找和对接，像 KC-135、KC-10 等之前设计的空中加油机需要长时间打开无线电信标，标识自己的位置，然后通过话音通信协调对接动作，这种空中联络方式在现代空中战场上是十分危险的，易被敌方截获无线电信号而组织空中战机对美军的空中加油机实施攻击。因此，"飞马座"采用加密的 16 号数据链代替了无线电信标和话音通信，不仅显著降低了自身被发现的概率，而且加密数据链还可接受友机或地面、海面的预警，及时规避威胁。

"飞马座"加油机的航电系统很先进，采用的是与波音 787 客机基本相同的全数字化驾驶舱，自动化程度远远超过 KC-135 和 KC-10，而且开放式的航电系统架构也很有利于其与军用信息系统融合以及未来的升级。

在执行运输任务时，"飞马座"所采用的波音 767 客机平台有很强的货运能力，所以其空运能力也相当出色，货舱地板以上的空间可用于运载标准货盘、人员和伤病员。在执行伤员后送任务时，其货舱内可以容纳 54 名伤员和医疗急救系统；人员运输模式下，一次性可以搭载 114 名士兵；货物运输模式下，可以运载 18 个 463 升的标准货盘，约 29 吨货物。相比之下，KC-135 的运输能力就比较弱，分别为 44 名伤员，或 53 名士兵，或 6 个 463 升标准货盘。

由于"飞马座"加油机的能力多样化，未来势必会成为敌方优先猎杀的空中目标。美国空军也认为击落1架能够为8架F-22战斗机加油的KC-46空中加油机，不仅在难度上比击落1架F-22要容易得多，而且能够直接影响空战结果。因此，美国空军对"飞马座"的安全予以高度重视。为了防止其战时被敌方战斗机击落，美国空军除了要求该机装有雷达告警接收机、导弹逼近告警器、干扰弹发射器、机载电子干扰系统之外，还要求其加装定向式激光干扰设备，以精准干扰红外制导的空空或地/舰空导弹。此外，"飞马座"还有航路规划系统，可以在收到预警信息之后迅速规划最优的安全航线，避开主要威胁方向。

维修保障方面，"飞马座"可以依靠波音公司遍布全球的民用客机售后网络，不仅零备件充足、价格便宜，而且服务高效，具有十分显著的经济性，而这也将大幅降低"飞马座"的全寿命成本。

韩国LG·伊诺特公司在20世纪90年代开始研制新型近程防空导弹系统，英文名为"飞马座"，韩国称之为"天马"。采用履带式底盘，有很强的机动性，底盘上装有1个发射转塔，装有8枚导弹以及必需的跟踪制导雷达。"天马"导弹最大射程11千米，主要用于对付近程低空目标。

除了飞马、天马，叫"半人马座"的武器，也不在少数。意大利军队的"Centauro"轮式装甲车，翻译过来就是"半人马座"。历史上英国装备过的一款巡洋坦克，也叫作"半人马座"（Centaur）。两者的原文。在拼读法上稍有不同。当然，其语源都是拉丁语。以"半人马座'命名的武器装备，还有英国航母、意大利反潜护卫舰等。美国的运载火箭，也叫作"半人马座"。

黄道12星座也经常被用来命名武器。以黄道第1星座的白羊座为例，英国海军在1943年7月接收了1艘加拿大原本为美国海军建造的阿尔及利亚人级扫雷舰，命名为"白羊座"号。战后，英国海军将该舰卖给了希腊海军。意大利的当家主战坦克C1"公羊"主战坦克（Ariete），也可以翻译为"白羊座"坦克。

黄道第2星座的金牛座，也是武器命名的热词。英国海军从1917年先后用金牛座命名了2艘舰艇，第1艘"金牛座"号是1917年下水的1艘R级驱

> 联邦德国研制的"金牛座"巡航导弹

逐舰，第2艘"金牛座"号是1942年下水的1艘T级潜艇。

联邦德国在20世纪80年代研制了一款用于防区外打击的空射巡航导弹，命名为"金牛座"巡航导弹。这种导弹有两个大类——KEPD-150和KEPD-350，前者最大射程150千米，后者最大射程350千米。制导方式采用"惯性+全球卫星导航系统+末段红外成像"，命中率很高。冷战结束后，德国一直在对"金牛座"不断改进，性能还在不断提升，比如精度变得越来越高，射程越来越远——目前KEPD-350的最大射程已达500千米以上，战斗部的种类也越来越多。

武仙座、英仙座、猎户座也是常常被用来命名武器的星座。英国海军从1759年开始用武仙座为舰艇命名，到1945年共有6艘舰艇被命名为"武仙座"号。其中最后1艘"武仙座"号属于"庄严级"航母，是1945年下水的，因二战结束而没有继续建造。1957年，印度采购了这艘半成品，然后由英国继续建造完成，1961年加入印度海军服役，更名为"维克兰特"号。

英仙座是英国海军从1776年开始用来为舰艇命名的，至1944年共有6艘舰艇被命名为"英仙座"号。其中最后1艘"英仙座"号属于"巨人级"航母，到二战结束时基本建造完成，但是这时英国海军已不需要了，所以这艘"英仙座"号航母没有服役，1958年被拆解。

猎户座是英国海军从 1787 年开始用来给舰艇命名的，至 1940 年共有 7 艘舰艇被命名为"猎户座"号。其中倒数第 3 艘"猎户座"号是 1910 年下水的"猎户座级"无畏舰首舰，1922 年退役；倒数第 2 艘"猎户座"号是 1931 年下水的 1 艘"利安德级"轻巡洋舰；倒数第 1 艘"猎户座"号是 1940 年俘获的 1 艘法国潜艇。

法国泰利斯集团在 20 世纪 90 年代研制了一款 S 波段三坐标多功能无源相控阵雷达，命名为"武仙座"。在法国海军新型的"阿基坦级"驱逐舰以及出口到新加坡的"无畏级"护卫舰上，都装备着"武仙座"雷达。

武器里的"恒星"和"行星"

单个的恒星被用来命名武器，主要是一些常见的，如北极星、天狼星等。

英国海军在二战时期将 1 艘"阿尔及利亚人级"扫雷舰命名为"北极星"号，但它造好时二战已经结束，所以没有发挥什么作用。战后，该舰使用时间不长，在 1956 年就被卖掉了。

瑞典海军在 20 世纪 50 年代建造了昴星团级鱼雷艇，其中 1 艘被命名为"北极星"号，其排水量只有 150 吨，但火力很强，装有 6 具 533 毫米鱼雷发射管、2 门"博福斯"40 毫米舰炮，最大航速 33 节。

名气最大的以北极星命名的武器当属美国在 20 世纪 50 年代发展的"北极星"潜射弹道导弹，搭载于"华盛顿级"和"伊桑·艾伦级"弹道导弹核潜艇上，每艘搭载 16 枚。"北极星"导弹分为 A-1 型、A-2 型、A-3 型，射程分别为 1800 千米、2200 千米、3000 千米。"北极星"导弹携带的是热核弹头，当量为 60 万吨 TNT 当量。

英国海军从 1786 年开始用天狼星来为舰艇命名，到 1966 年共有 7 艘舰艇被命名为"天狼星"号。其中第 5、6、7 艘分别是 1 艘防护巡洋舰、1 艘轻巡洋舰、1 艘"利安德级"护卫舰。

太阳系里的八大行星（冥王星在 2006 年被划为矮行星，由此被开除出太阳系行星行列）里，绝大部分行星都被用来为武器命名。

英国海军从 1592 年开始用水星为舰艇命名，到 1943 年共有 17 艘舰艇被命名为"水星"号。不过，这么多叫"水星"的舰艇大都是些小型舰艇，最大的1艘是1878年下水的二等巡洋舰，至于最后2艘"水星"都是辅助扫雷艇。

美国空军在20世纪80年代研制了E-6B通信中继飞机，命名为"水星"。从1989年到1992年，第1批16架用波音707客机改装的E-6B加入美国空军服役。"水星"可不是一般的通信中继飞机，而是用来维持美国国家战略指挥部门与战略核力量之间的通信，指挥陆基、海基核导弹发射以及指挥战略轰炸机对敌方进行核打击。说白了，"水星"飞机就是美国用于核战争的空中指挥所，其座右铭是"接受任务，立即行动"。所以，外界将E-6B称为"末日飞机"。

英国海军从1758年开始用金星为舰艇命名，到1943年共有5艘舰艇被命名为"金星"号。其中倒数第2艘"金星"号是1895年下水的，属于"艾克里普斯级"防护巡洋舰的9号舰，一战期间曾经俘获过2艘德国商船；最后1艘"金星"号是1943年下水的"V级"驱逐舰首舰。

英国海军从1665年开始用火星为舰艇命名，到1942年共有9艘舰艇被命名为"火星"号。值得一提的是，英国海军历史上的这些"火星"都是主力舰，风帆时代的6艘"火星"大都装有50门炮~80门炮。第7艘"火星"则是排水量16000吨的"庄严级"前无畏舰7号舰；第8艘是"巨人级"航母的1艘，但后来在1944年改为"先锋"号；第9艘是"米诺陶级"轻巡洋舰9号舰，但因二战结束，英国海军不需要它了，在1946年取消了建造计划。

意大利在20世纪60年代末开始研制一款轻型反舰导弹，命名为"火星"。这种导弹长得怪模怪样，大脑袋细身子，但是性能着实不错。"火星"反舰导弹主要由固定翼战机、直升机发射，打击轻型舰船。除了反舰，"火星"还可以采用被动雷达导引头，作为轻型反辐射导弹使用。在过去几十年里，意大利一直在对"火星"进行改进，不断提高其技术性能。

英国海军从1778年开始用木星为舰艇命名，到1967年共有6艘舰艇被命名为"木星"号。其中第4艘"木星"是"庄严级"前无畏舰4号舰；第5艘是"J级"驱逐舰8号舰，1942年触雷沉没；第6艘是"利安德级"护卫舰19号舰，1967年下水，1992年退役。

美国海军在1912年8月下水了1艘运煤船，命名为"木星"号，1913年

师出有名：武器装备的命名和外号

> 美国空军的 E-6B "水星"通信中继飞机，也被称为"末日飞机"

8月服役。该船创造过两项纪录，一项是美国第一艘从西海岸经过巴拿马运河到达东海岸的船只，另一项是在 1920 年改装为美国海军第一艘航母，但名字被改为"兰利"号。美国海军主要用"兰利"号作为训练舰，摸索航母运用方法，著名的"全甲板攻击"战术就是美国海军提出并在"兰利"号航母上得到验证的。所谓"全甲板攻击"，就是一艘航母最大的攻击能力取决于甲板上停放的舰载机数量，而不是放在机库的数量。1942 年 2 月 27 日，"兰利"号在爪哇海域被日本陆军航空兵的一式陆上攻击机炸沉，成为美国海军在太平洋战争中损失的第一艘航母。

英国海军用土星为舰艇命名是在 1786 年，但也只有这一艘"土星"号三级风帆战列舰，装有 74 门炮。该舰参加过 1812 年开始的美国第二次独立战争，任务是参与封锁纽约港。

美国海军在二战期间将 1 艘从民间征用的"海尔加"号商船改装为储货船，并命名为"天王星"号。无独有偶，英国海军在二战中后期将 1 艘新建的 U 级驱逐舰也命名为"天王星"号，主要让其为商船队进行护航，防止德国潜艇攻击商船队。在 1944 年间，"天王星"号驱逐舰共执行了 6 次护航任务。

1683年，英国海军开始用海王星为舰艇命名，到1945年共有10艘舰艇被命名为"海王星"号。其中最后两艘都是只有计划，但没有付诸实施；第8艘"海王星"是"利安德级"轻巡洋舰3号舰，1934年服役，1941年12月19日在利比亚的黎波里附近海域被水雷炸沉。

美国海军历史上共有4艘舰船被命名为"海王星"号，最早的1艘是1863年命名的，最后1艘是1953年服役的电缆修理船。该船在美国海军一直服役到1991年才退役，时间长达38年。

为了忘却的纪念
以民族命名的武器

民族是在经过长期历史发展而形成的稳定的族群共同体,很多民族都有自己独特的名字,比如美国的印第安人族群、英国的康沃尔人。经过漫长的民族融合,许多民族失去了原有的族裔文化,湮没在历史的深处。也有一些民族的名字,成了武器装备的名字,在钢与火的游戏中留下了自己的独特烙印。

反潜机中的"维京海盗"

维京人是诺尔斯人的一支(斯堪的纳维亚人),他们是从公元8世纪到11世纪侵扰并殖民欧洲沿海和不列颠群岛的探险家、武士、商人和海盗,其足迹遍及从欧洲大陆至北极广阔疆域,欧洲这一时期被称为"维京时期"。这段时间北欧的军事、贸易及人口扩张是斯堪的纳维亚、不列颠群岛、西西里、俄罗斯及欧洲其他地区中古时期历史的一个重要元素。

在英语中,"维京人"这个词是从18世纪的传奇故事中引入的,有一种说法认为可能是来源于古代北欧人的古北欧语语言,"vik"意思是"海湾","ing"意思是"从……来",加起来"维京"意思是在海湾中从事某种事,"Vikingr"

是在海湾中从事这种事的人。另一种说法认为是来源于古英语"wíc"意思是"进行贸易的城市",因为后来部分维京人定居到不列颠岛,并和当地人进行贸易。他们在公元 800 到 1070 年处于统治地位,对海上交通构成威胁。

"Vikingr"这个词曾经出现在斯堪的纳维亚半岛的古代卢恩文石碑上面,在冰岛的土语中也意味着"海上冒险"。在英语中"Wicing"这个词首先出现在 6 世纪的古代盎格罗－撒克逊的诗歌中,意思就是"海盗",但当时英国人并没有将北欧海盗称为"维京"。在中古英语中"维京"这个词已经消失了,但 18 世纪时又重新出现在传奇故事中,到了 20 世纪,"维京"不仅指海盗,意义扩展为指斯堪的纳维亚人,并出现许多新词,如"维京时代""维京文化""维京殖民地"等。

由于后来斯堪的纳维亚人沿着芬兰、俄罗斯平原的河流从事商业活动直到东罗马帝国,并在河流沿岸设立殖民地定居,所以后来将来自斯堪的纳维亚的商人也称作"维京",北美洲的斯堪的纳维亚人也被说英语的人称为"维京"。实际上并不是所有斯堪的纳维亚人都是海盗,他们和其他地区的欧洲人一样也是农民、渔夫和猎人,他们为了防止海盗入侵也成立了舰队,将所有的斯堪的纳维亚人都称为"维京"会造成混淆。

最早见于历史记载中的维京海盗是记录在《盎格鲁－撒克逊编年史》中的公元 789 年一次对英国的袭击,当时他们被当地官员误认为是商人,这些海盗杀死要向他们征税的官员。第二次记录是在公元 793 年。以后 200 年间维京不断地侵扰欧洲各沿海国家,沿着河流向上游内地劫掠,曾经控制东欧平原和波罗的海沿岸,据说他们曾远达地中海和里海沿岸。其中的一支渡过波罗的海,并远征诺夫哥罗德,到达基辅和伏尔加保加利亚,并建立基辅罗斯。有些船队远航至里海,前往大伊朗、美索不达米亚和阿拉伯人做生意。而更为著名的一支维京人沿着西欧的大西洋沿岸向南挺进,在欧洲的心脏地带掀起轩然大波。他们大肆劫掠大不列颠岛,并且还向西欧进行了侵扰。"维京"(Vikings)一词便带有掠夺、杀戮等意思。维京人对于欧洲历史尤其是英格兰和法兰西的历史进程产生过深远影响。

11 世纪时的日耳曼人历史学家不来梅·亚当曾在他的著作《汉堡大主教史》第四卷中记载过:"海盗们在西兰岛聚集了大量的黄金,这些海盗被他们自己人称为'维京',我们称他们为'阿斯考曼尼',他们向丹麦国王纳贡。"

13世纪时,挪威国王哈罗德一世下决心要将这些海盗从苏格兰及附近岛屿清除出去,部分维京人逃到冰岛。北欧的传说将他们描绘成无畏的英雄,但到了18世纪的传奇中又把他们描绘成强盗。其他欧洲人认为是斯堪的纳维亚农民业余去做海盗,但斯堪的纳维亚人认为可能这些人只是非法的强盗。又有一种说法认为是斯拉夫人中的海盗逃亡落脚在北欧。

北方日耳曼人从公元790年开始扩张,直到公元1066年丹麦人的后裔征服英格兰,一般称之为"维京时代",是欧洲古典时代和中世纪之间的过渡时期。维京人是著名的航海家,他们在昔德兰群岛、法罗群岛、冰岛、格陵兰岛,都设立了殖民地,在10世纪末曾不定期地在美洲纽芬兰居住过。他们不仅是海盗,也同时进行贸易,甚至定居在欧洲沿海和河流两岸。

有记录说公元839年他们曾作为东罗马帝国的雇佣兵而征战北非。他们的殖民地遍布欧洲,包括英格兰的丹麦区、基辅罗斯、法国的诺曼底等等。只是到了维京时代的末期,北欧才出现独立的国家和国王,同时也接纳了基督教,开始进入中世纪。直到欧洲各国王权强大,有能力抵抗维京海盗之后,维京人靠抢掠而创立的霸业方才逐渐开始消亡。

到了美苏争霸的冷战时代,"北欧海盗"成了美军S-3反潜机的名字。那时,北约最为忌惮的就是苏联几百艘潜艇,仅核潜艇(包括战略弹道导弹核潜艇和攻击潜艇)就达到百余艘,其中"德尔塔级"核潜艇建造数量达到77艘之多。北约及西方盟国最重要的一项作战任务就是反潜,这就是西方的反潜武器,特别是反潜机和反潜巡逻机数量众多的原因。

为了应对20世纪70年代后的苏联核潜艇,加上配合P-3岸基反潜机使用,美国研制了S-3"北欧海盗"反潜机,这是世界上第一款喷气动力反潜机。与老式S-2反潜机相比,S-3飞机技术上要先进:速度快、航程远、反潜能力强,并能全天候作战,可对潜艇进行持续地搜索、监视和攻击,也可以执行海上巡逻、反潜战和空中加油等任务。S-3飞机主要部署在航母上,作为航母贴身护卫,消除苏联潜艇对美国航母的威胁。

> 美国海军 S-3 "北欧海盗"反潜机

军舰爱叫"瓦良格"

瓦良格是东欧历史上一个少数民族的名字，指的是公元 8 世纪至 10 世纪出现在东欧平原上的诺曼人。也称为"瓦里亚基人、瓦兰吉亚人、瓦兰人、法朗清人、瓦伦京人"。瓦良格人原来居住在北欧的斯堪的纳维亚半岛，后逐渐沿着商路来到东欧平原，活跃在当地的商路上。同维京人一样，他们从事着强盗和商人的双重工作，也经常抢劫财物，掳掠人口为奴，运到君士坦丁堡出售。他们还受雇于当地东斯拉夫人的王公，充当亲兵，从事征战。其中一位瓦良格人领袖留里克还建立了留里克王朝，统治了基辅罗斯。后逐渐与东斯拉夫人融合为俄罗斯人、乌克兰人、白俄罗斯人。

由于瓦良格人算是苏联和俄罗斯主体民族的来源之一，苏联和俄罗斯海军多艘舰船都曾采用"瓦良格"名称，前前后后竟有 5 艘之多。

第一代"瓦良格"号是 1 艘风帆轻巡洋舰，该舰于 1862 年在芬兰奥卢建造，其排水量为 2156 吨，长 68.3 米，宽 12 米，吃水 5.6 米，采用 662 马力蒸汽发动机，最大航速为 11 节。"瓦良格"号完工时安装了 17 门 196 毫米舰炮，

1970年换装5门152毫米舰炮和4门87毫米舰炮。"瓦良格"号轻巡洋舰竣工后在波罗的海舰队服役，1863年7月19日，该舰在海军少将列索夫斯基的率领下前往美国访问。当时正值美国南北战争时期，沙皇派出军舰访美是为了表示对北方联邦的支持。1866年，"瓦良格"号舰加入俄国太平洋舰队，成为马卡罗夫航海研究所训练舰。1867年，该舰返回波罗的海的舰队主要基地喀琅施塔得。1870年，该舰在巴伦支海和白海进行远航，此后，"瓦良格"号巡洋舰成为航海学院训练舰。最后，在1886年，第一代"瓦良格"号轻巡洋舰退役。

第二代"瓦良格"号是19世纪末沙俄海军的一艘防护巡洋舰。当时，为了应对日本日益强大的海上力量，沙皇俄国开始大规模建造新型舰船，但是，俄罗斯技术落后，能力也不足，只得下单给美国造船企业生产。1898年4月，美国费城造船厂获得合同为俄罗斯生产巡洋舰，这批军舰就有1艘第二次采用"瓦良格"名称军舰。

"瓦良格"号长129.56米，宽15.85米，吃水5.94米，标准排水量6604吨，满载排水量8000吨。军舰的装甲厚度为38毫米、57毫米和76毫米，指挥塔装甲厚度达到152毫米。"瓦良格"号采用双轴推进，动力装置为30台"尼克劳斯"式锅炉和2部三冲程膨胀式蒸汽发动机，总功率20000马力，最大航速23节，续航能力6100海里。"瓦良格"号主要火力为12门俄国奥布霍夫兵工厂152毫米L/45速射炮，火炮均没有炮盾，其中8门位于上甲板，首尾每侧各有一门。4门在上甲板无防护炮台，其他的则是在露天炮台。这些火炮也是俄国海军的新型火炮，弹丸和药包分开放置，不过这种做法对习惯直接装填炮弹的俄国农民很多麻烦。同时这种分装比早期的整枚弹药更加安全。这种152毫米火炮炮口初速793米/秒，仰角15度时最大射程9800米。火炮炮座重11吨，射速每分钟六发。

舰上反鱼雷艇速射炮组由12门75毫米L/50火炮组成，每门炮重量少于2吨，射速每分钟10发，仰角15度时射程7000米。俄国海军认为轻型速射炮交战区域超过两侧四分之一区域很重要，因此有4门47毫米炮安装在战斗平台上，而另外4门以及2门37毫米炮和2挺7.62毫米机枪位于上甲板。

"瓦良格"号防护巡洋舰在1899年10月31日下水，舷号301，1900年

1月11日进入俄国海军序列，之后1901年1月2日"瓦良格"号经过测试后正式加入俄国海军。1901年3月10日，"瓦良格"号离开美国费城返回俄国国内，途中也经历了极其糟糕的天气情况，海上风力达到11级，不过舰上只是发生少量的机械故障。最终，在1901年5月3日，"瓦良格"号巡洋舰抵达喀琅施塔得。5月18日，这艘军舰在喀琅施塔得军港接受了沙皇的检阅，之后指定为沙皇游艇的护航舰，随同其他舰队船只一起前往德国但泽、基尔和法国瑟堡等地访问。1902年2月25日，"瓦良格"号到达旅顺。1902年4月，该舰还访问了德国控制的中国天津港。

1902年7月间瓦良格号再次进行航海测试，由于锅炉和人员的问题，此时航速仅仅能够短时间内达到20节，而在较长时间则能够稳定在16节。1903年初期开始大修，舰体如同其他远东舰队舰艇一样重新涂装成灰色，这项工作也在同年9月18日完成。这年底朝鲜形势危急，12月29日"瓦良格"号离开旅顺前往朝鲜仁川担任保护俄国驻汉城（今为首尔）使馆及侨民的工作，当月29日到达。原驻扎在这一地区的1艘巡洋舰和炮舰已经返回旅顺，之后1904年1月18日，"高丽人"号炮舰到达仁川，恢复俄国驻汉城使馆与旅顺之间的联系。

1904年2月5日，日本同俄国断交，在朝鲜仁川执行警备任务的日本海军"千代田"号收到日本同俄国断交的电报，悄悄从两艘俄舰之间起锚，停泊到靠近出口的地方。第二天，联合舰队佐世保出发前往旅顺，3艘运兵船以及3艘辅助巡洋舰（载运陆军登陆仁川的第12使团第二联队2500人）在联合舰队第四战队的4艘防护巡洋舰的护下，随出击旅顺的联合舰队一起从佐世保出发，由于忌惮"瓦良格"号强大火力，联合舰队另外派遣"浅间"号装甲巡洋舰加强实力。

2月8日凌晨，俄国商船"松花江"号驶入仁川港，向"瓦良格"号报告在港外发现大量日舰，但"瓦良格"号没有获得任何关于开战的消息，甚至连断交的消息也没有收到，依旧同炮舰"高丽人"号，商船"朝鲜人"号停泊在仁川港内。俄舰对于战争爆发丝毫没有准备，8日中午刚过，日军编队到达仁川港外，准备围歼俄罗斯舰队。

8日下午，由于驻仁川的俄舰同旅顺没有任何联系，又收到俄国驻汉城使馆的密件，鲁德涅夫上校决定派遣"高丽人"号携带邮件返回旅顺汇报情况，15时40分，"高丽人"号离开锚地，15分钟后便遭遇日舰编队，"高丽人"号以为即将受到攻击，慌张中发射两枚炮弹后向港内撤退，这也是日俄战争中的第一声炮响！

8日17时30分，日军开始登陆，直到9日凌晨2时30分部队全部登陆完毕，仁川很快就被日军控制，期间俄舰都没有进行干预。2月9日上午9时，"千代田"号代日本第四战队司令瓜生外吉向"瓦良格"号发出最后通牒：要求俄舰中午前必须出港，如不出港就将击沉在港内。尽管力量对比悬殊，"瓦良格"号舰长鲁德涅夫上校决定与日军决一死战，力争突围后前往旅顺港与俄国太平洋舰队主力汇合，如果战斗失利就自沉军舰。11时30分，"瓦良格"号和"高丽人"号起锚出发，还未驶出航道，日本舰队就发起了攻击。尽管劣势明显，俄罗斯人还是奋勇还击日军。鲁德涅夫上校决定转弯撤回仁川时被日舰击中进水，舰上1名军官和30名水兵死亡，6名军官和85名水兵受伤或震伤，上甲板45%的人员失去了战斗力。在锚地舰上军官们认为"瓦良格"号已经失去战斗力，应当放弃军舰，舰长鲁德涅夫同意放水自沉，18时"瓦良格"号由舰员自沉，随后"高丽人"号也由舰员自行爆炸沉没。

1905年8月8日，日本打捞出"瓦良格"号巡洋舰，简单维修后于12月23日拖往日本佐世保之后进行了修理并且更换上层建筑和烟囱，被用作学员训练舰。一战期间，俄国从日本购回原属于自己的几艘舰只，其中就包括"瓦良格"号巡洋舰（日本名称是"宗谷"号），1916年4月21日，"瓦良格"号和其他2艘军舰前往俄国远东的符拉迪沃斯托克进行简单的改装和维修。

之后俄国国内爆发了红色革命，这一风潮也波及到了"瓦良格"号，舰上的旗帜也更换为红色，不过很快在1917年12月8日维修中的舰体就被英国武装部队所占领，之后被英国海军所获得。用了几年后，原"瓦良格"号军舰在1920年被出售解体，不过意外再次发生，这次瓦良格号搁浅在苏格兰海岸，之后的打捞和拆除工作花了几年时间，军舰已经完全没有修复或利用的价值，一代名舰就这样"空荡荡"地沉入了海底。

第三代"瓦良格"号是苏联红海军"肯达级"巡洋舰的4号舰。

20世纪50年代初，美国海军率先为"巴尔的摩"号巡洋舰装备了"天狮星Ⅰ"导弹发射装置，1956年12月，苏联海军总司令谢尔盖·戈尔什科夫说服赫鲁晓夫批准研制携带导弹巡洋舰，并指示由第35中央设计局设计新一级的巡洋舰，最初的主要任务是对敌海上轻型巡洋舰和驱逐舰实施攻击。随后，又增加了攻击敌海上航母的作战任务。1957年6月，第53中央设计局完成了满载排水量5412吨的58型舰的设计任务。

58型起初是作为驱逐舰并按照驱逐舰来命名，军舰的排水量实在太小。1962年9月，58型驱逐舰改为导弹巡洋舰，并按照巡洋舰的传统用海军上将来命名。这4艘"肯达级"巡洋舰分别是"威严"号（音译为"格罗兹尼"，故舰名又称"格罗兹尼"号，因而本级舰又被简称为"格罗兹尼级"巡洋舰）、"戈洛费柯海军上将"号、"福金海军上将"号、"瓦良格"号。第四艘"瓦良格"号于1965年9月23日在太平洋舰队服役，1990年4月19日退役。

从外观来看，"肯达级"最明显的标志就是分别屹立于舰艏和舰艉的两座SM-70型导弹发射装置，内装8枚P-35反舰导弹（SS-N-3型），该型导弹体长9.8米，发射重量5.3吨，最大射程可达400千米，可携带约1吨重的高爆战斗部，或者是1枚核弹头。"肯达级"在上层建筑中，还设计了专门的贮弹库，库中另备有额外8枚（前4后4）P-35反舰导弹，这样一来全舰共配备16枚巨型反舰导弹。此外，"肯达级"另装备有1套SA-N-1舰空导弹、2座AK-726型双联装76毫米舰炮、2组RBU-6000型反潜深弹系统、2组三联装533毫米鱼雷发射管。"肯达级"军舰的反舰、防空、反潜武器样样齐全，其作战能力空前。

与强大的火力相比，"肯达级"的体型就相对较弱了，其标准排水量仅4340吨（满载不过5570吨），比老前辈"斯维尔德洛夫级"的1.36万吨，以至于当时就有人指出：这完完全全就是个排水量稍大的驱逐舰。事实也确实如此，上文提到，58型原本就是按驱逐舰来设计建造的。如此小的身板，再加上舰上堆满了各式武器，使得本来就狭小的空间更加捉襟见肘，因此，舰上水兵住宿条件惨不忍睹，据说，当年不少水兵都因为舰上床位不足，而要睡在甲板上，何等艰苦。

"肯达级"巡洋舰以其强大的火力令人生畏，然而，苏联海军很快发现了一个尴尬的问题：由于"肯达级"的身躯过于娇小，在北方舰队的活动海域中，一遇风浪就各种左摇右晃、难以适应。后来该舰很快就被调往其他舰队服役，因为在黑海和波罗的海并没有什么大风大浪。显然，苏联海军需要的是更多更大的战舰。

第四代"瓦良格"是苏联红海军"光荣级"巡洋舰3号舰，由苏联海军建造，现服役于俄罗斯海军，为俄罗斯太平洋舰队的旗舰。本级舰满载排水量近12000吨，是世界上少数几种仅存的巡洋舰之一，外观上最大的特点就是船舷两侧硕大的并列布置16个P-1000"火山岩"（北约称SS-N-12"沙箱"）远程反舰导弹发射装置，反舰能力十分惊人。"光荣级"巡洋舰计划建造7艘，实际开工5艘，苏联解体前完成3艘建造。在建的"共青团员"号完工度达90%，苏联解体后由乌克兰继承，三号舰"瓦良格"号巡洋舰是现俄罗斯海军太平洋舰队旗舰。

"光荣级"从"卡拉级"巡洋舰衍变而来，为容纳远程对舰、对空导弹等，其舰体比"卡拉级"长约14米，型宽和吃水也略有增加。首尾部比"卡拉级"显得外倾，它的前部上层建筑高5层，其后端与封闭的金字塔形主桅连成一体，由水面至主桅顶高达30多米。舰中略靠后的烟囱呈长方形，两侧有许多散热孔，

> 俄罗斯海军"瓦良格"号巡洋舰

前面是大进气口。两座烟囱间有空隙，用来放置旋转吊的吊杆。露天甲板的轨道，用来运送弹药、物品等。在烟囱后的旋转吊和后部上层建筑之间有一段开阔处，甲处下设有SA-N-6"雷声"舰空导弹垂直发射系统。

"光荣级"巡洋舰上最引人注目的，是巨大的圆形远程反舰导弹发射装置，发射筒沿前部上层建筑两侧成阶梯形倾斜排列，占据甲板较大位置。发射装置的布置较为简单，有固定仰角，每对发射口位于前一对发射管后端之上，即交错布置，这样，占据甲板面积较少，同时也克服了发射筒相互之间发射导弹尾气的影响。但是，为了减小导弹尾气对上层建筑的影响，上层建筑造得较高。整舰选择了较丰满的线型，舰首为高干舷，有利于抗浪；舰体从首至尾对线以上显著外飘，有利于增加甲板面积，提高适航性和稳性，可降低舰艇的纵摇和升沉。舰型上采取了小长宽比的设计方法，舰体较宽，舰长与舰宽之比约等于8.65∶1，小于同时期美、英等国设计建造的大型舰艇。

前甲板上有1座双联130毫米主炮，用于对舰或对地作战。在主炮之后舰桥两侧是16个P-1000"火山岩"远程反舰导弹发射装置，独特的布置方式使得夹在它们中间的前部上层建筑不得不设计成狭长形，其上多数武备也都是纵向布置。首先在其第一层甲板上安装的是2座AK630型6管30毫米近程防空炮和2座并排的RBU-6000反潜火箭发射装置。在其后面安装的是1部"椴木棰"和1座"鸢鸣"火控雷达，用于分别对前面30毫米近防炮和前甲板上的主炮进行控制。

上层建筑顶部平台后方高高矗立着1座巨大的锥形塔桅，其上装有2部重要的设备：顶端装设的是1部"顶舵"或"顶板"搜索雷达，中间部位装设的是1部"前门"火控雷达，前者主要用于对空对海搜索和跟踪引导舰载直升机，后者用于对SS-N-12舰舰导弹进行跟踪和提供指令制导。此外该塔桅顶端装有敌我识别器，塔桅底部还装设有卫星通信天线。在中部上层建筑前端平台上设有另外2部"椴木棰"火控雷达，用于对舰中部两舷4座30毫米近防炮进行控制。而在该上层建筑的桅杆（后桅杆）上则设有1部"顶对"对空搜索三座标雷达，该雷达具有探测183千米外2平方米目标的能力。

"光荣级"巡洋舰后桅杆的后面有2个巨型烟囱，烟囱呈长方形，长约10米，宽3米多，高约10余米，两侧有许多散热孔，燃气轮机的进气口位于烟囱侧壁上。紧接烟囱之后是 1 部大型起重机，其吊杆可收放于 2 个烟囱之间的空处。在烟囱和后部上层建筑之间是俄海军引为自豪的 SA-N-6"雷声"舰空导弹垂直发射装置。该装置共有 8 个发射单元，对称排成 2 列，每列 4 个，每个发射单元沿圆周布置有 8 枚导弹，共备弹 64 枚。该级舰的后部上层建筑主要由直升机库、雷达操纵室、电子战控制室等组成，机库顶部平台上设置的最显著的电子设备就是被西方称为"顶盖"的制导雷达，它主要用于对垂直发射的 SA-N-6 舰空导弹进行控制，由于采用相控阵体制，1 部雷达即可控制多枚导弹打击多个目标。

"光荣级"巡洋舰主要武器分为反舰、防空和反潜三大类：

军舰主要反舰武器是 P-1000"火山岩"/SS-N-12"沙箱"导弹，弹长 11.7 米，弹径 0.88 米，导弹在无中继制导时射程为 50 千米，在有中继制导时为 550 千米，飞行速度为 1.7 马赫～2.5 马赫，发射质量 4800 千克，战斗部重 500 千克，核战斗部当量为 350 万吨 TNT，足以消灭一个航母编队。P-1000 反舰导弹于 1979 年开始研发，1982 年第一次试射，1983 年实验性的装备苏联海军 675MKV 型巡航导弹核潜艇，1987 年正式服役。导弹采用"惯导+中继修正+主动雷达末制导方式"，须依赖舰上装设的卫星数据接收系统和卡-27 直升机进行中继制导。该型导弹具有射程远，飞行速度快、抗干扰强、战斗部威力大、命中率高、毁伤能力强等特点。

除 SS-N-12 反舰导弹外，该舰携带的反潜反舰两用鱼雷也可用于反舰，其中 T3CT-96 是一种十分先进的鱼雷，该雷重 1800 千克，战斗部装药 250 千克，动力装置为"电机+银锌电池+对转桨"，航速 40 节～45 节，作战深度 2 米～400 米，在攻击水面舰时，采用尾流自导方式，具有极强的抗干扰能力，命中率很高，另一型鱼雷 53-68 为核鱼雷，战斗部装药量为 2 万吨级 TNT 属战术核武器。该型鱼雷重量 2000 千克，航速 45 节，制导方式为直航式，无航迹，隐蔽件好，威力大，可用于对付大型水面舰。舰上的 AK130 毫米主炮主要用于对陆攻击，但对舰作战也是一件有效的武器。

军舰的防空武器分为三个层次远程防空导弹系统是 8 座"雷声"SA-N-6 导弹发射装置，系统导弹射程 100 千米，射高 25 米～25000 米，最大飞行速度可达 5 马赫～6 马赫，采用抗干扰措施较多的"无线电指令+末端 TVM 制导方式"，战斗部为近炸引信与破片杀伤式，装药144千克，舰上共备弹64枚。作战时，SA-N-6导弹的垂直发射系统，可同时发射12枚导弹拦截6个空中目标，既能够打击高空高速目标，也能有效拦截似类"捕鲸叉"低空来袭目标，抗饱和攻击力较强。

近程防空系统是机库的两侧的2座双联SA-N-4"壁虎"全天候近程防空导弹发射装置，共备弹40枚。该系统结构紧凑，不需要占太多空间，发射架平时收在甲板下的发射井内，作战时才利用升降机构升起。它的制导雷达就设在其上方的一个小平台上，称为"汽枪群"，用于执行搜索、跟踪和制导任务。"壁虎"导弹射程1.5千米～15千米，射高2.5米～5000米，最大飞行速度2马赫，战斗部重18千克，可同时拦截2个目标。该系统具有较强的独立作战能力，可有效引导导弹拦截低空飞行的飞机和反舰导弹。

对于突破防空导弹的来袭目标，可由舰上装备的6座AK630型6管30毫米防空速射炮拦截。该炮有效射程8.1千米，每座炮射速达4000发～5000发/分，弹头为杀伤爆破燃烧弹或曳光穿甲弹，全炮具有发射率高、可靠性好、体积小、重量轻等特点。从这种火炮的射速、口径和布置数量看，其作战效能无疑高于美国的"密集阵"及其他西方的近程防御系统，被认为是当今世界最有效的舰载点防御武器系统之一。

舰的末端防御将由电子战设备实施：舰上电子战系统针对性强，都集中针对导弹的未制导工作波段范围，可同时对抗多个不同方向来袭的雷达、红外及光电制导武器，具有很强的对抗反舰导弹的能力。由此通过上述硬武器和软武器的配合使用，将形成远、中、近、末多个层次的□空严密防御体系。

反潜系统也分层次，即第一层（外层）主要由卡-27反潜直升机和"菜牛皮"拖曳声纳担任，卡-27直升机的机库为半沉降式，起降平台较小，舰尾通常只搭载1架卡-27"蜗牛"直升机，直升机降落后，可从起降平台经一斜坡进入机库内。卡-27直升机作战半径250千米，最大巡航速度230千米～240千米/小时，续航时间4.5小时。在对50千米以外海域实施反潜时，首先由"菜牛皮"拖曳声呐进行远距离被动搜索，发现可疑潜艇后再由卡-27直升机飞往目标区，使用吊放声呐、声呐浮标和磁探仪进行二次探测，确定该潜艇的精确位置，然后在潜艇上空使用鱼雷或深水炸弹实施攻击，两者密切合作，可形成最佳配合的反潜体系，从而大大提高远程反潜搜索和攻击效果。

中层反潜由鱼雷实施。SS-N-15反潜导弹作战深度600米，射程达45千米～50千米，可由舰上鱼雷发射管发射，采用惯性制导，战斗部为APR-2轻型鱼雷，也可换装核深水炸弹。在15千米～20千米海域内则通常使用各式鱼雷反潜，其中T3-31是较常用的鱼雷之一，反潜导弹和鱼雷的联合使用，可为该级舰的防护筑起第二道反潜屏障。机库两侧各1座五联装533毫米鱼雷发射管，发射管布置在上甲板之下，平时用舷窗盖盖住，作战时须打开舷窗盖后才能发射鱼雷和反潜导弹。该级舰的内层反潜可由2座12管RBU-6000火箭式反潜深弹发射装置承担。采用自动装弹，射程6000米，重110千克，极限下潜速度13米/秒。作战时，可以用单管、双管或齐放的方式来攻击敌潜艇。弹库内共备弹144枚，可满足2座发射装置装填6次的需要。

1164型巡洋舰用于对陆攻击的主要武器是1座双管AK-130型火炮。该炮为全自动高平两用舰炮，口径130毫米，射程23千米，射速60发/分（双管），全弹重54千克；其中弹丸32千克。该炮有一套全自动供弹与装填系统，可大大提高有效射程内的毁伤概率。此外该炮还具有以下特点：配备有炮瞄雷达、红外和光学火控系统，即使在强烈干扰或电子系统战损的情况下，仍然可以保持战斗力，具有很高的可靠性和生命力；射速快、射程远、威力大、射击精度高等。该炮与美国Mk-45 127毫米舰炮及意大利"奥托"127毫米舰炮同属当今较先进的大口径舰炮，但在总体性能上，俄舰炮要略胜一筹。尤其值得一提的是，AK-130舰炮射速高达每分钟60发，这意味着在执行对陆攻击任务时1座这样的舰炮至少可抵得上1个炮兵连的地面火力。由此可见，"光荣级"巡洋舰在支援两栖作战时，也可发挥重要的作用。

俄罗斯海军在2013年开始对隶下的1164型巡洋舰展开改装升级作业，此番改装工程由位于俄远东滨海边疆区大卡缅市的"红星"造船厂承担，二号舰"乌斯季诺夫海军元帅"号率先开始改装，2015年第三季度开始船厂系泊试验，完成一系列试验试航后该舰于2016年重返俄海军继续服役。"光荣"号和"瓦良格"号随后将进行类似改进升级。

2014年1月21日14时，海上自卫队第5护卫队及第1航空队P-3C反潜侦察机在对马海峡（东海区域）西南约350千米海域，发现一支向北航行的俄海军编队，俄罗斯海军"瓦良格"号巡洋舰和一艘补给舰正向日本海航行。此前，"瓦良格"号巡洋舰一直在亚丁湾和地中海叙利亚一线执行任务，在5个月的海外部署后，舰体外壳锈蚀很严重。

第五代"瓦良格"是苏联研制的1143.6航母2号舰，最初以拉脱维亚的首府里加来命名，后来因故改名为"瓦良格"号，回归了沙俄时代的命名传统。

美军直升机的名称由来

美国是世界上的航空大国，不但有各种型号的飞机，也有各种型号的直升机，比如AH-64"阿帕奇"、RAH-66"科曼奇"、UH-60"黑鹰"等，那么"阿帕奇""黑鹰"等大名鼎鼎的直升机，其命名出处是什么呢？其源头就得从美国陆军航空兵说起。

美国陆军航空兵成立于美国俄克拉荷马州的锡尔堡，这个地方位于美国诸多印第安保留地的中心地带，虽然美国的开发史就是印第安人的血泪史，在签署《独立宣言》后，美国白人与印第安人曾进行了148年的战争，数以百万计的印第安人遭到白人的屠杀，但印第安人的英勇善战也给他们留下了深刻的印象，而美国陆军航空兵成立时，由于地理位置原因，讨好印第安部落，似乎就成了美国陆军航空兵不得不延续下来的传统。所以，美国的陆军航空兵部队，基本是以印第安善战的部落或者部落酋长的名字命名。而美国陆军航空兵的这一传统，也得到了印第安诸多部落的赞同与认可，乃至演化出一系列的仪式，比如在交付新的直升机时，总要让当地的印第安人跳战舞等，而且往往给直升机上拴上印第安羽毛等。例如，2006年时，在当时美军交付UH-72通用型直升机时，该型号被命名为"拉科塔"，就是以印第安拉科塔部落的名字命名的，而拉科塔部落的酋长在交付仪式上，就曾经这样表达：非常高兴能以我们部落的名字为这款直升机命名，这不仅代表了我们过去的辉煌，也是我们现在荣耀的延续！据说，在20世纪60年代，美国陆军交付贝尔公司的AH-1型武装直升机时，命名为"眼镜蛇"，结果，这个不按套路出牌的命名，居然引发了当地印第安部落的抗议，所以最后美国陆军不得不恢复了这一传统.

"阿帕奇"这个名字，很多人都是从美军AH-64武装直升机的命名第一次接触的。历史上的"阿帕奇"是一个民族，指的是著名的印第安族阿帕奇人。由于美国人对神秘的印第安图腾颇为推崇，故常用其来为军方的事物命名。像空军特技飞行队"雷鸟"，就是取名自印第安传说中一种法力无边的神鸟。美国陆军的军用直升机也多以骁勇善战的北美印第安部族名称来命名，其中著名的AH-64武装直升机正是以强悍的阿帕奇人来命名的。

该机是美军1973年"先进武装直升机"计划的产物。在"AAH"计划之前，美国陆军执行过"先进空中火力支援系统"计划，但是此计划过于好高骛远，在历经冗长且昂贵的研发过程后，该项目在1972年8月9日遭到取消。美国陆军检讨了其失败的原因，不久后便提出一个切合实际的替代方案，即"先进武装直升机"计划。不同于以武装直升机以伴随地面部队并提供火力支援为首要任务，"先进武装直升机"计划考虑到弥补固定翼攻击机在反坦克能力上的不足，并消弭欧陆战场上北约国家相对于华约国家在陆军装甲武力数量上的巨大劣势，定义为一种能携带反坦克导弹、格外注重猎杀硬性目标与多目标接战能力的专业反坦克武装直升机。

> 美国陆军AH-64"阿帕奇"武装直升机

美国陆军提出"先进武装直升机"计划后，洛克希德、休伊、贝尔、波音以及西科斯基等五家厂商参加部标。在1973年6月，美国陆军宣布休伊与贝尔的设计通过概念设计阶段，接着拨款给双方各制造2架飞行测试原型机和1架地面静态测试机进行进一步的竞争。休伊的概念机编号为"Model-77"，军用编号"YAH-64"。贝尔的设计则为"Model-409"，军方编号"YAH-63"，双方的原型机都从1975年9月起展开试飞。经过激烈的竞争，美国陆军在1976年12月10日宣布YAH-64获胜，并赋予其"AH-64"的正式编号，成为美国陆军继"AH-1"系列之后第二种专业的武装直升机。

AH-64的第一种量产型是AH-64A，从1984年起正式服役，1986年7月达成初始作战能力，美国陆军总共接收了超过800架此型机。AH-64A一推出便成为世界最强劲且最精密复杂的武装直升机，其观测/射控系统与作战能力优于任何一种21世纪之前服役中的俄罗斯或其他西方武装直升机，而且仍是西方世界火力最强大的武装直升机。AH-64采用全铰式（全关节式）四叶片式主尾旋翼、双发动机、后三点轮式起落架、双人纵列式座舱等构型，机体结构强韧，十分注重对抗战损的能力。AH-64A的座舱罩玻璃采用平板设计以降低反光，机体前段以塑钢强化的多梁不锈钢结构制造，后段则使用塑钢蒙皮的蜂巢结构，机体能承受12.7毫米弹药以及少量23毫米弹药的攻击，主旋翼杆亦能承受12.7毫米穿甲弹以及少量23毫米高爆弹的直接命中，而发动机的减速齿轮箱在遭到击穿、润滑油完全流失的情况下，继续运作30分钟，让飞行员有时间驾机脱离战场或迫降。

AH-64A使用通用动力的T-700-GE-701涡轴发动机，属于T-700系列第一阶段改良的型号，总压比为17，每具的最大持续输出功率为1510马力，能以1698马力持续输出30分钟（如起降阶段），在紧急情况下（例如只剩一具发动机）则能以1723马力的功率输出2.5分钟。从1990年交付的第604架AH-64A开始，发动机换成T-700-GE-701C，这是T-700系列的第二阶段改良，总压比提高至18，最大持续输出功率增为1662马力，能以1800马力的功率持续输出30分钟，2.5分钟持续紧急出力提升为1940马力，比耗油率也有所下降。

AH-64A的机身两侧各有一个短翼，每个短翼各有两个挂载点，每个挂载点能挂载一具 M-261 型 19 联装 2.75 英寸（70 毫米）海蛇怪-70 火箭发射器（或是 M-260 型七联装 70 毫米火箭发射器）、一组挂载 AGM-114 "地狱火"（Hellfire，或译为"海尔法"）反坦克导弹的四联装 M-299 型导弹发射架。第一代的 AGM-114A 导弹于 1984 年投入量产，1985 年正式服役。导弹射程远达 8000 米，1 架 AH-64 最多能挂载 16 枚 "地狱火" 反坦克导弹，理论上每次出击最多能击毁 16 辆主战坦克。

AH-64A 的机首下方装有 1 门 30 毫米 M-203E-1 单管链炮，该机炮采用简单的封闭回路驱动，所需的动力由机上提供（电力），透过一条简单可靠的链带来带动整个机炮运作；炮机心在前后端运动时进行上膛或退壳，静止于前后端时则完成闭锁、击发、抛壳与进弹。M-203 机炮的射速可以调整，正常射速 625 发/分，最大射速 1000 发/分，炮口初速 808 米/秒，炮塔回旋范围为左右各 110 度，机内载弹量高达 1100 发～1200 发，弹种为 M-789 高爆穿甲双用途杀伤弹，可击穿轻装甲车或主战坦克较为薄弱的两侧与顶部，人员杀伤半径则约 5 米。在 2004 年 3 月，ATK 公司获得合同为 "阿帕奇" 直升机生产新型 LW-30 高爆/穿甲双用弹药供机炮使用，使得 AH-64 能以单一弹种同时对付装甲或软性目标。

AH-64 直升机采用一流的观测/火控系统，主要的观测系统都位于机首，分为两个部分：AN/ASQ-170 目标获得系统以及 AN/AAQ-11 飞行员夜视系统。TADS 分为五个部分：激光测距与标定仪、前视红外线系统、炮手专用光学直接瞄准仪、日间电视摄影机以及激光标定仪，全部安装于一个位于机鼻且具有双轴稳定系统的旋转塔内，使得乘员在激烈的战术运动中能顺利瞄准目标，而 FLIR 的使用更大幅增加 AH-64A 的夜间战斗能力。

1989 年，巴拿马战争中，AH-64 首次投入实战。冷战结束后，又先后参加了海湾战争、阿富汗战争和在伊拉克的持久 "自由行动"，在海湾战争中的 "沙漠风暴" 期间，1991 年 1 月 15 日凌晨，9 架 AH-64 挂载航空火箭弹、地狱火反坦克导弹以及一个副油箱，在 4 架 MH-53 带领下低飞突入伊拉克边境，摧毁了伊拉克部署的防空雷达网络，完成了 "沙漠风暴" 的第一击。AH-64 自服役以来，先后摧毁了数以百计的伊拉克军队装甲车，被证明是优秀的坦克杀手。

除了赫赫有名的 "阿帕奇" 武装直升机，美国 "黑鹰"（Black Hawk）通用直升机同样十分成功，而且这种通用直升机的演变型号和产量远远超过其他直升机。很多读者可能会望文生义，以为"黑鹰"是一种飞翔的鸟类，实际上，"黑鹰"这个词来自北美印地安苏克族。

苏克是操阿尔冈昆语的北美印第安部落，与福克斯人和基卡普人近缘。1667年法国人首次遇到他们时，他们居住在今威斯康辛州绿湾地区。苏克人夏季居住永久性的树皮房屋，以便妇女种植玉蜀黍及其他谷物。秋收后，村落分为若干家庭集团，以木柱覆以苇席，构筑冬季住房。春季，聚集在爱荷华草原猎捕野牛。苏克人由一部落议事会和若干世袭酋长进行统治，如果遇到战争，酋长职务临时由军事首领取代，军事首领则根据其军事才能选出。到19世纪时，苏克人已定居于密西西比河沿岸，大概是在伊利诺州岩岛和密苏里州圣路易之间。

"黑鹰"马克泰莫斯特齐亚亚克1800年成为苏克和福克斯部族酋长，19世纪初，在多数部落首领与美国友好的同时，他仍与英国保持密切关系。1812年美英战争中，"黑鹰"支持英国，在伊利湖地区与美国人作战，1813年返回伊利诺伊，1814年率部攻打伊利诺伊和密苏里边疆地区，同年袭击密西西比河上的美国商船，率部打败了由扎卡里·泰勒少校统率的正规军。战争结束后，"黑鹰"拒绝美国政府要求其部族移民的计划，1832年返回艾奥瓦，爆发了黑鹰战争，在斯蒂尔曼溪战役中大败联邦军，8月在钝斧河战役中惨败，向美军投降，被囚禁数月，后押往拜见安德鲁·杰克逊总统，1833年回到艾奥瓦度过余生。

美军的UH-60直升机就是以"黑鹰"命名的。该机由美国西科斯基公司在20世纪70年代研制。除美国之外还有20多个国家和地区购买了UH-60直升机，这些出口型号一般都称作"S-70直升机"（即西科斯基公司编号）。UH-60至今已生产4500多架，是世界上生产数量最多的直升机之一，更证明了其设计的优异性。

西科斯基的通用直升机的原型机公司编号"S-70"，军方编号"YUH-60A"。1974年10月17日第一架原型机首飞。波音·伏托尔的原型机YUH-61A于11月29日首飞。1976年春，陆军开始对两种飞机进行非常彻底的评估，期间1架YUH-60A在夜间试飞中不小心降落在肯塔基州坎贝尔堡附近的一处密

师出有名：武器装备的命名和外号

> 美国陆军 UH-60"黑鹰"通用直升机

为了忘却的纪念 | 以民族命名的武器

林中，导致旋翼受损但没有人员伤亡，更换旋翼后自行飞回基地，随后仅进行细微修理就重新试飞。这给陆军留下了深刻印象，1976 年 12 月 23 日西科斯基被评为获胜者，并获得 UH-60A "黑鹰"首批订单。

UH-60A 安装两台通用电气 T700-GE-700 涡轴发动机，单台功率 1165 千瓦（1560 轴马力），在润滑油全部泄漏后，发动机还能运行半小时。在两台发动机间安装有一台太阳涡轮公司的 T62T-40-1 辅助动力单元（APU），用于启动发动机及作为地面辅助动力。UH-60A 具有后三点式固定起落架，配备了重型减震器可承受粗暴着陆。此外机身下部还可加装滑撬以便在雪地或沼泽起降。黑鹰直升机装备了耐坠毁油箱，并在关键部位加强了结构强度。

UH-60A 的座舱编制为 3 人，包括 2 名飞行员和 1 名飞行工程师，都配备有防弹座椅。一般情况下黑鹰可装载 11 名士兵，紧急状况可装 20 名。"黑鹰"

> 美军 MV-22 "鱼鹰"倾转旋翼机

机身两侧有向后滑动的舱门，上面装有两扇舷窗。机腹吊索挂钩可吊起4080千克的货物，比如一门105毫米火炮或一辆悍马。

滑动舱门前方机枪手窗口的外部支架上可以各安装一挺机枪，避免了占用舱门区域。越战中"贝尔"UH-1H就因为机枪挤占了舱门区域对士兵进出直升机有一点影响。最初"黑鹰"安装的是7.62毫米M60D机枪，后来也可安装火力更猛的通用电气7.62毫米6管M134管"加特林"机枪。

UH-60通用直升机型号相当繁杂，美国海陆空三军都有型号服役，每个型号都需要大量篇幅介绍才能说清楚。总的来说，改进型包括通用运输型、武装运输型、医疗救援型（UH-60A/L）、舰载型（SH-60）、特种作战型（MH-60A）救援型（HH-60）和出口型（S-70）等。

"黑鹰"直升机诞生后，有美国陆军参与的战争中都使用了"黑鹰"直升机，首次参加大规模战争是1991年1月爆发的第一次海湾战争。战争爆发前，陆军在战区部署了约400架各种型号的"黑鹰"直升机，这些直升机在部署到战区前安装了针对沙漠环境的防护设备，并优先进行了远程油箱和改进型航电之类的升级。1991年2月24日地面战第一天，"黑鹰"成为史上规模最大的直升机空运行动的主力，超过300架直升机向伊拉克沙漠中的"眼镜蛇"着陆场进行了突击运输。6架"黑鹰"在战争中损失，其中两架战损，4架因事故损失。海湾战争后"黑鹰"的身影活跃在所有美国陆军的军事行动中，1993年10月3日在索马里的军事干预行动中，两架"黑鹰"在一次拙劣的突袭中被击落，索马里民兵拖着一名被击毙美军的尸体游街，这一悲惨的事件后来被拍成《黑鹰坠落》的电影。此外"黑鹰"还参加了2001年美军入侵阿富汗的行动，以及2003年对伊拉克的战争。

像"阿帕奇""黑鹰"直升机一样，UH-1H"依洛魁"（Iroquois）直升机、OH-58"基奥瓦"（Kiowa）武装侦察直升机，CH-47"支奴干"（Chinook）中型运输直升机和越战时代下马的AH-56"夏里安"（Cheyenne）攻击直升机，2004年下马的"科曼奇"（Comanche）隐身武装直升机，都是源自印第安部族的名字。此外，近年部署在冲绳，遭到当地居民激烈反对闹得沸沸扬扬的MV-22倾转旋翼机，其名称"鱼鹰"（Osprey）源自北美本土的一种猛禽，被印第安部族视为守护神的象征。

17 艺术源于生活
以物品命名的武器

给武器命名的原则之一,就是体现出武器的特性和武器的杀伤能力,给人一种巨大的震慑力。有的武器名称却没有这些特点,使用的是兵器、乐器、工具等物品名称,在其看似平平无奇的名称背后,暗藏着无限杀机。

兵器篇:十八般兵器耍起来

飞翔的战斧。"战斧"(Tomahawk)是一种北美印第安人用来捕猎野兽时的单手操作轻型短柄飞斧,其英语译名来源于17世纪波瓦坦(Powhatan 或 Powatan)文字。由于生产力所限,这种斧头的斧刃原来只是由石头打造。16、17世纪殖民者逐渐统治美洲新大陆,并看中美洲这块肥沃土地上丰富的资源。那时做皮毛大衣生意在欧洲的利润奇高,欧洲商人们纷纷去到美洲淘金。他们以极低的价格从印第安人手里买来后者捕获野兽的兽皮,作为交换,欧洲人给他们带去了金属铸成的斧头,以帮他们猎取更多毛皮。这样,制造铁器的技术就连同金属斧头一起通过贸易公司从欧洲带到了美洲。当地印第安人学会了造铁斧以后,也学会了拿起这种武器抵御疯狂掠夺他们土地,剥削他们血汗的侵略者。

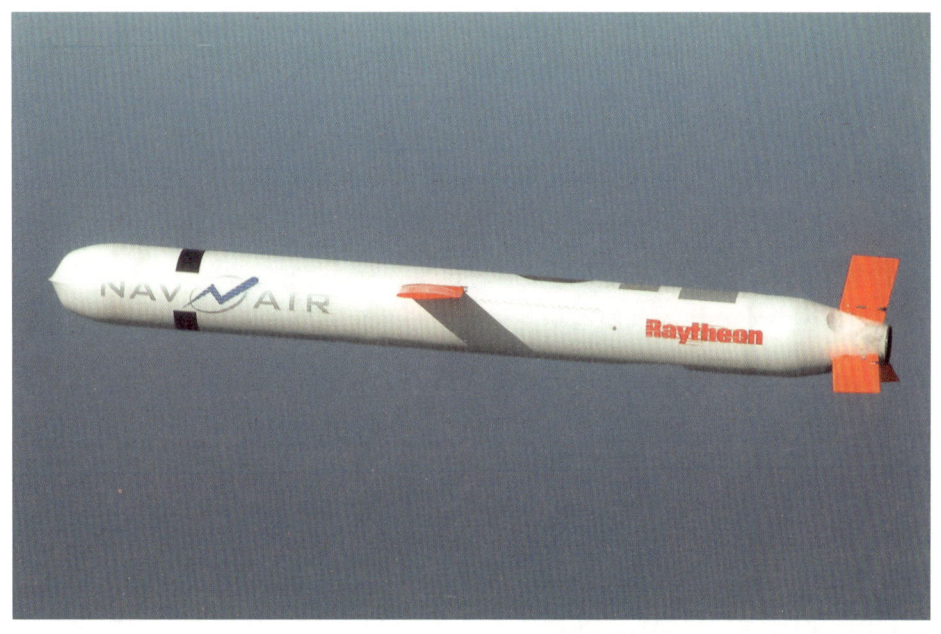

> 美军"战斧"BGM/AGM-109巡航导弹

印第安战斧手柄长度通常都不会超过0.61米，传统上以山胡桃木、梣木或槭木制造。印第安战斧的重量约在260克～570克，斧锋通常不会长过10厘米。印第安战斧可以是锤形、尖锐形或球形。早期石制印第安战斧的上端通常以磨光的滑石块所制的，在印第安人的仪式上则会用华丽雕饰过的印第安战斧。

印地安战斧只需单手操作，使用很方便，因此美国军队后来也使用这种斧头。美国印第安战斧公司研制的战斧在美越战争中得到使用，正式名称是"越南战术斧头"（Vietnam Tactical Tomahawk，简称"VTAC"），美国驻阿富汗的史崔克装甲车团也在使用新式战斧作为他们的"基准入门工具组合"。战斧受到驻扎伊拉克和阿富汗的美军所喜爱，用来作为工具或近身搏斗。据军事行动后的报告，除了近距离作战外，现代的印第安战斧的用途包括：非爆炸性进入、清除障碍、打破条板箱、弄破油鼓、挖掘阵地、自我防卫和移除简易爆炸装置。

用"战斧"命名的武器最出名的就是美国BGM/AGM-109巡航导弹，AGM-109空射型号后来未被美国空军采用，因为空军已经装备了AGM-86巡航导弹。"战斧"巡航导弹名称的响亮程度几乎代表着这一类武器的整体布局、制导和用途，提起什么是"巡航导弹"，肯定有读者会说是"战斧"巡航导弹，而其他的就不是巡航导弹，实际上，"巡航导弹"是一类导弹的名称，指有弹翼，航迹（线）不固定，具备制导能力的飞行器，实际上，空对空、空对地（舰）、舰对舰等都属于巡航导弹范畴。但是，就是因为"战斧"巡航导弹成为明星武器，后来约定俗成地把"战斧"类似布局的导弹称为"巡航导弹"。

"战斧"巡航导弹早期出现后并没有引起很大的重视，苏联虽然也参考美国"战斧"导弹开始自己的巡航导弹研制，而实际上，苏联更热衷战术弹道导弹的研制。真正让"战斧"导弹大放异彩的是1991年1月第一次海湾之争及以后的战争。在第一次海湾战争中，"战斧"巡航导弹第一次在实战中使用，在历时21天的战争中，美国共发射了291枚"战斧"导弹，战争爆发的那一刻，"战斧"战斗机执行了第一波打击任务，电视画面发射"战斧"导弹的画面让人印象深刻。在之后1993至1996年的对伊拉克战争、1999年爆发的空袭南联盟、2003年的第二次海湾、空袭苏丹恐怖分子行动、阿富汗战争、空袭利比亚行动等战争中，"战斧"导弹仍然执行首波打击任务，这些行动中共发射千余枚巡航导弹，其中包括一些是英国皇家海军发射的"战斧"巡航导弹。

"战斧"导弹前传

美国巡航导弹的研制历史可以追溯到一战前，当时的巡航导弹就是有人驾驶的飞机改进而来的无人驾驶飞机，因此，早在一战前美国和很多欧洲国家都提出了无人自动驾驶的武器，当时还没有"巡航导弹"一词，都称之为"飞行炸弹"或"飞行鱼雷"，这是巡航导弹的鼻祖。世界最早的实用巡航导弹是德国的V-1导弹，美国二战期间的巡航导弹仍然采用飞机布局设计，甚至还保留了座舱，而且用途很窄，没有造成轰动效应。二战结束后，美国和苏联都选择仿制德国的V-1导弹来练练手，战后和平环境下航空技术发展非常快，德国导弹技术瞬间就落后了。二战后美国和苏联摆脱德国导弹束缚而自行研制巡航导弹，这是巡航导弹爆发式发展的阶段，也是巡航导弹发展的高峰时期，美国研制的型号多达十几种，研究的型号更是达到几十种之多，正式装备或接近服役的型号包括钱斯·沃特公司SSM-N-8"天狮星I/II"巡航导弹、诺斯罗普公司"鲨蛇"（Snark）巡航导弹、北美航空公司SM-64"纳瓦霍"Ⅱ巡航导弹、北美航空公司AGM-28A/B"大猎犬"巡航导弹、格里恩·L·马丁公司TM-61C/MGM-1C"斗牛士"巡航导弹和TM-76A"狼牙棒"巡航导弹等，这些导弹中大部分服役时间非常短，仅有几年时间，只有AGB-28A"大猎犬"导弹服役时间最长，达到16年，它是陆基洲际弹道导弹形成战略威慑力量后，美国空军唯一的空基战略和战术核打击力量，导弹服役到1976年才正式退役。轰轰烈烈的巡航导弹研制尝试后，世界范围的巡航导弹研制陷入低谷，因为弹道导弹的发展从战略型号到战术型号都体现出了几乎所有方面的优势，巡航要发展就必须找到自己的优势领域，在这一阶段的发展中，已经出现了巡航导弹优势领域的端倪，只是技术还不成熟，导弹故障率高，维护和保障十分困难。

"战斧"巡航导弹的诞生是科学技术进步和战术要求的必然结果。20世纪60年代后期的美越战争宣告了"高空高速理论"的终结，即使没有这场战争，"高空高速理论"也会在其他方面被证明是过时的，特别是导弹技术的发展使得所谓的高空和高速相形见绌，早在美国的U-2侦察机在1960年5月1日被苏联击落后，地对空导弹就从幕后走到了前台，美国已经开始审视高空和高速所带来的代价。"高空高速理论"下的飞行器作战缺点是隐蔽性差，无法掩盖战略战术意图，飞得越高意味着在更远的距离被发现。因此，低空突防成为一种更有效的进攻方式，加上20世纪70年代以来微电子技术、发动机和核弹头的小型化、固体燃料、新材料、制导技术等的发展，为低空突防武器的问世提供了技术基础。飞行的高度更低，更难被发现和攻击，巡航导弹体积比以前的导弹要小得多，但射程和精度却高得多，它的出现创建了一个全新的作战模式，它使得海上、陆上、空中的打击平台作战效率成倍提高。

实际上，制约巡航导弹的诞生的最主要的是制导系统，反过来说就是，新型制导系统，即地形匹配制导系统的出现是新一代巡航导弹诞生的基础。早在1948年3月，美国古德伊尔公司研制了自动地形识别和跟踪系统（ATRANS），俗称"雷达地图匹配系统"。当年10月雷达地图匹配系统进行飞行测试。古德伊尔公司的自动地形识别和跟踪系统主要由32毫米雷达地形胶片、胶片展放机、平面位置显示雷达、光电管、自动驾驶仪和高度表等组成，地形的雷达图像通常是预先在空中用32毫米胶片沿导弹从发射点至目标飞行弹道摄取，每张胶片包括3.2千米地段。如果不能在空中拍摄，也可用精确的地图制作地形模型摄取。发射前，将制作好的地形图胶片装入导弹内，导弹发射后，在300米低空飞行，装在导弹前部的平面位置显示雷达自动将导弹下方的实际地形雷达映像通过光电管与预制底片上的图像进行比较，当发现导弹偏航时，光电管即发出校正信号给自动驾驶仪，控制导弹回到预定弹道上来。自动地形识别系统的优点是完全自主，精度不会随着射程的增加而变化，惯性导航系统有这种情况，也就是通常所说的累积误差。导弹在低空飞行不易被敌方警戒雷达过早发现，导弹飞行路线较曲折，易于避开防空武器拦截。这种制导系统的缺点也十分明显，射程很远时，胶片太多导弹无法携带，而且该制导系统只适合在地形差别比较明显的山岳地区使用，不适用于平原和海洋。导弹上平面位置雷达不断发出的电波也易于被敌方发现和干扰。

电子技术的发展催生了新的地形匹配制导系统，1958年，美国LTV-Electro公司（后来更名为"E系统公司"）研制成功新型地形轮廓匹配（Terrain Contour Matching，TERCOM）导引系统（简单地形匹配制导系统），它的体积比过去使用雷达地图作为地形比较的导引系统更小更轻，而且在精确度上有大幅的提升。

使用时，新一代地形匹配系统需先用侦察卫星或其他侦察手段，测绘出导弹预定飞行路线的地形高度数据并制成数字地图，数据存储在弹上制导系统中。导弹发射后，弹上测量装置实际测得的地形数据与存储在弹上的数字地图进行比较，确定导弹对应的地面坐标位置，如果出现偏差，制导系统发出控制信号，修正导弹的飞行路线。新一代地形匹配制导方式的优点是精度高，不受气象条件的影响。主要缺点是只能在地形起伏比较明显的路线上才能起作用，在平坦的地区或水面上飞行不能使用。地球表面山川纵横，越是复杂的地形就越是特征鲜明。对于远程飞行来说，要存储的信息量太大，数据相关处理的工作量也很大，弹上计算机难以满足要求。所以地形匹配制导通常与惯性制导相配合，全程飞行用惯性制导，在预定的若干个飞行段，用地形匹配制导修正惯性制导的误差，即"地形匹配辅助惯性导航系统"（TAINS，ERCOM-Aided Inertial Navigation System）。地形匹配辅助惯性导航系统可以使导弹命中精度圆概率误差提高到 30 米。

　　导弹用微型涡轮风扇发动机的出现也是巡航导弹诞生的技术基础。1964 年，威廉斯研究公司提出一项小型涡轮风扇发动机的研发案，这一款发动机预备作为单人使用的"飞行腰带"飞行器的动力装置。这种单人飞行器能够以 95 千米 / 时的速度飞行 16 千米的距离。1967 年威廉斯又推出重量仅有 31 千克、直径 30.5 厘米的 Williams F-107/WR-19 涡轮风扇发动机，发动机的推力为 195 千克力，相较于当时具有类似推力输出的涡轮喷气发动机，WR-19 发动机的体积和重量都非常的小，经过不断的测试和改良之后，WR-19 发动机不论是体积还是推力都可以供小型导弹使用。

　　正是 LTV-Electro 公司的新制导系统使得低空突防战术可以成为现实，而威廉斯研究公司又为小型导弹提供了充足的动力，"战斧"巡航导弹就在这种背景下诞生了。

　　技术条件成熟后，美国海军计划研制由"北极星"潜射导弹发射筒发射的新型巡航导弹，竞争方案分别是林·蒂姆科·沃特公司（简称"LTV 公司"）的 BGM-110 潜射巡航导弹和通用动力公司的 BGM-109 巡航导弹，两个型号导弹总体布局大体类似，动力装置和制导系统也一样。但是，在 1976 年 2 月 YBGM-110A 原型导弹从鱼雷管发射测试期间，由于鱼雷发射管故障，第一次测试试验失败，第二次测试中导弹的弹翼未能成功展开，试验再次失败。由于 YBGM-109A 在上面两个测试中表现优异，整体设计风险较低，所以美国海军于 1976 年 3 月宣布 BGM-109 方案获胜，BGM-110 方案发展就此结束。

　　通用动力公司对 BGM-109 巡航导弹的研制始于 1970 年，当时美国海军航空司令部和通用动力公司提出低空飞行对陆攻击舰载（潜艇和水面舰船）巡航导弹项目，1972 年 5 月开始导弹系统研制，1976 年原型弹首次试飞，1983 年装备部队服役。经过 27 年的不断发展，研制型号已达 22 个（C、H、I、J、L 等型号都没有服役）。在美国三军通用编号当中，"BGM-109"为陆射型，"AGM-109"为舰射型，"U/RGM-109"则是舰射反舰型，一般统称为"BGM-109"，它们的基本构型都是相同的。

BGM-109巡航导弹体积小重量轻，通用性好，因此发展出了陆基型、潜射型、空射型、舰载型四个基本型号，每个型号的子型号更多，包括Block Ⅱ、Ⅲ、C型（单弹头）、D型（多弹头）等。

"战斧"导弹已经在战争中多次投入使用。1991年1月17日开始的海湾战争中，美国发射的第一波52枚"战斧"巡航导弹当中有51枚击中预定的目标，包括将一座电视转播塔炸成两截，其他主要目标是伊军指挥控制机构、核生化武器设施、防空阵地、萨达姆地下住地和指挥中心等。历时21天的战争中，美国共发射291枚"战斧"导弹攻击各类地面目标，发射成功率是95%，命中率是85%。1991年的"沙漠风暴"行动之后，美国仍数度使用"战斧"巡航导弹攻击伊拉克境内的目标。

1993年1月17日，美国发射45枚"战斧"导弹攻击伊拉克核设施，发射平台是停泊于波斯湾和红海的CG-63"考佩斯"号巡洋舰、DD-966"休伊特"号、DD-978"斯顿普"号和DD-970"卡伦"号驱逐舰，"战斧"导弹摧毁了核设施基地的大多数建筑。1枚导弹在发射过程中无法转入巡航飞行模式而自毁，1枚在巴格达被击落，3枚没有命中目标。

1995年，美军对塞尔维亚第一次使用"战斧"巡航导弹，从美国海军"诺曼底"号巡洋舰上发射13枚导弹，这也是第一次使用第三批次GPS导引的"战斧"导弹。

1996年9月，美国海军发射再次14枚导弹攻击伊拉克6处目标，次日又再度发射17枚导弹攻击伊拉克的4处目标，命中率约90%。1998年的整个"沙漠之狐"行动中，美国发射325枚"战斧"巡航导弹，其中292枚命中预定目标。在2003年的第二次伊拉克战争，美军大规模地使用"战斧"导弹攻击伊拉克境内的目标，一举将萨达姆逼到北方的提克里特。期间美国共发射了325枚"战斧"导弹，伊军拦截了包括AGM-86C在内的巡航导弹总数超过100枚。

1998年8月20日，美国以阿富汗和苏丹境内建有恐怖组织训练基地为由，从印度洋分别向阿富汗和苏丹境内发射了60枚导弹，捣毁了阿富汗境内基地组织与塔利班的阵地。

2011年3月20号，多国对利比亚的军事第一轮打击中，美国和英国的军舰和潜艇向利比亚海岸的20多个防空目标发射了112枚"战斧"式巡航导弹。

2014年9月22日，美国海军派出"阿利·伯克"号驱逐舰发射"战斧"导弹攻击在叙利亚边境 ISIL 据点。2017年4月6日，美国为报复叙利亚阿赛德政权殃及平民的致命化武攻击，未经调查，下令发射59枚"战斧"导弹攻击巴沙尔·阿萨德部队的沙伊拉特空军基地。在攻击被证实后的数小时内，叙利亚与俄罗斯都有不同的命中率评估，稍后由美军公开证实59枚导弹皆完全命中目标。

破甲开颅的"圆锤"

锤子是敲打物体使其移动或变形的工具，最常用来敲钉子，矫正或是将物件敲开。锤子有着各式各样的形式，常见的形式是一柄把手以及金属顶部。古代，中外都有将锤子作为武器使用的历史。刀和剑都靠利刃杀伤敌人，锤子则靠敲击制敌，在古代欧洲，为了应对刀、剑、矛等利器，人们发明了各种铠甲防御刃器。刃器末端薄而利，无法击穿铠甲，而锤子的猛烈敲击却可以使铠甲变形伤及内部肉体，或者是强烈的震击也会使敌人暂时丧失战斗力，甚至敲击头部可以击碎敌人头骨。虽然锤子并不是流行最广的武器，至少在冷兵器时代也是重要的武器之一。

以圆锤作为武器名称的就是俄罗斯 RSM-56/SS-N-30/SS-N-32/3M30/3K30 潜射弹道导弹，有时音译为"布拉瓦"。

"圆锤"潜射导弹在 SS-27 白杨-M 导弹基础上研制，因此也带有很多它的优点。据俄罗斯方面称，SS-27 导弹具有在飞行段和再入段机动的能力，以此来躲避美国的反导导弹拦截。几乎可以肯定，为了更有效地对抗美国反导系统，SS-27 导弹带有中途可展开的对抗装置和诱饵装置。俄方称导弹的核弹头经过了表面处理，加装了防护罩以降低雷达反射面积、减少电磁干扰和物理干扰。之前的导弹很可能在10千米的范围内被引爆，SS-27 的弹头加装屏蔽物后，使引爆它的距离更近，难度当然更大。SS-27 弹头可经受住500米处的核爆炸的冲击。SS-27 最易受到攻击的阶段是起飞段，因为这个时候导弹的飞行速度慢，但同时，敌方的拦截导弹几乎没有机会靠近俄罗斯边境对起飞段的 SS-27 进行拦截。最有效的拦截方式是太空部署的拦截武器，但据信 SS-27 设计时考虑到了敌方这种攻击方式，所以太空激光武器也难以拦截它。

> 俄军"圆锤"潜射弹道导弹由"北风之神"核潜艇发射

陆基 SS-27 白杨-M 导弹代表着弹道导弹技术的最高峰,已装备俄罗斯导弹部队。莫斯科热力工程研究所总设计师尤里·索罗莫洛夫(也是"白杨"系列导弹的总设计师)说 SS-27 导弹在 2015 年前将是俄罗斯国家战略核力量的中坚。从某种程度上说,SS-NX-30 毫无疑问也将是俄罗斯潜射弹道导弹的主要核打击力量。

由于 SS-NX-30 是在 SS-27 的基础研制的,所以研制时间比前几代导弹的要快 2 年~3 年。SS-NX-30 跟 SS-27 导弹几乎一样,仍为三级固体导弹,但考虑到潜艇上发射,导弹重量和尺寸有所降低,因此导弹的射程也略有下降。SS-NX-30 导弹射程为 1 万千米,采用单弹头,弹头当量为 55 万吨 TNT。如果去除战斗部的防护罩和诱饵,导弹的弹头数可增加到 4 个~6 个,但这种情况的突破反导系统的能力会降低。导弹上的助推级(PBV)采用最新的数字式惯性导航系统,导航系统设备包括一个俄式全球定位系统(GLOSNASS)接收机。导弹的命中精度为 350 米,这个数字低于人们合理的估计,比其他俄罗斯陆基导弹的命中精度也少。SS-27 导弹的发射重量为 47.2 吨,而 SS-NX-30 的发射重量为 40 吨。

"北风之神级"核潜艇上为 SS-NX-28 设计的 D-19 发射系统因导弹的改变而拆除，改为能发射新型导弹的 D-19UTH 发射系统。

　　SS-NX-30 的研制最早报道是 2001 年，由于是在 SS-27 导弹基础上改进的，前期的研制工作还算顺利，后期出现大量问题。潜射导弹的研制比陆基型号的更复杂更有难度，即使有丰富的潜射导弹研制经验也要进行大量试验，"圆锤"导弹在试验过程中就出现了大量失败，但是，这是俄罗斯新一代唯一一款潜射导弹，俄罗斯必须沿着这条路走下去。

　　2004 年 9 月 23 日，俄海军"德米特里·东斯科伊"（Dmitry Donskoi）号核潜艇在白令海成功地完成了水面和水下抛射"圆锤"导弹模型试验。"德米特里·东斯科伊"为"台风级"核动力弹道导弹潜艇首艇（编号"TK-208"），1981 年 12 月开始在苏联海军北方舰队服役。

　　2005 年 9 月 27 日，"德米特里·东斯科伊"号在白海水面以上浮状态向位于堪察加半岛库拉靶场发射了一枚"圆锤"新型潜射洲际弹道导弹，这是第一次飞行试验。前两阶段成功，第三阶段失败。此后的发射都是在白海水面进行，向位于堪察加半岛库拉靶场发射导弹。2005 年 12 月 21 日，"德米特里·东斯科伊"号在水下成功发射了一枚"圆锤"导弹，并成功命中了目标。这是第一次在下潜状态发射导弹。2005 年 12 月 21 日，俄罗斯国防部宣布北方舰队的"台风级"战略核潜艇"德米特里·东斯科伊"号在白海（有人误解为白令海）水下成功发射一枚 SS-NX-30 导弹。随后导弹将在一艘改进的"台风级"潜艇上进行国家试验。SS-NX-30 导弹将装备俄罗斯第四代核潜艇"北风之神"上，原计划 2006 年进入部队执行任务，但这个时间得往后拖了，因为原计划 2004 年底进行的导弹发射试验已经推迟了一年。

　　2006 年 9 月 7 日，"德米特里·东斯科伊"号在水下发射了一枚"圆锤"导弹。据代表俄罗斯国防部的塔斯社报道，因第一阶段点火装置出现故障，导弹发射后不久便偏离了预定轨道并坠入海中。2006 年 10 月 25 日，"德米特里·东斯科伊"号在水下发射了一枚"圆锤"导弹。导弹在发射后不久偏离了预定轨道并启动了自毁装置。

　　2007 年 6 月 28 日，发言人称"导弹在预定时间内飞抵靶场"。在接受电话采访时，他又补充说："没有出现偏离轨迹的情况，导弹飞行各个阶段都符合设想。也就是说，对导弹调试的努力取得了成功。"

2008年09月18日，"德米特里·东斯科伊"号在水下成功发射了一枚"圆锤"导弹，并成功命中了目标。

2009年12月9日，"圆锤"导弹试射再次失败。这次试射是由第三级火箭发动机故障导致的，甚至引发了挪威上空的UFO事件。

2010年10月7日，由俄海军"德米特里·东斯科伊"号重型战略核潜艇从白海海域发射，弹头准确击中了俄远东堪察加半岛库拉试验场上的预定目标。这是俄罗斯第13次试射"布拉瓦"导弹，但仅仅是第6次成功命中目标。按计划，俄海军还将在2010年进行另外两次"布拉瓦"导弹试射，一次由"德米特里·东斯科伊"号核潜艇发射，另一次将由"尤里·多尔戈鲁基"号核潜艇发射。

从2011年开始，俄罗斯改用"北风之神"级战略核潜艇"尤里·多尔戈鲁基"号试射"圆锤"导弹，此后该导弹的发射成功率显著提高，当年共发射4枚导弹，其中1次失败。

2013年9月6日是第20次发射，试验失败。2014年共进行3次发射试验，全部成功。2015年只进行一次发射试验，情况不详，有说成功有说失败。2016年9月27日的第25次试验取得部分成功。

2017年6月27日和2018年5月22日，"圆锤"导弹又完成了两次重要的试射，前一次是"圆锤"首次以全射程、正常弹道的方式完成试射，后一次则是"圆锤"导弹首次实现4弹齐射。

2018年5月22日，俄罗斯海军在白海进行了一次弹道导弹试射，4枚"圆锤"潜射洲际弹道导弹从"北风之神级"战略核潜艇首艇"尤里·多尔戈鲁基"号上先后升空，命中位于库拉靶场的预定目标，4枚导弹齐射标志着该导弹已经进入技术稳定的状态。

历经多轮试射后，"圆锤"导弹的可靠性得到确认，俄军方已批准俄海军潜艇列装"圆锤"导弹。目前，"尤里·多尔戈鲁基"号潜艇和另外两艘"北风之神级"潜艇均已正式装备圆锤导弹，该级别的每艘潜艇可携16枚圆锤导弹。

在俄罗斯大陆"白杨"导弹可以打击世界上任何一个目标，"圆锤"导弹也可以在世界任何范围部署。这么先进的导弹，当今的任何反导武器都不可能对其有效拦截，尤其是美国现行的反导系统以常规战斗部采取碰撞方式进行拦截，拦截它几乎不可能。"圆锤"导弹采用固体火箭发动机设计，导弹可以长时间地保持在战备警戒状态，接到命令后，几分钟内就可发射导弹。"白杨"导弹和"圆锤"导弹是俄罗斯有效的核报复武器，对敌方发起的核战争可快速地采取反击行动。

"白杨"导弹和"圆锤"导弹可作为俄罗斯首轮核打击武器，首轮核打击就是对敌方的核力量进行打击，一般指打击对方的洲际导弹发射井等，使之核反击能力大大降低。要做到这一点，负责实施打击的核导弹必须有足够的射程，最主要要有较高的命中精度。尽管西方认为这两种导弹的命中精度还不足，但这两种导弹很容易采用最新的制导方式，使命中精度大大提高。目前外界猜测两款导弹的命中精度为350米，命中精度高的单弹头对摧毁导弹发射井非常有效，而分导多弹头可以对导弹群发起攻击。白杨-M导弹由条约限制而采用单弹头，但很容易安装分导弹头，当然为了突防敌方的反导系统，导弹必须做出一些技术上的妥协，即减少核弹头的数量，增加诱饵携带量。如果白杨-M的突防能力可以破世界上任何反导拦截系统，那么"圆锤"导弹肯定也采用这种突防技术。

"圆锤"为三级弹道导弹，其中第一和第二级为固体火箭发动机，第三级为液体火箭发动机。导弹长度为11.5米，弹径2.0米，发射重量为36.8吨，投掷重量1150千克，射程为8000千米~8300千米（甚至可能是9300千米），命中精度为350米。导弹可以携带6个分导核弹头和10个~40个诱饵。未来俄罗斯海基核力量将完全依赖"圆锤"导弹，尽管试验困难重重，据称俄罗斯已经装备部队使用。

乐器篇："巴祖卡""管风琴""短号"协奏曲

作为一种战场上使用的武器，很少有国家会给自己的武器，特别是杀伤力大的武器起个乐器的名称，但是，以乐器作为名称的武器的的确确存在，出现这种情况的原因一是武器外形像某种乐器，被戏称某某乐器，时间长了戏称变成了正式称呼，而正式名称却不为人知，美国"巴祖卡"火箭筒和"管

> 二战美军"巴祖卡"火箭筒

风琴"枪就是这种情况;第二种情况从一开始就被命名某某乐器,这种情况一般跟各国命名系统有关,比如某种类型导弹以某个字母开头,挑选一个比较贴切的作为正式名称(绰号),苏联/俄罗斯"短号"反坦克导弹属于这种情况。

坦克克星"巴祖卡"。巴祖卡(Bazooka)是20世纪10年代鲍伯·伯恩斯(Bob Burns)自己发明的一种管状乐器,在20世纪30年代流行一时。美国反坦克火箭筒因其外形像巴祖卡乐器而被称为"巴祖卡",作为乐器的巴祖卡还显粗糙些,因此并没有在世界范围流行开来,而"巴祖卡"火箭筒却在世界各地开花,以此为蓝本参考设计的火箭筒比比皆是,如果没有反坦克导弹的出现,"巴祖卡"和RPG都会成为反坦克火箭筒的代名词。

早在一战时期,美国人就已经意识到需要一款远程步兵反坦克武器来对付日益强大的坦克装甲车辆。一战期间诞生的坦克其外壳都是用非常厚的钢板制造的,厚度达到6毫米~12毫米,因此对于单兵普通火力(班用步枪和机枪）的武器都能够起到绝对的防御作用，只有反坦克炮可以击毁坦克。坦克一诞生各国就研制了反坦克武器，对于单兵反坦克武器，当时主要是大口径反坦克枪，这种枪的缺点一是重，枪管长，二是后座力大，射击的后坐力几乎把人的肩胛骨震裂。

早在一战期间，火箭在现代战争中的应用已经引起了交战各方的注意，不甘落后的美国在1918年夏开始启动一个关于研究单兵火箭筒的项目，其项目负责人是美国火箭技术的创始人之一罗伯特·哈金斯·戈达德（Robert Hutchings Goddard，1882年10月5日至1945年8月10日）博士。戈达德博士先后设计了多种方案，最后他认为步兵用火箭筒最合适的口径为51毫米，他设计出的火箭筒发射管全长1.68米，重量3.4千克，使用时射手须将发射筒架在自己肩膀上，以便随时调整射击方向，发射管后部则靠一个轻型两脚架支撑。配套的火箭弹长510毫米，质量3.63千克，其中战斗部质量1.81千克。1918年11月初，该火箭筒在美国陆军阿伯丁试验场进行了多次试验，最大射程曾达到685.8米，但这样一种似乎大有前途的武器因为一战结束而被打入了冷宫，戈达德博士的研究工作半途而废。

是金子总要发光的，戈达德火箭筒因为美国陆军上尉莱斯利·斯金奈而出现转机。斯金奈从小就对火箭有浓厚的兴趣，曾自行制造和发射过许多火箭，1931年，他被调到美国陆军军械部所属的阿伯丁试验场任职，在那里他继续利用业余时间制造和试验火箭。1940年，斯金奈被安排到火箭研究项目，该项目主要工作就是考察火箭是否有作为一种武器使用的价值。虽然没有资金，也没有技术支持，好在有戈达德1918年的设计蓝本，因此斯金奈和他的助手海军上尉爱德华·厄尔只用了不到一年时间就试验成功了一种采用滑膛身管发射、以尾翼稳定的简易肩射火箭筒。新型火箭筒十分成功，它的射程和精度经过多次测试完全满足了战斗需要，最大的问题是火箭弹威力不足，这个问题很致命。一战时期的坦克装甲厚度仅有6毫米～12毫米，使用戈达德博士的火箭弹可以毫不费力的贯穿。但是，二战时期德军的Ⅲ号、Ⅳ号主战坦克的装甲都在50毫米以上，51毫米火箭弹头全部装备高爆炸药，最大穿甲深度也不可能超过30毫米。

射程和精度再好也无法摧毁敌人坦克，美国陆军首脑威胁没有实质进展就取消斯金奈的火箭弹项目,在当年,火箭筒的特点制约了它的威力。应该说斯金奈的运气相当地好,当时正好有一位瑞士工程师带着他设计的空心装药战斗部来美国推销,正在试图开发一种反坦克步枪的美国人高兴地买下了这一专利。空心装药爆炸时产生的聚能效应(也称"门罗效应")大大提高爆炸威力。1888年,美国人门罗(Charles E.Munroe)在炸药试验中发现炸药爆炸后,爆炸产物在高温高压下基本是沿炸药表面的法线方向向外飞散的。因此,带凹槽的装药在引爆后,在凹槽轴线上会出现一股汇聚的、速度和压强都很高的爆炸产物流,在一定的范围内使炸药爆炸释放出来的化学能集中起来。1930年,伍德进一步改进了门罗的实验,在药柱的圆锥孔腔表面镶上金属(比重大的软金属,如铜)罩,可使穿甲能力大大增强,其原理是带锥形孔的空心药柱爆炸时,爆炸能量将金属罩向轴线压缩成金属柱(因为是软金属,很多资料称被压缩成液体),再以高速向前飞出,击穿坦克装甲。不知道为什么瑞士人掌握了这一技术,而美国军方却对此发明一无所知。1938年,一批瑞士专家就组织了一次新型的反坦克炸药表演试验,并且特别邀请了英国驻瑞士武官前往观看。在试验中,一发炮弹命中靶板后爆炸,并把很厚的靶板击穿。瑞士人想使英国人对这种新型的反坦克炸药感兴趣,并能购买这项技术。由于瑞士人要价很高,并对其详情秘而不宣,因此,英国武官暗中进行窥察,他发现这种新型炸药不过是市场上可以随意买到的诺贝尔黄色炸药。为了进一步探明这种炸药具有如此巨大的穿甲威力的奥秘,在第二次表演试验时,英国武官专门请来伦敦伍利治兵工厂的爆炸专家前来瑞士观看。英国人在探知了这一技术秘密——"门罗效应"原理后,很快就研制出世界上第一种反坦克空心装药反坦克榴弹枪。

购买瑞士专利后,美国人也在瑞士专利的基础上设计出了M10反坦克枪榴弹,虽然其性能出色,但因后坐力过大,找不到合适的载体,结果长时间无人问津。1942年春,斯金奈决定将这种M10战斗部应用在他的火箭筒上,为了能跟M10的尺寸相匹配,他将发射管的内径扩大到60毫米,重新制造了一套整体式发射管和使用手电筒电池的电击发装置,又加工了12枚装着假弹头的火箭弹,并成功地发射了其中的3枚。

斯金奈带着他的新设计和剩余的9发试验弹,前往阿伯丁试验场,其目的是在正规试验场上检验他的设计成果。运气又一次眷顾了他，当时试验场正在进行一项M10改进产品的表演性射击，一辆作为靶子的坦克正在试验场上行驶，许多军方高层人士都在观看表演。斯金奈和厄尔做出了大胆的决定，决心抓住这一绝好机会。他们未征得任何人同意，便在发射线的一端架设起自己的火箭筒。斯金奈日后回忆道："当时的情况是，坦克正在朝我们所在的方向开来，于是我们决定向它进行射击。厄尔用从地上拣来的一段金属丝做了一个临时的代用瞄准具，然后他打出了第一发弹，结果命中了目标，在坦克尚未转弯之前，我又用一发火箭弹打中了它……由于大家不熟悉火箭发射时所产生的特殊声音，那些陆军高级军官全都转向我们这边看，其中就有巴恩斯少将，他是地面军械发展部的负责人。巴恩斯走过来，拿起火箭筒打了一发并命中了坦克，其他人也都争相前来试射，直到把剩下的几发火箭弹全部打完为止……"官员们临时决定将这种火箭筒定为小批量生产项目。随后的事实证明，这项在试验场上作出的决策是十分正确的。

1942年5月19日，军械部与通用电器公司签订了在30天内生产5000具火箭筒的合同。在提前完成任务后，又安排了一次规格很高的射击表演，许多盟国代表应邀出席观看，在这次表演中，苏联人第一次接触到美国的这项发明，随后他们表达了希望得到这种武器的愿望，他们的要求得到了满足，首批数百具产品随即被运往苏德战场。这次表演的成功使得美国军方追加了大批订货。由于德军入侵北非，前线急需这种反坦克武器，绝大多数产品直接从工厂送往码头，然后装船运往北非，为了赶时间，有些火箭筒是用飞机空运到港口的。反坦克火箭筒正式走上战场接受考验，只是这时它还没有一个正式的名称。

1942年11月，在突尼斯战场上，首批得到这种武器的部队几乎没有经过训练就带着它们投入了战斗。尽管如此，火箭筒的使用效果却出乎意料地出色。来自北非的战报之一说，由于射手的紧张和开火时机过早，射出的数发火箭弹都偏离了目标，但被伏击的德坦克分队误以为自己遭到105毫米榴弹炮的射击，于是打出了白旗。不过这种武器至此仍没有正式的称呼，德军最初称之为"肩射炮"，美国大兵们则戏称它为"花花公子乔治炮"，后者这种带有明显色情意味的名字显然难登大雅之堂，于是有些人又把它叫作"巴祖卡"

（Bazooka），这个名字来源于当时一位名叫鲍勃·彭斯的美国广播喜剧明星表演时使用的一种粗管乐器，这种乐器与火箭筒发射管的形状十分相似。尽管这只是一种通俗的称呼，不是正规的军事术语，但谁也没有想到，这个名字会沿袭至今。

1943年5月美军攻打西西里岛的时候，"巴祖卡"在一次战斗中成功地击毁了德军4辆4型中型坦克和1辆"虎"式坦克。但事后经过分析，击毁"虎"式坦克的那发火箭弹是碰巧射中观察孔才得以穿入坦克内爆炸的。除了打击敌军坦克以外，"巴祖卡"可以有效对付德军大量装备的装甲车，在没有"巴祖卡"火箭发射筒的时代，装甲车是屠杀步兵的有效武器，一辆德军半履带装甲车，相对步兵来说基本等同于一辆轻型坦克，它的机枪和机关炮可以在步兵火力射程之外轻松打死一排排的步兵。

从欧洲西线战场到东线战场、太平洋战场，都有"巴祖卡"的身影，这种武器不仅用来击毁敌人装甲车辆，还可以攻击敌人防御工事。虽然"巴祖卡"在使用中发现存在很多问题，但至少法西斯敌人坦克不敢再肆意屠杀盟军士兵。

新式武器的初期经常伴随着一些问题，特别是急于走上战场的武器，"巴祖卡"火箭发射筒也存在这个问题。西西里岛战役期间，盟军部队中装备了少量的M1A1（发射的是M6A1改进型火箭弹），战斗中发现"巴祖卡"一些问题，例如当"巴祖卡"在发射时会产生大量的尾烟，这样会暴露射手的位置。在战斗中，"巴祖卡"小队的队员们为了向装甲目标射击，不得不将自己的身体暴露在敌人的攻击之下，因此伤亡十分巨大。

在太平洋场，"巴祖卡"也存在着可靠性的问题，在使用中，"巴祖卡"的电池点火系统容易损坏，并且"巴祖卡"的火箭发动机也会因为长期暴露在潮湿，高温和高盐份的空气中而失效。

"巴祖卡"另一个比较严重的缺点是需要一人瞄准一人装弹。由于"巴祖卡"的弹药保险机构不是很可靠，提前装弹容易出现走火的情况，所以一般都是在临发射前才装填弹药。发射时，射手肩扛火箭筒对准目标，装填手从专门的弹药携行具中取出火箭弹，经过除去保险，填入火箭筒内（完成这个动作一定要小心，因为解除保险的火箭弹在很小的撞击下就有可能爆炸），连接导线，然后才能发射。在装弹这段时间内，射击手和弹药手都必须保持站姿或者立姿这样的射击姿势，所以目标很大，极容易中弹。

根据北非战场的经验，1942年12月，"巴祖卡"M1型火箭筒又经过改造，比如改变的容易瞎火的M6火箭弹，最终在1943年7月推出了新式的M1A1火箭筒，这也是二战中美军主要装备的火箭筒之一。

之后根据苏德战争和太平洋战场的经验，推出了M9型和M9A1型火箭筒，主要用于在严寒冬季和丛林等地形下作战，改装光学瞄准器和点火装置，总体来说它们各方面性能和M1A1火箭筒基本一致。

随后，这三种型号的"巴祖卡"大量装备美军，每个美军主力步兵师装备557具"巴祖卡"，每个团装备112具，每个营29具，每个连5具。随着美军参加了西线全部的战役。

"巴祖卡"火箭发射筒作为单兵反坦克武器，从设计和使用上十分成功，因此很多国家都进行了仿制，美国原装"巴祖卡"在世界范围内用到20世纪70年代才退役，而"巴祖卡"设计概念火箭发射筒至今仍是第三世界重要的单兵反坦克武器。

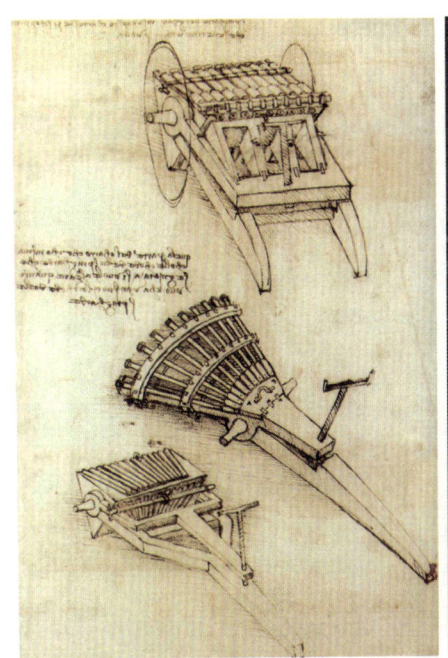

> 欧洲历史上的"管风琴枪"

死亡"管风琴"。所谓的"管风琴枪"（Organ Gun）是以其成排的枪管类似教堂中的管风琴的管子而得名，有时也被称为"排放枪"（Volley Gun），通常是将许多枪成排装在小车上，可以很快地同时发射。"管风琴枪"最主要的缺点就是装填问题没有解决，在发射后必须靠人力一支支地重新装填，而且也没有瞄准可言，只能在指定到狭隘的地点作为防卫击退大批敌人冲锋之用。

最早的"管风琴枪"出现在1339年比利时，比利时根特城的军队号称有200门"管风琴枪"。"管风琴枪"首次有记录在战斗中使用是在1382年，比利时根特的军队带着数门这种武器进攻布鲁日，当时的"管风琴枪"是把多根小口径炮管安装在轻型轮式马车的底座上，各根炮管的火门由一根火绳连起来，点燃火绳后枪管就会相继击发，这种武器并排安置的枪管在有些人看来很像是管风琴的琴管，因此它们也被称为"管风琴枪"或者是"死亡管风琴"。

"管风琴枪"的优点是一次射击出的子弹密集，可以集群杀伤敌人，但是，这种枪也存在很多严重的缺陷，最大的缺点在于武器击发后需要给每根枪管从枪口填入新的弹药，射击间隔很长，不能持续地射击，因此这种武器只能被用于支援任务或者辅助角色。

1625年，英国人威廉·得鲁蒙德发明了"雷霆枪车"，这实际上也是一种"管风琴枪"，发明者宣称只要两个人操作就可以对抗一百个士兵。在美国南北战争时，美国出现一种"管风琴枪"的变形："比林赫斯特·里夸阵地枪"（Billinghurst Requa Battery Gun），这种枪被交战双方架设在阵地以对抗敌人的冲锋。

19世纪中期英国发明的"范登堡排放枪"（Vandenburg Volley Gun）可以看作是一种改良的排放枪，它由85支枪管组成，枪管被安装在一个大圆桶内，子弹置于弹筒上。使用时，从后面装入事先填好子弹的弹筒，弹筒上有螺纹，枪筒后方也有螺纹，只要沿着螺纹旋转就可以装入弹筒，此刻，弹筒就变成所有枪管的枪膛，每颗子弹都对准一个枪管，摇动曲柄，就可以射击，一颗颗子弹就会通过枪管射出。

"范登堡排放枪"与普通"管风琴枪"不同之处在于："管风琴枪"的所有枪管是置于同一个平面上的，排列在木车上。而"范登堡排放枪"的枪管排列成近似圆形的形状，如同蜂窝。"范登堡排放枪"实际上并不算革命性的武器，因此也没有进一步发展下去。

> 苏联和俄罗斯的 9M133"短号"反坦克导弹

致命的"短号"

在研究取代第二代 AT-5"拱肩"反坦克导弹时,军事专家根据在阿富汗的实战经验和对未来战争的深刻分析认为,在任何作战情况的反坦克导弹在战斗中,目标只有 30%～35% 是坦克和装甲车,在绝大多数情况下,反坦克武器都可以用作伴随步兵作战的轻型火炮,用来打击各类掩体和野战工事。这种多用途的要求,成为研制第三代 AT-14"短号"导弹最根本的依据,对其技术性能的选择有直接的影响。"短号"反坦克导弹是一种威力强大得多用途突击武器,主要装备团级以下部队。导弹既可以搭载在越野汽车、装甲车和坦克上使用,也可在地面上发射,不仅用来对付具有披挂反应装甲的新型主战坦克,而且可用来攻击各类野战工事。

"短号"反坦克导弹由苏联 / 俄罗斯图拉仪器设计制造局研制,1994 年 10 月首次亮相,俄罗斯编号为 9M133"短号"(北约代号为 AT-14"遗迹守护者"),用于取代有线制导的第二代 AT-5"拱肩"式反坦克导弹。俄罗斯生产和装备了大量的"短号"反坦克导弹,目前出口使用国或未经证实的使用国多达 20 余个,叙利亚内战期间,"短号"导弹大量使用,一度成为当年叙利亚战场的明显武器。"短号"反坦克导弹虽然属于反坦克武器，具有较强的破甲能力，但实际上却是战场多面手，是为完成更广泛的作战任务而设计的。

"短号"反坦克导弹弹径152毫米，采用鸭式布局，前面有2片可以折叠的鸭式舵，弹体为圆柱形，尾部有4片折叠式梯形稳定翼。它的外形就像小型的AT-7"混血儿"导弹。其动力装置由1台起飞发动机和1台续航发动机组成，起飞发动机把筒装导弹推出发射筒后，续航发动机便开始工作，使导弹获得最大飞行速度240米/秒。导弹最小射程100米，最大射程5500米，夜间最大射程3500米。为了对付不同的目标，"短号"反坦克导弹配备了2种战斗部，即9M133-1反坦克战斗部和9M133F-1多用途战斗部。

当攻击坦克，特别是披挂爆炸反应装甲的主战坦克时，使用9M133-1双级串联聚能破甲战斗部。导弹的结构与常用的新型反坦克导弹结构差不多，从前向后分别是：引信、前置小型战斗部、续航发动机、主战斗部、制导电子组件、起飞发动机和4片尾翼。前置战斗部用来击穿和引爆爆炸反应装甲，主战斗部用于击穿坦克的主装甲，可穿透1200毫米的轧制均质装甲，破甲厚度与弹径之比为8～8.5∶1，可以摧毁所有装备附加或内置爆炸反应装甲的现代和未来坦克，也可穿透厚达3米～3.5米的混凝土防御工事和建筑。9M133-1反坦克战斗部的前置战斗部和主战斗部之间的续航发动机，可以保护主装药不会被前置聚能装药破片和损毁的爆炸反应装甲碎片提前引爆，增大聚能焦距，增强穿甲能力。

当用于对付一般野战防御工事时，使用9M133F-1多用途燃料空气战斗部，利用"温压"效应，对各类掩体、碉堡、建筑物、无装甲防护的车辆和壕沟内的人员等予以摧毁和杀伤，也能对付战术导弹和防空导弹，机场飞机和水面舰艇等目标。该战斗部内装有铝粉，可以提高爆炸冲击波的超压，增强杀伤效果。

该导弹采用半自动激光驾束直瞄制导系统，导弹发射后进入到地面激光照射器发出的激光波束旋转飞行，射手利用昼夜瞄准镜瞄准目标，同时激光照射器发出的激光束也照射目标，导弹自主"感觉"到所处激光束中的位置，不断产生修正指令，使导弹沿着激光波束轴线飞行，直至命中目标。该导弹可以单枚发射，也可两枚齐射。此前的老式苏联/俄罗斯反坦克导弹都需要一根数千米长的信号线来操控，不仅飞行速度慢，对使用者的技能和经验也有很高的要求，例如"萨格尔"导弹通常四发仅有一中，未经训练的新手命中率更低至百分之二。

"短号"导弹在能见度好时能打五千米，由于使用了西方技术的热像仪，"短号"在恶劣天气下也可以打仗，比其前辈大有进步。其十千克的重型高能弹头足以贯穿一米多厚的钢板，或者四米厚的钢筋混凝土，威力不亚于重炮。俄罗斯生产的出口型"短号"E在最新改进之后可以飞行八千米，亦完全可以承担一部分重炮的火力支援功能。俄军未将"短号"视为专用的反坦克导弹，而把它作为一种既能打战车，也能打碉堡和人员的万能导弹来看待。

一是不受导线的限制，能够在坦克数倍射程外对付装备爆炸反应装甲的现代和未来坦克；二是具有多用途，能够摧毁混凝土工事、各种轻型装甲车辆和建筑物；三是抗干扰能力强，在恶劣天气状况和敌人雷达/光学干扰的情况下，都具有优异的昼夜作战性能。这是基于激光驾束制导实现的，在恶劣环境下，发射系统的高能半导体激光器通过光学瞄准镜或热像仪为导弹提供制导和目标显示，因此，"短号"反坦克导弹具有在不同状况下对付各种目标的"即见即射"性能。

与世界上其他较先进的反坦克导弹相比，"短号"反坦克导弹性能优异，有许多自己的独到之处：

首先，该导弹使用方便，免维护，因此省却了配备高素质维护人员的必要。拿俄罗斯军官的话来说，就是"只要会打鸟，就会用'短号'"。

其次，与西方国家普遍使用的"发射后不用管"的导弹相比，"短号"反坦克导弹采用"即见即射"的发射模式和激光驾束制导方式，能够确保导弹在最大射程发挥威力。对于西方普遍采用的长红外波段的热像仪来讲，无法对付与背景区别不明显的目标（如掩体、土质和木质碉堡、机枪掩体和其他工事），特别是在被动干扰的情况下，就几乎没有多少战斗力了。第三，"短号"反坦克导弹的抗干扰能力较好，不像"陶"式、米兰–2T、霍特–2T、"竞赛"反坦克导弹那样受到干扰后，导弹定位通道失效而使导弹效能大大降低，"短号"反坦克导弹能够完全避免俄罗斯窗帘–1式、以色列钢琴·小提琴–1

式光电干扰装置的干扰。而且，即便"短号"反坦克导弹的制导保密激光束交叉和平行，也不会影响对导弹的制导。

另外，"短号"反坦克导弹的使用经济性较好，西方"发射后不用管"的反坦克导弹的价格要比"短号"反坦克导弹的价格高得多，约高出5倍～7倍。

"短号"反坦克导弹研制之初，为便携式反坦克导弹，利用三角架发射装置发射。"短号"反坦克导弹应用日益广泛，设计师又专门为它研制了几种发射装置。

第一种是便携式9P163M-1，该导弹系统包括发射筒、三脚架、1P45M-1制导和瞄准装置和触发装置总成组成。"短号"反坦克导弹平时储放在发射筒内，发射前不需检测即可发射。发射筒和瞄准镜安装在三脚架上，可水平360度旋转。其支架可以调整，以便于在战场上固定到合适的位置，潜望瞄准镜安装在发射架的左边，左为高低手动控制装置，右为方向手动控制装置。"短号"反坦克导弹由1P45M-1制导和瞄准装置或CV激光瞄准镜制导。而且发射装置易于安装或换装重8.5千克的1PN79M-1型热像仪。1PN79M-1型热像仪集成有红外信号探测器、控制和冷却包的光电装置，电源为镍镉电池。在运输和机动过程中，9P163M-1发射器折叠成一个紧凑的结构，热像仪保存在密闭容器中，发射装置重29千克，发射筒（含导弹）重25千克，可以通过人力或其他任何运载工具运送到战场的任一角落。便携式"短号"反坦克导弹可以采用俯姿、跪姿和立姿发射，而且发射前不需特别准备。

第二种是车载式9P163M-1，该导弹系统采用模块化设计，重量轻，尺寸小，安装点比较多，因而也可根据需要安装在吉普车等车辆平台上使用。车载式9P163M-1发射装置，一般有一个或两个发射筒，配备自动装弹机，采用稳定式瞄准镜，增强了整个武器系统的威力。

第三种是独立式9P163-2"四重奏"武器站，主要用于轻型车辆，装备机动作战部队，包括一个炮塔，炮塔上装有4具"短号"反坦克导弹发射筒、1P45M-1制导和瞄准装置、1PN79M-1型热像仪、光电设备和射手座。另有5枚备用导弹分开放置。整套系统重480千克，炮塔可360度旋转。该发射器拓展了"短号"反坦克导弹的战场适用性，目标搜索过程简单，跟踪过程通过机电装置自动进行，可直接发射4发待发弹而无需重装，一次齐射可发射2

枚导弹以对付同一目标（这两枚导弹由同一个激光束制导）。

2003年，美国发动的伊拉克战争中，开战第一周"短号"就打坏2辆美国M1"艾布拉姆斯"坦克。黎巴嫩战争中，真主党武装专门用"短号"导弹攻击以军最新、防护能力最好的"梅卡瓦"4型坦克，以军用炮击掀起沙尘干扰瞄准的法子，对于有热像仪的"短号"不起作用，先后有五十多辆"梅卡瓦"被击毁击伤。以军缴获的真主党"短号"发射筒上还留有叙利亚政府军和俄罗斯图拉KBp兵工厂的标记，此事令俄以关系大为紧张。但以色列从来不靠抗议立国，他们迅速拿出了特色解决方案："奖杯"主动防护系统，2014年，以军与哈马斯在加沙外围又展开一场恶战，在这次"护刃行动"中，"奖杯"拦截系统成功破坏了哈马斯武装射来的十五枚"短号"。

俄军原本打算用重型的"短号"和轻型的"萨克斯号"导弹来取代之前的各类俄罗斯老式导弹系统，但因为缺钱而没法全面替换，结果"短号"很快也被拿来换取硬通货。由于军火商的倾销和各种头衔的"运输大队长"的不懈努力，"短号"导弹已经扩散到各类叛乱分子的手中。虽然俄方一直否认参与乌克兰内战，"亲俄武装"却在使用新近生产的俄国"短号"，未爆的弹体上还有2009年的出厂日期，而控制电路的手工焊接之粗糙，也让外界大跌眼镜。

"短号"导弹并不能代表最新导弹技术，但它相比以前旧的俄式导弹确实有很大的提高，不仅威力奇大、射程超远，而且使用也非常可靠简单，激光制导非常难以干扰。此类军武一旦落入游击队和各类叛乱武装手中，则很容易成为改变天平的砝码。

中东战事中，"短号"最经常扮演的是狙杀的角色。把导弹、发射架和光学部件分成大块，用三个民兵就能徒步搬运扛到安全隐秘的位置，不到一分钟可以向五千米外的车队射出两枚导弹，比任何狙击步枪都好使。敌军即便能够及时发觉来袭者的位置，也缺少足够远射的武器来反制，使它成为一款远程偷袭狙杀重器。作为一种无法防御的多用途的导弹，如何发挥"短号"导弹的潜力则要看士兵的想象力。

在阿以冲突中，真主党武装用"短号"六发齐射的方法袭击以军巡逻队和救援人员。在叙利亚战场，反对派民兵用"短号"击落过低飞的政府军直升机。ISIS"伊斯兰国"甚至用"短号"打掉了一艘埃及军舰。十几年前，恐怖组织最多只能搞到老式的 AT-3"耐火箱"或 AT-5"拱肩"反坦克导弹，这些早期设计的导弹尾部都拖有一根传输控制信号的导线，在水面之上很容易失控而打不中。

2014年，伊拉克政府军至少有五辆美制"艾布拉姆斯"坦克被 IS 武装的"短号"打坏。抓狂的伊拉克人索性也进口了"短号"导弹来与"伊斯兰国"对抗，形成了交战双方都在使用同一款武器的怪象。在阿拉伯半岛另一侧，胡赛武装分子也拿到了代理人提供的"短号"导弹，使不少疏于训练的沙特陆军"艾布拉姆斯"坦克成为炮灰。在北非，俄罗斯出口给苏丹的"短号"导弹有不少被喀土穆的敌人掳获。2013年叙利亚内战期间，降落在大马士革国际机场的安东诺夫运输机一次就给叙利亚政府军运来一千枚"短号"，这些导弹旋即很快出现在叙利亚自由军等反对派武装手中。

工具篇："长钉"的导弹传说

钉子只是普通的工具，作为武器名称并不像刀、剑、斧、矛、锤等听上去就很拉风的感觉，相反，"钉子"给人的感觉太平庸。但是，给反坦克导弹起"长钉"（Spike）名字却也恰如其分，丝毫没有不和谐的感觉，导弹像钉子一样刺破坦克或装甲车辆的装甲，给飞机、坦克、军舰和弹道导弹起上个这个名字就让人摸不着头脑了。

叫"长钉"的导弹有以色列反坦克导弹和美国海军反轻型装甲袖珍导弹，前者是以色列20世纪末期自行研制发展的第四代反坦克导弹，而后者作为海军陆战队和海军特种部队队员的便携式武器，它也

> 以色列推出的"长钉"反坦克导弹

可为美国陆军部队提供一种价廉（每枚导弹4千美元）的制导武器，用于关键场合击毁敌方轻型装甲车辆，甚至可以攻击小型舰艇和低速低空的飞机。

以色列在20世纪80年代曾推出了庞大的反坦克导弹发展计划，包括"哨兵""玛帕斯"和"弗莱姆"等多种型号，这些反坦克导弹性能并不出众，适用性也欠佳，因此没有装备使用。20世纪90年代，拉斐尔公司在细心研究了美国"陶"式和"标枪"反坦克导弹的设计后，推出了"长钉"反坦克导弹系列，这款导弹性能优异，很快在国际市场成为热门武器。

"长钉"导弹采用常规气动布局，跟美国"陶"式导弹类似，都采用2组矩形弹翼，弹体尾部的为稳定翼主要用于飞行稳定控制；弹体中部的是控制飞行姿态的弹翼，主弹翼平时呈折叠状态，发射后自动弹出。美国"陶"导弹的主弹翼向后折叠，而以色列"长钉"导弹向前折叠，两型导弹的尾翼都向前折叠。向前还是向后折叠没有明显的优劣之分，跟导弹内部系统设备布局有关。

1997年，"长钉"系列导弹秘密进入以色列国防军服役，有可能曾多次用于以色列与周边的冲突中。1998年11月，拉斐尔公司与欧洲长钉集团（Eu-roSpike，由阿特拉斯公司、迪尔公司和莱茵金属公司组成）签定商业协议，由后者负责在欧洲市场宣传、生产、销售和维修拉斐尔公司的反装甲武器系统。拉斐尔公司还与欧洲导弹集团（MBDA）达成协议，合作开拓欧洲和其他海外市场，这一措施使"长钉"成为了国际性武器，为其日后市场推广创造了条件。"长钉"导弹原型在1999年正式通过防务展公布。

除了性能优异外，"长钉"导弹的设计上特别注意多用途和适装性，这也是后来该型导弹成功的重要因素。"长钉"导弹的型号众多，性能各异，其名称都经历很大的变更。最初的"长钉"家族被称为NT（Nun Tet）家族，即希伯莱文的"反坦克"之意，主要包括三种不同型号，即"吉尔"（Gill）反坦克导弹，其最大射程2500米，1999年6月的巴黎航展上第一次公开展示；"长钉"反坦克导弹，其最大射程4000米，1999年由以色列陆军解密；"丹迪"（Dandy）反坦克导弹，其最大射程8000米，1999年11月首次公布。2002年，为了加强在国际市场上的竞争力，拉斐尔公司宣布将原来NT家族更名为"长钉"家族，包括短程型的长钉-SR、中程型的长钉-MR和远程型长钉-LR，以及增程型长钉-ER，导弹射程从800米到8000米不等，2009年公布的新型非瞄准线型长钉-NLOS，最大攻击距离可达25千米。

"长钉"导弹的基本结构从前到后分别为导引头、前战斗部、飞行姿控发动机、电池组、主战斗部和主发动机。发射装置由命令发射单元、热成像仪和三脚架组成。"长钉"反坦克导弹家族中，长钉-SR/MR/LR均为轻型便携式（长钉-ER也可使用重型三脚架），发射系统完全通用。其全系统组成包括导弹（发射前封装在一次性使用的发射筒内，有效期20年）、发射控制单元（CLU）、热成像仪和三脚架。每枚导弹加上包装筒重13千克，发射控制单元重9千克（不带热成像仪重5千克），三脚架重3千克，电池重1千克。发射控制单元可以在长钉家族多种型号之间通用。热成像仪视场10度，放大倍率3.5倍，最大探测距离3000米。昼间光学瞄准镜视场5度，放大倍率10倍。在昼间情况下，射手使用10倍放大倍率、视场为5度的昼间瞄准镜，在夜间则使用热成像仪。三脚架高度可调节，射手可选择采用跪姿、坐姿、卧姿和半蹲姿势操纵，战斗准备时间仅10秒。所有"长钉"家族的成员的全寿命费用都很低，不仅因为它有很高的可靠性和可操纵性，而且零部件通用率非常高，后勤供应简单。导弹系统反应迅速、使用便捷，可在30秒内准备完毕进行发射。导弹战斗部采用串列高爆双弹头结构，前面的小型战斗部用于引爆敌坦克上的主动反应装甲，后面的大型战斗部用击穿坦克主装甲。

导弹密封内置在1个一次性发射筒内，使用时安装在发射装置上，发射时，通过1个10倍率和5度视域的昼间视域或热成像瞄准器（最大探测距离3000米）视域，获得目标并利用十字形瞄准点进行对准。导弹发射离开发射筒后随即展开4片弹翼，导弹沿高抛线轨迹运行，接近目标时受驱动向下采用"攻顶"方式攻击目标。长钉导弹的训练包括目标识别和捕捉、导弹锁定和追踪观测（杀伤效果评估）。拉菲尔公司还研制了专门为单兵训练准备了两套模拟器。户外模拟器将训练士兵对真实目标进行瞄准和模拟发射。室内模拟器则训练士兵在瞄准和发射后使用光纤数据传输系统控制导弹。

"长钉"导弹电压耦合元件（CCD）加红外成像（IIR）的主动制导，早期型号长钉-MR、长钉-LR、长钉-ER导弹采用无线电数据传输，而长钉-SR采用人在回路的激光传输。电压耦合元件是最常用的机器视觉传感器，机器视觉系统实际上是一个光电转换装置，即将传感器所接收到的透镜成像，转化为计算机能处理的电信号。光电转换装置主要在昼间、较好的天候条件下使用，拉菲尔公司之所以选择这种光电图像转换系统，而放弃了其他国家反坦克导弹常用的毫米波雷达、激光驾束等制导体制，主要是考虑到与其光纤数据传输链路配合使用。光纤制导优点众多，如比普通导线更好的延展性和更小的体积、高效的数据传输能力、不向空间辐射电磁波带来的隐蔽性。

除了光电图像转换装置，"长钉"的导引系统还包括一个红外成像导引头，以色列方面并没有公布该红外导引头是否为焦平面阵列，但强调了其具备很高的灵敏度，对背景热量掩盖下的目标有很强的分辨能力。这种双重体制导引头保证了"长钉"导弹极高的命中概率和全天候作战能力。

"长钉"家族除长钉-NLOS以外的所有型号全部采用串联战斗部，拉菲尔公司研究人员认为，随着爆炸式反应装甲的广泛使用，单战斗部的反坦克导弹已经很难击穿坦克装甲，串列双重战斗部是未来反坦克导弹技术发展的必然趋势。"长钉"反坦克导弹的前战斗部将引爆坦克上附加的爆炸式反应装甲，而主战斗部将紧随其后，撕开坦克主装甲。为了更有效的打击重装甲目标，"长钉"家族反坦克导弹均采用了高抛物线飞行弹道，接近目标时做俯冲攻击，不仅避开了主战坦克厚重的前装甲，而且高抛物线弹道使"长钉"导弹受地形障碍的影响更小，能更有效地在山地、丘陵地形作战。双重串列战斗部加上"攻顶"模式使"长钉"导弹成为穿甲威力最大的反坦克导弹之一。

长钉-SR/MR/LR三种型号都采用两种作战模式，其一为"发射后不管"模式，在发射后不管的模式下，射手激活导弹并将瞄准线锁定目标后即可按下发射按钮。导弹将自主制导飞向目标，无须射手做追踪瞄准，这也是当前各国新一代反坦克导弹的共有特性。射手在发射导弹后可以迅速转换发射阵地或进行再装填（"长钉"家族的再装填时间均低于15秒），由此获得了更高的战场生存力；其二则是"发射＋观察＋修正"模式，此模式与早期有线制导反坦克导弹攻击模式相仿，但由于光纤数据传输链是一个自封闭的系统，外界无法对其实施干扰，因此其作战效率要高得多。此外，光纤数据传输链路不仅能将射手获得的目标信息传输给导弹，使其精确攻击目标，还能将导引头获取的实时战场景象传回给射手，图像回传能力使"长钉"导弹的使用者可以清晰的看到攻击画面，从而实现远程杀伤效果评估。而且这种能力最大的潜力是实现网络中心战的理念，即将每部导弹发射系统通过战场局域网与其他作战单位和高级指挥机构联结起来，导引头摄下的战场实时画面不仅可以传回给射手，还可以通过网络实现与其他作战单位和指挥机构的数据共享，从而使战场态势更加透明化。

长钉–LR/ER型还增加了第三种战斗模式——"发射并全程操控"（Fire and Steer）模式。这意味这射手无须在发射前锁定目标，而可以先将导弹放出去，巡弋至目标可能出现的区域，通过光纤数据传输链传回的图像信息搜索目标，如果发现目标便通过光纤传输数据控制导弹攻击目标，射手也可在确认目标后切换至"发射后不管"模式。这种非瞄准线操纵模式已经运用在了欧洲导弹集团研制的"独眼巨人"导弹上，它也是美国未来反坦克导弹系统准备采用的技术。

"长钉"是以色列20世纪末期自行研制发展的第四代反坦克制导武器。"长钉"堪称是现今世界一流的反坦克导弹，它集前三代产品优点于一身，在众多反坦克武器中已赢得一席之地。为适应复杂多变的高技术战争需求，"长钉"已发展为一种多平台的反坦克导弹，导弹系统既可选择单兵肩扛或三脚架支撑发射，又能安装在车辆、舰船和直升机上挂载使用，因此已被广泛运用于步兵、特种部队、海军和空军。

"长钉"导弹的许多性能与美国"标枪"类似，但其价格却要低得多，因此除了以色列国防军，北约的多个成员国、新加坡、印度、智利和哥伦比亚等国均装备有"长钉"导弹系统，韩国还引进最新型的"长钉"NLOS非直瞄发射系统用于自研的发射平台上。

美国研制的袖珍导弹之一就是"长钉"反轻型装甲导弹，20个世纪90年代末期，长期海外部署作战的美军根据实战经验发现，美军要面对的不仅仅是大型的军事设施以及主战装备，还有一些具有高隐蔽状态的、可移动的武器，这些武器对美军的杀伤更大，例如：路边炸弹、无人机、汽车炸弹等。由于面对这些目标的通常是单兵，而非装甲车、坦克等重型装备，因此，美军士兵十分缺乏一种灵活作战的武器来应对威胁，在这种情况下，美军开始开发微型导弹。

"长钉"微型导弹是由美国海军空战中心武器分部负责研发的，该导弹于 2006 年 5 月 26 日研发技术并试射，试验取得了良好效果。"长钉"微型导弹的长度为 0.635 米，弹径为 5.625 厘米，弹重 2.4 千克，战斗部重 1 千克，射程为 3.2 千米，这是世界上最小的导弹。

"长钉"微型导弹采用了"发射后不管"的设计，而且制造成本非常低廉，一经面世，就立刻吸引了美军的注意。"长钉"导弹小，操作也非常简单，地面部队人员仅需 15 分钟的训练就能上手使用，导弹可以有效对付 3.2 千米远的轻型装甲目标，由于"长钉"导弹具备很高的制导精度，可以减少附带损伤。由于这种导弹价格低廉，适合在前沿部队中大量部署，对付低价值目标。"长钉"导弹除了在地面部队具有应用潜力外，它还是战术无人机的理想装备，或者装备水面舰艇对付集群小艇和轻型飞机，用途相当广泛。

在 3 次试验中，导弹在发射后 1.5 秒内就能达到 960 千米 / 小时的速度，在预定时间内，制导系统控制导弹横纵及滚动动作。在第一和第三次飞行试验中的机动加速度是 4G，第二次是 6G，今后的试验飞行将放在系统机动能力极限量的限定方面。

美官员称，"长钉"导弹可解决 80% 的问题，并不是对付战场上所有威胁目标，但它对散布面广的机动目标有极大的杀伤力，在 24 个月内就能生产大量装备部队使用。

但是，在使用一段时间后，美军对于"长钉"微型导弹还是有一些不满，最主要的不满在于"长钉"微型导弹的全重 2.4 千克超出了美军士兵对于微型导弹的定位，美军对于微型的要求显然要更高。于是，美国雷声公司开始了更小导弹的研发，这就是比"长钉"导弹更小的"长矛"导弹。与"长钉"微型导弹相比，"长矛"导弹的体型更加微小，导弹重量仅有 0.771 千克，导弹长度为 0.427 米，弹径只有 4 厘米。该导弹的射程为 2000 米，采用高爆破片杀伤，杀伤半径为 10 米。如此微小的身躯使得"长矛"导弹完全可以装到步枪榴弹发射器上进行发射，由于"长矛"导弹采用半主动激光制导，因此需要两名士兵进行操作，一名士兵负责发射，另一名士兵负责使用激光指示器瞄准目标。可以说，长矛完全符合了美军现阶段对于微型导弹的需求。看起来，在武器这个圈子，"长矛"果然是要比"长钉"好用。

18 最美不过家乡水
以地名命名的武器

世界各地的武器在命名上虽然有很大差别，但是也有不少的相似之处，例如以地名来为武器命名就是一种很常见的做法。尤其是各国的海军舰艇，以地名来命名相当普遍。

最钟情是城市

以城市来为舰艇命名是世界各国海军最常用的做法。中国人民海军成立之后，对国民党海军起义、投诚的作战舰艇继续以城市来命名，例如"长治"号就被以人民军队的诞生地——英雄城南昌重新命名为"南昌"号。

美国海军用城市命名的舰艇数量最多，其在19世纪末到20世纪50年代前的巡洋舰基本都是以城市命名，总数在140多艘。二战期间，美军巡洋舰征战太平洋和大西洋，为战胜日本和德国法西斯立下了很大功劳。在战争期间，美军共战沉10艘，战伤84艘次，全部都是在太平洋战场。其中在瓜岛战役期间，美军巡洋舰损失最大，共有5艘重巡、2艘轻巡战沉，另有8艘重巡、4艘轻巡遭到重创。特别是在1942月8月8日第一次所罗门海战、11月12日瓜岛海战和11月30日的埃斯佩兰角海战中，美军巡洋舰损失最惨重。第一次所罗门海战，美军"文森斯"号、"昆西"号、"阿斯托里亚"号重巡战沉，"芝加哥"号重巡坐底；瓜岛海战中，"波特兰"号重巡遭重创，"亚特兰大"号轻巡战沉；埃斯佩兰角海战中，"北安普顿"号重巡战沉，"明尼阿波利斯"号和"彭萨科拉"号重巡遭重创。

美军巡洋舰在太平洋战争爆发后第一年里损失惨重，主要是因为缺乏夜战能力、雷达性能不好以及组织指挥能力差。而日本海军却具有很强的夜战能力，并且有射程达20千米的610毫米九三式氧气鱼雷。在瓜岛战役期间美军损伤的巡洋舰，大都是日军九三式鱼雷的战果。

但是随着美军新型雷达的性能、官兵经验和作战技能不断提升，在太平洋战争中后期就彻底扭转了夜战能力差的局面，反过来对日本海军构成了极大优势，而巡洋舰的损失也越来越少。而一些二战期间新建的巡洋舰还继承了战沉巡洋舰的舰名，并参加了最后的对日作战，例如"巴尔的摩级"重巡就有2艘分别继承了"昆西"号和"芝加哥"号的舰名，在1945年7月14日对日本釜石进行炮击，这也是美国军舰首次炮击日本本土。

现在美国海军以城市命名的舰艇主要是"洛杉矶级"攻击核潜艇，以及"自由级"濒海战斗舰。不过，随着"洛杉矶级"核潜艇逐步被"弗吉尼亚级"所取代，城市命名的核潜艇也将逐渐消失。

澳大利亚海军虽然规模不大，却是西方国家里最喜欢用城市来命名舰艇的国家。从一战开始到现在，澳大利亚海军的作战舰艇一直是以城市来命名，尤其是几个著名城市——堪培拉、悉尼、墨尔本、布里斯班、珀斯、阿德莱德，已经用了好几轮了。也就是"舰歇名不歇"，老舰退役之后，原来的舰名就交给后来的新舰继续用。100年里，这些城市被命名过巡洋舰、航母、驱逐舰、护卫舰，过足了舰瘾。例如"墨尔本"号在1955年到1982年是轻型航母，1992年到现在则是"阿德莱德级"护卫舰5号舰；"悉尼"号更是用了5遍，在1912至1928年是"城级"轻巡洋舰，1935至1941年是改进的"利安德级"轻巡洋舰，1948至1973年是轻型航母，1983至2015年是"阿德莱德级"护卫舰3号舰，现在又被定为2020年服役的"霍巴特级""宙斯盾"驱逐舰3号舰。

苏联海军主要是以城市来命名一些大型作战舰艇。1948年，苏联海军把从意大利海军手中接收的赔偿舰——"凯撒"号战列舰就被命名为"新罗西斯克"号，装备给了黑海舰队。但在 1955 年 10 月 29 日凌晨，"新罗西斯克"号战列舰在塞瓦斯托波尔港突然发生了大爆炸，爆炸的威力在 1200 吨 TNT 左右，瞬间将舰体侧面炸出一个大口子，导致舰体大量进水并开始倾斜。而当时的黑海舰队司令员巴尔赫米科上将指挥救援不力，最终导致该舰倾覆，608 名官兵死亡，酿成了苏联海军史上最惨重的一起事故。关于"新罗西斯克"号爆炸的原因，至今众说纷纭。苏联官方给出的调查结论是遭到二战时期德军在塞瓦斯托波尔港布设的残余水雷爆炸造成的，但疑点仍然很多。阴谋论者更是认为该舰是意大利不甘心该舰落入苏联手中，派遣蛙人炸沉的，也有说是其他西方特工渗透到塞瓦斯托波尔港炸沉的。

沉没的"新罗西斯克"号战列舰则于 1956 年 2 月 24 日正式从苏联海军中除役，1957 年 5 月 4 日被打捞出水，随后拆解。

苏联在冷战期间建造的航母绝大多数以城市来命名，包括 2 艘 1123 型直升机航母"莫斯科"号、"列宁格勒"号，4 艘 1143 型航母"基辅"号、"明斯克"号、"新罗西斯克"号和"巴库"号，1 艘 1143.5 型"第比利斯"号，1 艘 1143.7 型"乌里扬诺夫斯克"号，只有 1143.6 型是以瓦良格人命名为"瓦良格"号。但在苏联解体之后，这些航母都被改用人名来命名，但很快就由于手头紧、养不起而拆的拆，卖的卖，现在的俄罗斯海军只剩下由"第比利斯"号改名而来的"库兹涅佐夫"号这个独苗。

不过，俄罗斯海军依然保留了以城市为舰艇命名的做法，例如"光荣级"的首舰"光荣"号就被重新命名为"莫斯科"号，现在是俄黑海舰队的旗舰。

德国海军也是比较喜欢以城市来命名舰艇。例如在 20 世纪初到二战时期的轻巡洋舰就都是以城市命名的，其中"柯尼斯堡"号、"卡尔斯鲁厄"号、"科隆"号、"莱比锡"号和"纽伦堡"号是在一战、二战中两度使用的舰名。

第二次使用上述舰名的轻巡是德国在两次大战之间建造的。二战中，"柯尼斯堡"号、"卡尔斯鲁厄"号、"科隆"号战沉，"莱比锡"号在二战后载满毒气被拖往北海凿沉，"纽伦堡"号则被赔偿给苏联，变身为"马卡洛夫海军上将"号。值得一提的是，"柯尼斯堡"号所用的城市名在二战后已经消失不见，因为柯尼斯堡被苏联所占，改名为"加里宁格勒"，成为加里宁格勒州的首府，现在加里宁格勒则是俄罗斯在波罗的海的一块飞地。

德国海军在战后的主力作战舰艇也有较长时间以城市来命名，如122型就是以不莱梅、下萨克森等城市来命名，其实就是沿用之前的历史舰名。

英国海军以城市命名的舰艇并不是很多，最有名的是42型驱逐舰，14艘全部以英国的城市命名。英国人本来是用42型驱逐舰作为区域防空的主力舰，但在20世纪60到70年代的英国工党政府似乎与海军有仇，大砍海军军费，导致最初的10艘42型驱逐舰为了省钱，不得不缩小吨位和尺寸，就连舰体也被迫削减钢板厚度，采用薄壳结构，舰上的电缆也都是些便宜货。结果在1982年马岛战争中，参战的3艘第一批次42型驱逐舰就有2艘战沉，其中"谢菲尔德"号在被"飞鱼"导弹命中后，战斗部没有爆炸，弹体后部的火箭发动机剩余燃料却引起了舰上大火，并且破坏了舰上的电力设备，导致全舰损管消防效率极低，最后烧了17个小时大火才自己熄灭，使得这艘驱逐舰成了一艘失去控制能力的空壳。在后来的拖带过程中，海水不断从导弹命中的破口涌入，最终导致该舰沉没。根据现有资料显示，"谢菲尔德"号并没有采

> 俄罗斯海军"莫斯科"号巡洋舰，原名"光荣"号

用铝合金来建造上层建筑，而是用钢来制造的，所以不存在被大火烧融上层建筑的事情。

　　法国以城市命名的舰艇也不是很多，比较有名的是20世纪30年代建成的"敦刻尔克级"战列舰，共2艘，分别是"敦刻尔克"号、"斯特拉斯堡"号。但是这两艘战列舰很悲剧，因为在德国于1940年6月击败法国后，英国害怕法国海军的舰艇被德国人接收，转而对付自己，于是先下手为强，对聚集在阿尔及利亚米尔斯克比尔港内的法国海军主力舰队进行攻击，两艘法国战列舰边还击边逃跑，其中"敦刻尔克"号受伤较重，在逃到圣安德烈港时搁浅，"斯特拉斯堡"号逃回了土伦港。后来，"敦刻尔克"号经修复后也回到了土伦港。1942年1月27日，为防止德国海军抢得这2艘战列舰，法国海军在土伦港打开舰底通海阀自沉。之后意大利海军曾对2舰分别进行打捞，但还没来得及修，就遭到了盟军轰炸机的轮番轰炸。20世纪50年代，两舰在土伦被拆解。

　　印度海军主要是以城市来命名驱逐舰，如3艘P-15型驱逐舰分别以德里、迈索尔和孟买这三座城市命名；P-15A型驱逐舰分别以加尔各答、科钦、钦奈这三座城市命名；4艘P-15B分别以维沙卡帕特南、博尔本德尔、莫尔穆加奥、巴拉迪布来命名。但是这4艘舰出首舰开工之后，其他3艘还在等待建造。

　　加拿大海军主要是以城市来命名护卫舰，例如12艘"哈利法克斯级"就全部是以加拿大国内的12座城市来命名的，包括首都渥太华、哈利法克斯、多伦多、温哥华、魁北克、蒙特利尔、魁北克等。

　　意大利海军在二战期间的"维托里奥·维内托级"战列舰都是以城市来命名，其中三号舰还是以意大利首都罗马命名为"罗马"号。但是，这艘战列舰

> 被击沉的英国海军"谢菲尔德"号驱逐舰

> 印度海军"孟买"号驱逐舰

自服役以后就经常挨炸。1943年6月5日在拉斯佩齐亚港被盟军轰炸机轰炸，同年9月9日在驶往英军控制的马耳他岛途中遭到德国空军轰炸，被2枚弗里茨－X制导炸弹炸沉，从而成为世界上第一艘命丧于精确制导武器的战舰。

行政区域很热门

以行政区域为舰艇命名也是各国海军最喜欢的方式。由于行政区域要比城市大，所以通常都用于主力作战舰艇的命名。

美国海军用行政区域命名舰艇最多，而且是清一色的主力舰。例如在战列舰称雄的时代，美国海军就以州名来命名战列舰，无一例外。最后一级是"衣阿华级"战列舰，曾经多次退役封存，又多次启封、改装，重新服役，是参战时间跨度最长的。该级4艘舰在二战期间参加了对日作战，其中"密苏里"号还因成为日本签署无条件投降书的战舰而名扬世界。二战后，4艘"衣阿华级"还参加了朝鲜战争、美越战争，而"密苏里"号和"威斯康星"号还参加了1991年的海湾战争，用"战斧"巡航导弹打击伊拉克的纵深目标，战争后期则用406毫米舰炮对科威特沿岸的伊军阵地进行猛烈炮轰，加速了伊军防线的崩溃。

二战后美国海军先是用州名对"俄亥俄级"战略核潜艇进行命名，之后又是"弗吉尼亚级"攻击核潜艇（极少数是用人名来命名）。其中很多州名都是以前继承的战列舰名称，例如"北卡罗来纳""南达科他""新罕布什尔"、"密苏里""新泽西"等等。

二战日本海军对战列舰主要是以日本古代的令制国来命名。所谓令制国，是自奈良时期开始的在律令制下所设置的地方行政区划，分属于"五畿七道"，其中五畿包括5个令制国，分别是山城、大和、河内、和泉、摄津；七道是东海道、东山道、北陆道、山阳道、山阴道、南海道、西海道，1869年又增加了北海道，每道都有多个令制国。总计有60多个令制国，所以那时的日本也经常被认为有60余州。

明治四年七月十四日（1871年8月29日），日本废藩置县，除了保留北海道之外，其余"五畿七道"划分为1都（东京都）、2府（京都府、大阪府）、43县。

267

二战日本海军著名的"大和级"战列舰的"大和""武藏"舰名就分别来自五畿之一的大和国和东海道的武藏国。这两艘日本最大，同时也是世界上最大的战列舰，装有3座三联装460毫米主炮、满载排水量72808吨、装甲总重22800吨，号称"不沉战舰"。然而，在战争末期，这两艘舰都被美军航母舰载机炸沉。具有讽刺意味的是，2艘超级战列舰在整个战争期间没有击沉过1艘盟军舰船。

不过，二战日本海军有一艘战列舰没有用令制国来命名，而是以古代日本的别称"扶桑"来命名，就是"扶桑"号。此外，日本在甲午海战时参战的"吉野级"快速巡洋舰"秋津洲"也是以古代日本的别称命名的。

二战日本海军还有2艘航母、2艘航空战列舰也是以令制国命名的，即以北陆道的加贺国命名的"加贺"号航母、以东山道的信浓国命名的"信浓"号航母、以西海道日向国命名的"日向"号航空战列舰、以东海道伊势国命名的"伊势"号航空战列舰。原因在于这4艘原本都是作为战列舰建造的，其中"信浓"号航母原本是"大和级"战列舰的3号舰，但在中途岛海战中日本海军损失4艘舰队航母之后，为了补充航母，决定将正处于建造状态的"信浓"号战列舰改建为航母。1944年11月27日，刚刚建成的满载排水量达72890吨的"信浓"号航母离开横须贺海军船厂，驶往吴港。这是该航母的首次试航，但在当日夜间被美国海军"射水鱼"号潜艇发现。11月28日凌晨3时左右，"射水鱼"号向"信浓"号发射了6枚鱼雷，其中4枚命中。上午10时48分左右，在海面上挣扎了7个多小时的"信浓"号沉没，成为世界航母历史上最短命的一艘航母。

此外，二战日本海军在二战中还有一艘装甲巡洋舰用日本古代山阴道出云国来命名，即日本海军第三舰队的旗舰"出云"号。

需要多说一句的是，二战日本海军的战列舰、航空母舰、巡洋舰等大型作战舰艇的舰名使用的是汉字，而非假名。

现在日本海上自卫队的4艘直升机驱逐舰也是以日本古代令制国来进行命名，其中2艘实际上是继承了二战时期"伊势级"航空战列舰的舰名，分别是"日向"号和"伊势"号，只不过顺序上来了个颠倒；另外2艘中的首舰继承了二战时期"出云"号装甲巡洋舰的舰名，二号舰则继承了二战时期"加

> 二战美国海军"衣阿华"号战列舰

贺"号航母的舰名。

德国海军在一战时曾用德意志帝国所属的王国、大公国、公国等来命名前无畏舰和战列舰，包括"拿骚级""赫尔戈兰级""巴伐利亚级"，其中"巴伐利亚级"原计划建造"巴伐利亚""巴登""萨克森""符腾堡"等4艘，但实际上只建成了前两艘。

在一战爆发时，德国公海舰队的实力相当强，其中包括14艘前无畏舰、16艘战列舰。但是，德国公海舰队除了多格尔沙洲海战、日德兰海战之外，在一战中大部分时间里都处于被英国海军封锁的状态，没有什么作为。

现在德国海军的123型、124型和125型护卫舰都是以州名来命名，所以按照首舰定级的标准，分别被称为"勃兰登堡级""萨克森级""巴登－符腾堡级"。

英国海军在两次大战期间建造的伦敦级重巡是以英国的郡来命名的，分别是"伦敦""德文郡""苏赛克斯""什罗普郡"。二战后，英国还为其海军还建造了8艘以英国的郡来命名的、具有划时代意义的"郡级"驱逐舰，它们是英国海军第一种导弹驱逐舰、第一种具有区域防御能力的驱逐舰、第一种装备大型直升机的驱逐舰。

法国海军主要是以地区来命名战列舰，如"布列塔尼级""诺曼底级"（实际上没有一艘建成）。"布列塔尼级"共3艘，分别是"布列塔尼""洛林"和"普罗旺斯"。

山川、河流、岛屿、海湾看过来

以高山、江河、湖泊为军用舰船和其他武器命名，也是各国军方比较普遍的做法。

美国海军在二战时期对护航航母主要以岛屿和海湾来命名，如"卡萨布兰卡级"护航航母的"长岛""科雷吉多尔""图拉吉""威克岛""布干维尔""萨沃岛""马金岛""西提斯湾""甘比尔湾""马尼拉湾""卡山湾"等，少数以海或海峡命名，如"俾斯麦海""珊瑚海""望加锡海峡"等。

对水上飞机支援舰多以海湾、海峡、水道来命名，如"普吉特湾""格林威治湾""比斯开湾""白令海峡""库克水道"等。

英国海军在二战期间面临德国海军严重的潜艇威胁,因此建造了一大批护卫舰用来为商船队护航,这些护卫舰分别以江河、湖泊和海湾来命名,分别是 66 艘"江河级",如"飞镖河""埃克斯河""艾文河""尼斯河""斯韦尔河""内斯河""切尔默河""蒂维厄特河"等;30 艘"湖泊级",如"法达湖""基林湖""辛湖""阿哈纳尔特湖""埃克湖""邓根湖""阿克雷湖"等;27 艘"海湾级",如"拉哥湾""卢斯湾""埃纳德湾""杰勒兰斯湾""圣布雷德斯湾""斯塔特湾"等。

进入 21 世纪后,英国海军又发展了"海湾级"辅助船坞登陆舰,如"芒特湾""卡迪根湾""拉格湾""莱姆湾"等。

二战日本海军对重巡洋舰以日本国内的山名来命名,如"青叶""古鹰""高雄""爱宕""足柄"等;轻巡洋舰都是以日本国内的河流名来命名,如"北上""川内""阿贺野""阿武隈""五十铃""鬼怒""神通"等,尽管听着怪里怪气的,但确实是河流名。

> 苏联制造的 S-125"伯朝拉河"防空导弹

但凡是皆有例外，例如"赤城"号航母原来是作为重巡洋舰建造，所以用的是赤城山的名字；4 艘"金刚级"战列舰——"金刚""榛名""雾岛""比睿"原来都是作为重巡洋舰来建造，所以都是用山名进行命名，只是后来改建为战列舰；而 4 艘"最上级"重巡——"最上""三隈""熊野""铃谷"，2 艘"利根级"重巡——"利根""筑摩"，却都用的是轻巡洋舰所用的河流名来命名。实际上，这 6 艘重巡并非中途改建所造成，而是日本海军为了规避 20 世纪 30 年代《伦敦海军条约》的限制而故意玩弄文字游戏。

苏联海军也用河流来命名武器，不过不是舰艇，而是防空导弹系统，如 S–75"德维纳河"（北约称"萨姆 –2"）、S–125"伯朝拉河"（北约称"萨姆 –3"）、S–200"安加拉河"（北约称"萨姆 –5"）、2K–12"库班河"（北约称"萨姆 –6"）等。

战役发生地、景点也用来命名

美国海军对于历史很注重。在 20 世纪 20 年代初建造新型战列巡洋舰时，就已决定用美国历史上的战役发生地点进行命名。但是 1922 年《华盛顿海军条约》对各国战列舰、战列巡洋舰做了严格限制，于是美国被迫取消了后续建造计划，而将 2 艘建造速度最快的战列巡洋舰舰体改建为航母，并以独立战争时期的列克星敦战役和萨拉托加战役进行命名，这就是"列克星敦"号和"萨拉托加"号。由于这两艘航母是从战巡改建而来，所以满载排水量达到了 43400 吨，在日本"信浓"号出现之前是世界上最大的航母。

"列克星敦"号在 1942 年 5 月 8 日的珊瑚海海战中，被日军"翔鹤"号航母舰载机炸成重伤，为避免被日军俘获，美军派了 1 艘驱逐舰发射 2 条鱼雷进行"补枪"，让"列克星敦"号沉入海底。后来，美国海军又把 1 艘在建的"埃塞克斯级"航母命名为"列克星敦"号。

"萨拉托加"号参加了太平洋战争的大多数海战，并且用舰载机击沉过日本海军的"龙骧"号轻型航母。该航母存活到了战后，1946 年 7 月 25 日，在比基尼环礁进行的"十字路口"行动中，作为测试原子弹威力的靶舰被炸沉。

二战中，美国海军的护航航母也有不少采用战役发生地来命名，如前面提到的"卡萨布兰卡级""科雷吉多尔""图拉吉""威克岛""布干维尔""萨沃岛""马金岛""俾斯麦海""珊瑚海""望加锡海峡"等，既是岛屿名，也是战役发生地。再有"张伯伦湖"号也是如此，是为了纪念美英之间发生的张伯伦湖战役。

二战后，美国海军将大多数新发展的两栖攻击舰以美国海军陆战队参加的两栖作战发生地进行命名，如8艘"塔拉瓦级"舰名全部来自二战期间的两栖战役发生地，"硫磺岛级"的"硫磺岛"号、"冲绳"号、"瓜达尔卡纳尔"号、"仁川"号，"黄蜂级"的"巴丹"号、"硫磺岛"号（继承自"硫磺岛级"的同名舰）、"马金岛"号。

美国海军"提康德罗加级"巡洋舰的27艘舰全部是以美军历史上参加的战役发生地命名的，其中的"顺化城"号是以美军在越战期间进行的顺化战役发生地顺化城命名的。1968年春节期间发生的顺化战役被美军认为是越战中最血腥的巷战，此战之后美国国内对越战的态度明显转变，反战情绪高涨。

"提康德罗加级"巡洋舰现在服役的还有22艘，美国海军还想继续延长使用数年到10年以上。这是因为"提康德罗加级"具有"伯克级"驱逐舰所没有的编队指挥能力，而美国海军现在没有类似的新型舰艇可以替换。

美国海军有时还会用国内的一些景点来命名舰艇，例如"埃塞克斯级"航母23号舰"福吉谷"号的名字就来自美国宾夕法尼亚州切斯特郡的福吉谷国家公园。

> 美国海军的"硫磺岛"号两栖攻击舰

19 名字吓死人，性能"渣渣灰"
那些名不副实的武器

中国人自古以来对名声看得很重，常有"名副其实""人的名字树的影子"的说法。但在武器装备命名领域，有些武器装备的名字就是一个代号，名号叫得或许非常响亮，但性能可就让人失望了。

毫无光辉的"光辉"战斗机

LCA（轻型战斗机）是印度斯坦航空公司（HAL）为满足印度空军需要而研制的单座单发轻型全天候超音速战斗攻击机，主要任务是争夺制空权、近距支援，是印度自行研制的第一种高性能战斗机。LCA项目是由印度政府1983年提出的，作为米格-21战斗机的后继机，1988年底完成任务规划，1990年完成初始设计。飞机的研制工作由航空发展局划分为600个工作单元，由全国50家公司与机构分工完成，如国防材料研究室研制发动机用超合金，国家物理试验室研制碳纤维，国家航空试验室做疲劳试验，印度斯坦航空公司作静力试验，印度技术学院研究复合材料结构，做系统模拟试验，可谓印度航空工业整体的结晶。

LCA飞机翼展8.2米，机长13.2米，机高4.4米，正

名字吓死人，性能"渣渣灰" | 那些名不副实的武器

> 印度制造的"光辉"号战斗机，被戏称为"难产三十年"

常起飞重量 8500 千克（无外挂），空重约 5500 千克，最大平飞速度 1.7 马赫（亦有数据为 1.8 马赫），实用升限 15240 米，限制过载 +9/-3.5G。从这些数据不难看出，LCA 是一种自重很小的轻型超音速战斗机。但正因为如此，使用上也会受到一定限制，例如有效载荷不会太大，航程也会受到影响，但是印度人并不这么看，宣传资料统一口径，就一个词——"先进"。

印度长期以来一直希望实现的战略目标是，至少在部分程度上摆脱依赖国外提供武器系统的状况，它同时也把从国外采购武器装备视为一种战略举措。在这种长期目标的主导下，具备设计、发展和制造高性能战斗机的能力一直是其反复考虑和坚定不移的发展方向。HF-24 "风神"是印度斯坦航空公司为印度空军研制的单座双发战斗机，也是印度本国研制的第一种超音速战斗机。由于 HF-24 的作战性能不佳，因此"风神"的设计只取得了部分成功。

进入 20 世纪 80 年代之后，印度科技水平有了很大提高，于是开始了国产战斗机研制的第二次尝试，这种构想的最终产物就是 LCA。换言之，印度的最终目标是利用 LCA 项目建立新的技术基础，从而覆盖与作战飞机设计和制造相关的所有领域。

LCA 战斗机在外形上显然受法国幻影 -2000 的影响，机翼也是请法国达索公司设计的。另外，LCA 原型机安装的 F404 发动机，印度国产发动机的研制一再遭受挫折，发动机只能外购。一架战斗机从研制到投产前后历时三十

275

多年，这在航空史上实属罕见，不可否认的是印度从 LCA 战斗机研制中学到了很多，完善了先进战斗机设计流程和系统设计。

LCA 首架原型机在 2001 年 1 月 4 日首飞，首飞获得成功。之后的 LCA 战斗机试飞阶段一拖再拖，导致屡次推迟的因素有多个，其中包括美国十几年前因为印度在 1998 年 5 月进行第二次核试验而对其实施的制裁。作为技术验证机进行首飞以来，印度航空发展局和印度斯坦航空有限公司多年来进行了 1500 次试飞，有 11 架飞机参与，其中包括 5 架原型机。印度斯坦航空有限公司又生产 8 架量产飞机，并计划为空军首个 20 架飞机的订单开始供货。这 20 架飞机将用于组建第一个"光辉"战斗机中队，该中队将建在泰米尔纳德邦哥印拜陀附近的一个空军基地。

印度空军 2010 年又增订了 20 架"光辉"战斗机，用于将在该国南部泰米尔纳德邦的杜蒂戈林附近组建第二个中队。印度空军原本希望所有必要程序能在 2013 年年中之前完成，在 2015 年前列装首支 LCA 中队。但是在随后的测试中，又发现 LCA 存在的大约 100 项缺陷，其中包括机载雷达工作可靠性问题。预计印度空军将在整合所有机载武器和设备，形成全面战斗力之后，才能正式装备 LCA Mk.1 型战斗机。

印度空军已经下单准备采购两个中队编制数量的 LCA Mk.1 战斗机，总共 40 架，这些飞机安装通用电气公司推力 F-404 发动机，计划于 2016 至 2017 年交付部队使用。之后计划再采购 4 个中队编制数量的 LCA Mk.2 型战斗机，总共 80 架，这批飞机将安装推力更大的 F-414 发动机。LCA 双座版教练战斗机计划装备数量为 14 架。

"光辉"战斗机交付部队后，一些印度媒体一度将其盛赞为"印度航空工业的里程碑"，来自印度斯坦航空公司、印度国防研究与发展组织的多位科学家甚至信誓旦旦地宣称，印度有能力将"光辉"发展成"具备隐形能力的第五代战斗机"。此事证明，在印度，研制周期长不是个事儿，一款武器 90% 设备外购也不是个事儿。

名字吓死人，性能"渣渣灰" | 那些名不副实的武器

沦为摆设的"阿琼"坦克

印度有长远国家战略，也有雄心勃勃国产武器计划。自研武器在战争时期不会受制于人，印度人完全明白这点，因此不遗余力地坚持自研武器。

印度有使用先进坦克的经验，认为英国这种"坠落到三流国家"的国家能研制坦克，印度也行！为此，在1972年，印度提出要自行研制和生产一种先进的新型坦克，同年8月，印度战车研究发展局（CVRDE）开始预研新型坦克。1973年5月中旬，时任印度国防部长拉姆斯沃默·文卡塔拉曼在印度议会上作证说，印度将自行研制一种称为"印度豹"的新型主战坦克。该坦克起初也叫"MBT-80坦克"，1985年才定名为"阿琼"（Arjun），在印度古代梵文叙事诗《摩诃婆罗多》中，"阿琼"是从天堂取得神圣武器下凡后的英雄，在印度教的含义中，"阿琼"是"不可战胜的光明之神"的意思。1974年3月，印度政府正式批准了"印度豹"计划立项，新型主战坦克设计指标为：战斗全重50吨，120毫米线膛炮和高性能弹药、先进火控、大功率

> 印度制造的"阿琼"主战坦克，也是难产系列武器，被调侃为"阅兵吉祥物"

277

发动机和高效传动系统、复合装甲，均要求国产，且性能要求全面超越德国当时正在研制的"豹Ⅱ"主战坦克。

1974年3月，印度政府正式批准了"阿琼"的研制计划，并为该项目进行了第一次拨款。原计划在1983年12月前完成第一辆样车，以后按每月一辆的速度再生产出12辆样车，但是由于技术问题困难重重，实际研制进度落后于计划，到1984年3月，才制成了首批两辆样车并在次年3月迫不及待地将其首次公开展出。但该项目进度并未因此而走上轨道。印度由于技术力量相对薄弱，只好借助外国的力量，结果造成坦克的各子系统之间难以匹配。

1988年8月，印度对"阿琼"进行了第一次广泛的技术试验，结果发现了很多严重的技术问题。到1991年年底的时候，印度陆军对"阿琼"的缺陷实在放不下心，曾要求放弃这个项目，但没有获得政府批准，该计划得以继续进行。然而在1994年和1995年的试验中，娇贵的"阿琼"仍无法满足已经降低的使用要求和战术技术指标。在军方的试验报告中，"阿琼"坦克竟被判定为"不适宜上战场"，印度媒体则把"阿琼"由"主战坦克"戏称为"主败坦克"。而祸不单行的是，1996年用于部队试验的该型坦克又遭严重损坏，这引起了印度一些陆军军官的不满。他们公开称"阿琼"是"白象"，即"无用的累赘东西"。

尽管如此，印度政府仍然对该项目进行了总结性回顾，决定继续拨款支持研制，并再次拨款。此时，印度转向请以制造"豹Ⅱ"坦克而闻名的德国克劳斯·玛菲公司出手相助。"阿琼"的炮塔设计接近德国"豹Ⅱ"坦克，形状方正，采用平直装甲。印度还为"阿琼"专门研制了一种新型装甲，号称性能直逼英国"乔巴姆"装甲。为了提高坦克的作战性能，印度研制部门为"阿琼"加装了许多国外装备，导致坦克一再"增肥"，全重达到58吨的设计极限，不但超过印度大部分公路和桥梁的承重标准，宽度也超过印度铁路货物宽度的限制。

印度军方预期，"阿琼"坦克的主要作战地域是西部沙漠地带。因此，坦克的机动能力至关重要。印度原本想用国内制造的12缸风冷柴油发动机，结果产品研制了10余年无法过关。"阿琼"只好换上德国MTU公司制造的柴油发动机。由于订货时没有提出在印度使用的特定条件，造成发动机使用出现严重问题。尽管厂商宣称产品性能优异，但1988年7月"阿琼"进行沙漠试车时，德国发动机也出现故障。

1999年3月，印度政府决定拨款生产124辆"阿琼"MK-1坦克，在2003年前装备2个～3个坦克团，然而由于种种原因，这项计划又未能按时执行，一直拖到2000年9月底，瓦杰帕伊政府才宣布"阿琼"MK-1正式投产。原定从2001年起交付坦克，但是实际上，"阿琼"坦克还有许多问题始终无法有效解决，试验回过头来再做，导致2004年8月7日，第一辆生产型"阿琼"MK-1交付印度陆军。

"阿琼"主战坦克车长10.194米（炮向前），车宽3.847米，车高至炮塔顶高2.32米，车底距地高450毫米。它能越过2.43米宽的壕沟，涉过1.4米深的水沟和河床，这有助于"阿琼"坦克突破在旁遮普河边小道和在印度西部边境地区的"沟堤"防御。"阿琼"主战坦克起初准备采用燃气轮机，后改用1500马力12缸风冷可变压缩比柴油机。6辆样车上装的是联邦德国MTU公司的MTU838KA501型10缸V-900水冷涡轮增压柴油机，最大功率1400马力，其单位功率为24马力/吨。印度试图使发动机生产国产化，而国产发动机难以达到陆军要求的1400马力的标准。

"阿琼"主战坦克的主炮为1门120毫米线膛炮，采用电-液炮控系统。火炮配用由印度火炸药研究院研制的尾翼稳定脱壳穿甲弹、榴弹、破甲弹、碎甲弹和发烟弹。因为这些炮弹用该院研制的新型高能发射药发射，所以弹丸初速较高，穿甲弹的穿甲性能较好。该炮的射速为6发/分，"阿琼"坦克能携带39发备用弹药。辅助武器包括1挺用来对付步兵的7.62毫米TK715A型并列机枪和1挺同轴安装的用于防空和打击地面目标的HCB型12.7毫米高射机枪，炮塔两侧各装1排电操纵的烟幕弹发射装置。

"阿琼"主战坦克由计算机控制的综合火控系统，使火炮能够实施昼夜稳定瞄准，确保火炮有一个很高的首发命中率，并且缩短了火炮射击的反应时间。主炮稳定系统在高低向和水平向上都伺服于瞄准镜，并且主炮的瞄准速度快而准确，因此可在行进间对运动目标进行射击。炮长瞄准镜包括1具2倍倍率的昼用瞄准镜、1具热像瞄准镜、1具激光测距仪和1个为这三个通道共用的稳定镜头。共用的瞄准镜头反光镜为双向（高低向和水平向）稳定。

夜视仪还为车长提供有1具夜视肘形瞄准镜。车长有1具周视瞄准镜（独立于炮塔的旋转），用于全方位的战场监视。由于在镜头反光镜平台上安装有双轴陀螺，因此，其视野稳定。该瞄准镜的放大倍率为2倍。"阿琼"主战坦克也装备了最现代的火控计算机，用来处理耳轴倾斜、装药温度、横风/风速、气温、气压、坦克运动速度、火炮角度、身管磨损和跟踪速度等由传感器输入的数据，以确定火炮的射角。

"阿琼"主战坦克的防护系统是基于传统的正面弧形装甲的思想（±60度）而设计的，由于采用了新研制的"坎昌"装甲，"阿琼"主战坦克具备了全方位防护反坦克弹药的能力，其防护水平可能要比早期坦克高得多。第一批"阿琼"使用传统钢制装甲，而后则换装印度防卫冶金实验室研发的复合装甲，从德国方面的技术发展而来，其装甲结构包含多种夹层（包括滚轧均质钢板、镍基合金、含有氧化铝陶瓷/玻璃纤维等非金属材料的"三明治"结构等）。炮塔后方主炮弹舱顶部设有泄压板，万一主炮炮弹被敌火诱爆，能将主要爆炸压力导向上方，尽量减少对战斗室的波及。"阿琼"配备印度巴哈巴核能研究中心开发的全车加压式核生化（NBC）防护系统，战斗舱与动力舱则配备印度开发的"哈伦"自动灭火抑爆系统。"阿琼"的车头设有V字形挡水板，与苏联T-72坦克类似。

从上文可以看出，实际上"阿琼"主战坦克上所有重要系统几乎都来源于国外，比如火控系统计算机由西班牙伊诺萨公司（在休斯公司的许可证下）提供，炮控系统将由德国FWM公司提供，履带橡胶垫由克劳斯公司提供，履带板及履带销则由迪尔公司提供。

法国《防务宇航》杂志2009年5月26日报道，印度国产"阿琼"主战坦克在历经长达35年的研发测试之后，最终装备印度陆军。印度陆军2009年5月25日接收16辆"阿琼"主战坦克，另加2009年3月前接收的29辆，共计45辆，组建装备国产"阿琼"主战坦克的首个装甲团。

印度陆军首批采购了124辆"阿琼"MK-1主战坦克，但自2015年中以来，由于技术和维修方面的问题，这批坦克中的相当一部分无法使用。因此，印度陆军不同意政府强行购买118辆改进型"阿琼"MK-2主战坦克的决定，因为这个型号坦克重量达到了惊人的68.24吨。与"阿琼"MK-1主战坦克相比，

MK-2 坦克进行了 73 项改进，其中包括 19 项重大改进。在对 2 辆"阿琼"MK-2 主战坦克样车进行了 6000 多个小时的沙漠试验之后，印度陆军希望国防研究和发展组织大幅降低主战坦克的重量，同时还不能降低其增强的性能。但印度国防研究与发展组织认为，修改减重需要 3 年～5 年的时间，这会进一步延迟已经历时 43 年之久的"阿琼"主战坦克发展计划。

印度国防议会委员会在 2017 年 3 月 9 日发布了一份报告披露，印度陆军装备"阿琼"MK-1 的 2 个坦克团仍受到许多问题的困扰。除了过于笨重外，该委员会的报告称，"阿琼"主战坦克的 120 毫米线膛炮炮管出现了多次炸膛、膨胀、破裂；备件短缺极大地影响了平台的作战可用性；弹药不足严重影响了训练。维修性和后勤保障也是一个重大且昂贵的挑战，因为该坦克 55% 以上的部件和系统都是进口的，其中包括 MTU MB838 ka501 1.4L 柴油机、"伦克"半自动 RK4-I 传动装置、博世公司的炮控设备、以及 OIP 传感器系统公司的炮长主瞄准镜等。其他进口及根据许可生产的总成部件还包括坦克的火控系统、埃尔比特系统公司的昼用瞄准镜和热成像仪，以及以色列提供的跳频电台。

"阿琼"主战坦克研制历程就是印度好大喜功、贪大求全、不切实际的的写照，以为自己 GDP 超过英国就当面贬损英国是个三流国家，实际情况，印度眼高手低，技术储备极为匮乏，工作作风特别拖沓。

胡吹大气的"阿卡什"防空导弹

20 世纪 90 年代，印度"阿卡什"地对空导弹的名字在媒体杂志上出现频率非常高，以后，几乎每年都会有该型导弹的消息。

"阿卡什"地空导弹是印度国防研究与发展组织 20 个世纪 70 年代中期"综合导弹发展计划"的一部分。印度自独立以来一直与巴基斯坦为领土问题大打出手，武器消耗占了军费开支的很大比例，而印度由于科技力量薄弱，三军武器超过 90% 以上都依赖进口，军事装备耗费了大量的外汇。通过自行研制武器达到自给自足目的一直是印度的梦想，这样不仅可以减少对外界的依赖，还可以节省开支，增加技术储备。印度在冷战时期处在一个极为有利的政治环境，东方和西方都想拉拢它入伙，为此，印度轻易地得到了东方和西方双方的武器系统，换句话说就是得到了双方的军事技术。1974年，印度开始制订自己的导弹发展计划，"阿卡什"地对空导弹就是当时这个计划里的一部分。但是印度的科研水平仍然十分薄弱，尽管有东西方的武器及技术，但它无法消化这些技术，因此，"阿卡什"导弹研制计划被迫取消，但是，印度并没有放弃自行研制导弹的决心。1983年6月，在当时的总理英迪拉·甘地亲自主持下，印度又制订了一项10年综合导弹研制计划，这个计划实际是上一个计划的延续，但增加了一些具体内容，这个"综合导弹发展计划"包括中程弹道导弹、地对地战术导弹、地对空导弹和反坦克导弹，后来，这个导弹计划里又增加了两种导弹，一种是"舒尔亚"（Surya，即太阳神）洲际弹道导弹，另一种是"萨加里卡"（Sagarika）潜射导弹，研制工作由位于海德拉巴的国防研究与发展组织（DRDO）负责。

由于印度还没有研究导弹的经验，其所谓的自行研制，实际上是仿制，顶多增加了一点印度设计。印度是在"印巴"第三次战争后得到苏联SA-6地对空导弹的，第一个装备SA-6导弹系统的独立防空团于1980年正式服役。SA-6在1973年的第四次"中东战争"表现出众，给世人留下很深的印象。虽然在1982年的"贝卡谷"之战中，叙利亚的19个SA-6导弹营瞬间全被摧毁，没击落一架敌机，这只是电子战上一个极为成功的战例，并不能说明SA-6生命的终结。印度看上SA-6是经过一番权衡的，它的主要宿敌是巴基斯坦，南亚次大陆的地形较为复杂，一般不太可能采取高空入侵方式，攻击中低空正是SA-6的优势所在；另一个重要的因素是SA-6的机动性非常强，首先，它的系统组成规模小（只有9辆车），后勤保障方便，转移迅速；其次，它采用履带式装甲车底盘，在复杂的山地地况下，野战性强。

1983年正式开始研制防空导弹系统，印度为其起了个好听的名字："阿卡什"，即印度语"天空"之意，寓意印度的天空属于印度，不属于外来者。印度选定SA-6为基础研制新型导弹，这个计划非常类似SA-6的国产化进程。以印度当时的科技来看，这个研制的困难非常之大，时至如今，据说它还从俄罗斯和乌克兰进口零部件来保障SA-6的战斗力。导弹虽小，但它所包涵的技术范围广泛，科技含量高，没有长时间的技术积累不可能一蹴而就，也正是如此，"阿卡什"的进展十分缓慢。十年之后，也就是1993年外界第一次

> 印度制造的"阿卡什"防空导弹

得知它的存在,从印度喜欢炫耀的个性来看,此时的"阿卡什"导弹系统应该是一个完整的系统了,这也说明,之前它已经进行了一些试验,可能包括实弹试射和系统实用化试验等。自从"阿卡什"试验以来,印度政府不断对外宣布一个个"振奋人心"的消息,因此外界推测它将于1996年投入现役,也可能是印度政府告诉外界"阿卡什"将于1996年服役。但是,外界普遍认为,它的第一次实弹试射是在1996年7月5日,试验于当天11时30分在印度东部沿海奥里萨邦的昌迪普尔临时武器试验场进行。导弹呈45度角发射升空,命中了13千米外飞行的靶机。印度对自己的能力可能是过于乐观了,它始终不肯接受的事实是"阿卡什"迟迟无法服役,事实上,"阿卡什"在研制中遇到不少困难,仅电子设备这关就费了不小周折,据印度陆军消息称,陆军拒绝使用"阿卡什"导弹,由于本土产雷达存在有技术问题,"阿卡什"不能跟踪从不同方向飞临的敌机。"阿卡什"导弹虽然在外形和动力装置上与SA-6几乎一样,但导弹中枢神经——主动雷达寻的制导头和相控阵雷达却完全不一样,这方面核心技术对印度来说,是个不少的挑战,尽管印度不承认,事实情况是它仍未服役。1996年试射后,"阿卡什"导弹系统定型,并少量装备部队进行试验。此后，印度每年都进行3次~5次的试射，进入21世纪后，某些年份试射频率更高。试射频率高表明它即将服役，所以它曾宣布在2004年正式"参军"，到了2004年，它又宣布在2005年年底投入现役。

印度国防研究与发展局宣称，"天空"导弹可以以单一模式部署，也可以以群模式部署。在单一模式下，"天空"导弹将拥有单一的可以独立发挥功能的发射装置，为了对目标实施侦察，还需要一部两维雷达，这种模式可以用来保护行进的部队或单一设施。一套导弹系统组可以同时打击四个目标，而针对一个目标最多可以同时发射三枚导弹，从而增加命中率。

在群模式下，作战部队将在一个广阔的范围内部署数个导弹系统组，这些导弹系统组将与一个群控制中心相联系。国防研究与发展局研制的一个三坐标雷达可以为群控制中心提供单一的合成空中图像，不仅能够提供中心有关敌机的距离信息，还能够判定敌机的飞行高度。一个群控制中心最多可以同时指挥与控制8个"阿卡什"导弹系统组，还能够接受其他来源的雷达侦察信息，能够与更高级的防空梯次编队连接。不论是敌机或者导弹，一旦目标被捕捉到，"阿卡什"导弹就会协调雷达束并在随身携带的精确自导引系统的引导下沿雷达束以三倍的音速飞向目标。

"阿卡什"导弹自从研制以来，进展十分缓慢，年年试射，年年说将在下一年装备部队，最终在2015年，印度陆军订购了两个团"阿卡什"导弹，这两个团各下辖6个发射连。之前，印度陆军称"阿卡什"导弹没有达到性能要求，但是，不到一年后，印度陆军再次改变了对国产导弹的观点，称将"阿卡什"导弹适当改进后可以与国外先进防空导弹一道竞争新一代防空导弹系统。

这么长的时间跨度，世界的政治格局发生了很大的变化，弹道导弹的技术"门槛"越来越低，很多国家这方面技术日益成熟，同时，弹道导弹扩散也使一些国家方便地从该技术获利，尤其是巴基斯坦的弹道导弹技术发展很快。印度在常规力量上大大优于巴基斯坦，但自从巴基斯坦战术导弹和核武器达到实用程度，其国家战略核威慑陡然上升。早在第一次海湾战争中美国"爱国者"有效地拦截了"飞毛腿"弹道导弹时，印度就有了研制反系统的念头。1996年8月，印度国防部在其公布的年度国防报告中就指出，印度有必要推行导弹防御战略，将初级防空网提升为具有一定反导能力的防空系统。印度国防研究与发展组织（DRDO）于是在当年开始着手研制改进型"阿卡什"地空导弹，英国《简氏导弹与火箭》披露说，印度计划增加"阿卡什"射程，并提高其速度和最大拦截高度，改进后导弹最大射程达到60千米，速度和射高也有提高，具备了反战术弹道导弹能力，据DRDO称，改进型导弹可用于拦截再入段飞行速度低于3马赫的导弹，很显然，这个改进型主要任务是拦截巴基斯坦的弹道导弹。印度的SA-2、SA-3和SA-6都具有一定的反导能力，"阿卡什"只比它们能力强些，它对弹道导弹防御能力还很有限。1998年，印度进行核试验后，进一步加快了战术反导系统的建设，对于印度来说，反导取代防空成为首要任务。从技术上讲反导比防空更加复杂，一是导弹的雷达反射面远比一架飞机的雷达反射面小得多；第二，导弹飞行的速度比飞机的速度快得多，所以，反应时间非常有限。虽然技术要求更高，又有外购导弹的冲击，但印度始终没有放弃自行研制。2002年，印度开始实施"盾牌"导弹防御计划，印度一位国防部官员在记者招待会上说印度将能在5年~6年内建立一个综合导弹防御系统，以保卫200平方千米的印度地区，一位国防方面的科学家说，这个系统可以"保护大型城市和战略设施免遭弹道导弹威胁，这些设施包括核武器基地及其设施和空间发射场"。能担当起这个拦截任务的应该是射程为80千米~85千米和另一种射程为20千米的地对空导弹。1996年开始研制反导型"阿卡什"被引入到这个综合导弹防御系统中，以充当印度战区反导系统的第二层拦截导弹，第一层防御主要由外购的地对空导弹来完成，如以色列"箭"式和俄罗斯S-300导弹。要使导弹具有反导能力，必须具有早期预警能力，身为DRDO首脑和国防部长科学顾问的Natarajan博士说，这个综合导弹防御系统可以从安装在行政飞机上的相控阵雷达系统获取早期预警信息，这个行政飞机是巴西的"Embrear"，印度已经从以色列购买的"费尔康"预警飞机也可担当此任。他还说"印度宣布了不首先使用核武器的政策，这意味着一旦发生核袭击，我们在作出报复前必须首先保护好自己"。

"阿卡什"还有一种舰对空型号。鉴于印度对"阿卡什"导弹的性能十分满意，加之它的体积小，重量轻，非常适合做舰对空导弹，早在"阿卡什"

研制之初，印度就有这种导弹上舰计划。两个型号作战距离相同，都能同时打击多个目标，不同之处在于，为了适应军舰摆动不定的环境条件并保证拦截效果，导弹本身结构得到加强，故而"天空"导弹发射质量有所提高。2004年11月26日，印度在其东部奥里萨邦的钱迪普尔海上发射场成功试射了一枚防空导弹。印度官方说，舰载型取得了阶段性进展。

外界对于"阿卡什"的前景似乎并不看好，但印度从一开始就非常自信，对"阿卡什"的前景十分乐观，声称除了装备本国部队，还将用于出口。印度的自信还远不如此，主持"阿卡什"研制工作的普拉拉达博士说，"对于穷国来讲，这种导弹相当于'爱国者Ⅰ'型导弹"。在经过了40多次成功的试验后，印度确信改进后的"阿卡什"有些技术性能优于"爱国者Ⅰ"型。首先，"阿卡什"导弹既可以在固定平台上发射也可以在移动平台上发射，就机动性而言，西方认为，它超过现役的所有地对空导弹；其次，"阿卡什"导弹在空中飞行的35秒全过程中一直有推力，而"爱国者"导弹只有12秒钟的初始推力，因而"爱国者Ⅰ"型导弹的精确度不如"阿卡什"导弹。普拉拉达博士坦率地指出，"阿卡什"性能有些不如"爱国者Ⅱ"。印度在自行研制武器上似乎自信大于自身的实际能力，因而总是表现出好大喜功的特性。

美国向任何其他国家出售"爱国者"导弹都非常谨慎，尤其是向具有核力量的国家出售问题上更是斟酌再三。现在美国人态度发生了很大变化，主动向印度出售"爱国者"导弹，这是基于它战略上的考虑，但在印度人看来，美国国防部之所以改变主意，是印度自行研制的"阿卡什"导弹的成功所致。印度总统卡拉姆当年担任国防研究与发展组织首脑时曾经说过："他们（美国人）只会将那些你自己也会制造的武器卖给你。"近年来，印度不断放出消息称很多国家对"阿卡什"导弹感兴趣，甚至包括中东油霸，而印度并不情愿将先进武器提供给不合适的用户。

蝎子粑粑独一份
地域特色鲜明的武器命名

武器命名是门"显学",很重要的一条原则就是为了让大家记住,为了取到独特又容易记住的名字,有些武器的名字带有浓浓的地域特色,在世界武器装备中特别醒目。

印度导弹:从大地到烈火

印度作为南亚次大陆的一个大国,其导弹命名往往源自印度教的神话人物,也形成了自己的一套特色命名体系。

1958年,时任总理的尼赫鲁为建立可靠的核威慑,宣布建立钚加工厂,并成立了研发弹道导弹的小组。1958年1月,印度成立国家研究发展局,其主要就是研发弹道导弹。不过,虽然理想很"丰满",现实却极其"骨感"。到70年代时,印度才尝试对苏联的SAZ导弹进行改装的"魔鬼"项目,但后来该计划被取消,印度又尝试"勇敢者"计划,主要是使用英国的液体发动机,但由于各种原因,该项目还是失败。直到80年代,印度才初步掌握了导弹液体/固体推进器以及控制、指导和精密结构等相关技术,1983年,印度前总理英迪拉·甘地制定了完备的导弹发

> 印度"大地"近程地对地导弹

> 印度"烈火"中程地对地导弹

展计划，即导弹发展综合计划，该计划由 5 个核心导弹系统组成，包括"大地"短程弹道导弹、"烈火"中程弹道导弹、"蓝天"地空导弹以及"三叉戟"地空导弹以及"毒蛇"反坦克制导导弹。而这其中，"大地"和"烈火"显然是重中之重，而发展也有成效的"蓝天"后来和"大地""烈火"似乎成了印度对外宣扬的三驾马车，并且都做到了系列化，比如 1988 年完成试射的大地 –1 型，其射程为 150 千米，大地 –2 型射程 250 千米，2001 年试射。而烈火 –1 型，射程 700 千米，2002 年试射（最早 1989 年开始实验，这个时间跨度很有印度特色），2004 年开始部署。1999 年，射程为 2000 千米的烈火 –2 型中程弹道导弹开始实验，2004 年开始部署。2006 年，印度开始试射射程 3500 千米的烈火 –3 型进行首次试射，但以失败告终。在 2007 年进行 2 次试验后，大约三年后，才开始实战部署。2011 年，印度试射射程 3500 千米的烈火 –4 型导弹，试射取得成功。2012 年，印度试射了射程为 5000 千米的烈火 –5 型导弹。而宣称 2017 年就要试射的"烈火"–6 型，直到现在都没有试射，也是和印度人的品性决然分不开的，而从印度试射"烈火"–3 型导弹开始，印度媒体就颇为自信地宣称其是用来对付北方邻国的战略目标，而在 4 型和 5 型导弹试射成功后，的确极大地激发了印度的民族自信心。

而印度的"蓝天"系列防空导弹，其实就是仿制其从苏联引进的萨姆 –6 型防空导弹，1990 年时，"蓝天"导弹（印地语为"Akashi"，音译为"阿卡什"）进行了首次试射，到 1998 年时进行了 10 次试射。到 2014 年时，该型导弹才定型装备部队，其漫长的研制历程，可能和其空军装备的 LCA 光辉战斗机一样，都破了最长交付的世界纪录吧！

印度的近程弹道导弹，命名为"大地"，印地语为"Prithvi"，直译为"普里特维"，其本意应该是大地之神，源于印度神话中的地藏王菩萨，在印度神话中，地藏王菩萨曾几度深入地狱来拯救自己受苦的母亲，而最终发愿要救助一切受罪的众生，尤其是地狱众生。

印度的中程弹道导弹"烈火"，其印地语为"Agin"，又翻译成"阿耆尼"，是印度吠陀教以及婆罗门教的火神，是创造主梵天创造的八位善良的天神，又称作"婆苏"的第六神，他威力最为强大，是婆苏的首领。据《梨俱吠陀》记载，火神有三种形态，在天界为太阳，在空界则为雷电之火，在地界则为祭火。据说火神全身呈红色，发光如太阳，面色如奶酪，无头无足或者三头七舌，十方皆面，金眼，千眼等，在诸神中与人类关系最密切，能破除黑暗，烧尽不净，降魔除怪，所以又被称作"罗刹之杀戮者"。

印度的防空导弹，"蓝天"，这次倒应该没牵涉到什么神，其寓意是统治所有的天空。

韩国军舰：小国名人一箩筐

韩国海军中，其主力舰艇的舰名使用朝鲜半岛历史上的名人人名，这也算是韩国海军的一大特色。对于不太了解朝鲜半岛历史的外国人来说，很难理解这些舰名背后的含义。即使有的名人不是朝鲜半岛人士，有的历史名人甚至是传说的，韩国人也坚持作为舰名使用。

KDX-1"广开土大王"级驱逐舰

DDG-971——广开土大王（374—412），高句丽君主，谥号全称"国冈上广开土境平安好太王"，有时简称为"好太王"。在他治下，高句丽北击扶余，东占辽东，南攻百济，达到领土之极大。其墓葬位于吉林集安市，是全国第一批文物保护单位，2004 年列入世界文化遗产名录。其墓碑《好太王碑》，是研究高句丽历史的重要史料。

DDG-972——乙支文德，高句丽将领，在隋炀帝三征高丽的第二征中，据传乙支文德曾在萨水（清川江）之战中击败隋军。但这个说法同中国史料存在冲突，《资治通鉴》记载隋军是由于杨玄感之乱主动撤退，仅有一败："时后军犹数万人，高丽随而抄击，最后羸弱数千人为所杀略。"

DDG-973——杨万春，传说中的高句丽将领，在安市城抗击唐军，使得唐太宗无功而返，并射中唐太宗一目。但根据中国史料考证，杨万春在历史上并不存在，首次出现出是在明代小说《唐书志传通俗演义》，所谓射中唐太宗李世民的说法，更是不足为据。万历朝鲜战争期间，朝鲜大臣尹根寿从明将吴宗道处得知此事，此后逐渐被韩国人作为信史。

KDX-2"忠武公李舜臣级"驱逐舰

DDG-975"忠武公李舜臣"号——忠武公李舜臣（1545—1598），朝鲜李氏王朝水军将领，被韩国人视为朝鲜半岛历史上最著名的海军将领。在16世纪抵抗日军侵朝时，立下了赫赫战功。1591年，出任全罗左道水师节度使，建造了著名的铁甲"龟船"。1597年，他在朝鲜南部的珍岛与朝鲜本土的鸣梁海峡靠14艘舰船，100艘改装民船击退日军133艘船。人们尊称他为"忠武公"。

> 韩国海军"广开土大王"号导弹驱逐舰

DDG-976"文武大王"号——文武大王（？—681），新罗第三十代君主，作为王子参与了唐－新罗联军灭百济之战。他在位期间大力发展与唐的友好关系，终于借唐之力于668年灭亡高句丽，一统朝鲜半岛。自此以后的新罗史称"统一新罗"，直至892年。

DDG-977"大祚荣"号——大祚荣（？—719），渤海国开国君主。

DDG-978"王建"号——王建，王氏高丽开国君主（877—943）。新罗末年甄萱、弓裔分别建立后百济、后高丽（又改名"摩震""泰封"），史称"后三国"。王建作为弓裔部下，在918年推翻弓裔，建王氏高丽，随即消灭后百济、新罗，统一朝鲜半岛，享国至1392年。

DDG-979"姜邯赞"号——姜邯赞（948—1031），王氏高丽的武将。在辽第三次征伐高丽中，率高丽军大破辽军，史称"龟州大捷"。

DDG-981"崔莹"号——崔莹（1316—1388），高丽末年武将、权臣，曾击破攻入高丽的红巾军。后因与李成桂的政争失败，在1388年李成桂"威化岛回军"后被处死。

KDX-3"世宗大王级"驱逐舰

DDG-991"世宗大王"号——世宗大王，指的是朝鲜王朝鼎盛时期的君主李祹（1397—1450）。他在位期间，设集贤殿延揽儒臣，创制韩字，制订礼制，在北方次第设置"四郡六镇"以控制边疆，形成了今天中朝边境的大体走向，在医学、天文、印刷术等方面也有卓越成就。

DDG-992"栗谷李珥"号——栗谷李珥（1536—1584），指的是朝鲜中期"二大儒"之一李珥，"栗谷"是李珥的号，他在朱熹理学的基础上提出"气发理乘说"，对韩国文化的影响之大。

DDG-993"西厓柳成龙"号——西厓柳成龙（1542—1607），朝鲜李氏王朝"东人党"支派"南人党"领袖，号"西厓"，万历朝鲜战争期间的执政者之一，在战前推荐了李舜臣、权栗等名将，战争中致力于为明军提供后勤保障。战后著有《惩毖录》，是万历朝鲜战争研究的重要史料。

KSS-I "张保皋级"潜艇

SS-061 "张保皋"号——张保皋(790—846),新罗武将,以海上贸易而闻名,麾下船只远航中、日两国。后因势力过大而被处死,后人称之为"海上王"。

SS-062 "李蒇号"——李蒇(1376—1451),朝鲜李氏王朝科学家,以武将身份参与了金属活字的改进和浑天仪的制造。

SS-063 "崔茂宣号"——崔茂宣(1325—1395),高丽末年人,将火药和火炮技术从中国引入朝鲜半岛。

SS-065 "朴葳号"——朴葳(?—1389),高丽末年武将,1389年率军征伐对马岛(韩国史称"第一次对马征伐",日本史称"康应外寇")。

SS-066 "李从茂号"——李从茂(1360—1425),朝鲜王朝初年武将。1419年率军征伐对马岛(韩国史称"第三次对马征伐",日本史称"应永外寇")。

SS-067 "郑运号"——郑运(1543—1592),李舜臣麾下将领,在1592年李舜臣袭击釜山的战斗中阵亡。

SS-068 "李舜臣号"——李舜臣,同DDG-975号舰一样,也是为了纪念忠武公李舜臣。

SS-069 "罗大勇号"——罗大勇(1556—1612),李舜臣麾下将领,参与了龟船的设计与建造,并为朝鲜水军设计了多种战船。

SS-070 "李亿祺号"——李亿祺(1561—1597),李舜臣的同事(战争爆发时二人分任全罗道左、右水使)与麾下将领,战死于漆川梁海战。

KSS-II "孙元一级"潜艇

SS-072 "孙元一号"——孙元一(1909—1980),韩国首任海军司令官,韩国海军创始人。

SS-073 "郑地号"——郑地(1347—1391),高丽王朝末年水军将领,曾在朝鲜半岛南部抗倭。

SS-075 "安重根号"——安重根(1879—1910),韩国民族英雄,1909年在哈尔滨刺杀了首任韩国统监伊藤博文。

SS-076 "金佐镇号"——金佐镇(1889—1930),韩国独立运动家,在中朝边境组织独立军武装抗日,1920年取得了对日的"青山里大捷"。

SS-077"尹奉吉号"——尹奉吉（1908—1932），韩国独立运动家，1932年炸死日本大将白川义则，同时炸伤了植田谦吉（后来诺门坎事件中的关东军司令官）、重光葵（后来代表日本政府签署投降书）、野村吉三郎（后来作为驻美大使对美宣战）等。

SS-078"柳宽顺号"——柳宽顺（1902—1920），韩国女性独立运动家，"三一运动"中被杀，被人誉为"韩国的贞德"。

SS-079"洪范图号"——洪范图（1868—1943），韩国独立运动家，独立军将领，在中朝、苏朝边境坚持武装抗日。

SS-081"李范奭号"——李范奭（1900—1972），韩国独立运动家，韩国光复军参谋长、韩国第一任内阁总理，他同时也是中国云南讲武堂的杰出毕业生。

SS-082"申乭石号"——申乭石（1878—1908），抗日义兵将领，18岁起义兵抗日，30岁被害。

"KSS-III 级"潜艇

SS-083"岛山安昌浩号"——岛山安昌浩（1878—1938），纪念的是朝鲜独立运动家安昌浩，"岛山"是他的号。他1929年创立韩国独立党，为独立运动做出极大的贡献。韩国人尊称安昌浩为"韩民族独立之父"。

对于"KSS-III级"潜艇的后续三艘潜艇，韩国人也为它们拟好了名字：分别是孙秉熙、李东宁、李奉昌。其中，①孙秉熙（1861—1922），韩国独立运动家，东学道第三任教主、天道教教主。②李东宁（1869—1940），韩国独立运动家，参与了金九为首的"光复阵线"。③李奉昌（1900—1932），韩国独立运动家，在日本东京樱田门刺杀日本天皇裕仁未遂，被害。

当然，凡事总有例外，韩国军舰舰名中也有不是历史名人的。2007年下水的"尹永夏级"导弹巡逻艇，其命名就取自2002年在"第二次延坪海战"丧生的一名少校艇长——2002年6月29日，朝鲜和韩国海军舰艇在朝鲜半岛西部海域（即黄海）的延坪岛附近发生交火冲突事件，造成韩国方面6人死亡、19人受伤，1艘高速艇沉没，韩国虎头海雕357号的多位军官——包括少校艇长尹永夏当场阵亡。2015年6月24日上映的电影《延坪海战》，就是以这一战为背景。

南非战车：本国动物满地走

在20世纪七八十年代，在非洲各个殖民地争取独立的年代，南非却一度坚持白人至上统治，实行臭名昭著的种族隔离制度。自1977年起，联合国就对南非实施包括战斗机在内的各种武器的禁运政策，这一政策一直延续到了20世纪90年代初。在这种特殊的国家环境中，南非被迫发展出了许多很有特色，而且性能颇受好评的武器，比如南非的G6系列自行榴弹炮、"石茶隼"中型武装直升机、"号角"主战坦克、NTW反器材步枪、先进的空空导弹，甚至RAS-1、2、3、4型弹道导弹。

在南非的各型武器中，以本国的动物来命名，似乎是一大特色，而这其中，最有名的，大约要数"石茶隼"（Rooivalk）CSH-2型武装直升机。由于长期和周边国家的战争，南非过去进口的武装直升机，比如法国的"云雀"等，缺乏装甲，速度也不尽如人意，所以很快就消失殆尽，于是从1976年开始，南非就认为自己该研发一款专用的武装直升机。1986年，毕十年之功，南非公布了由法国"云雀Ⅲ"为蓝本发展出的阿斯特拉公司研发的XH-1型轻型武装直升机，1987年又推出了由法制"美洲山狮Ⅱ"（法国也爱用各种动物来为自己的武器命名）改装的XTP-1型武装直升机。虽然都没有量产，

> 南非"石茶隼"武装直升机

但毕竟为后面的研发奠定了基础，而在南非专门研究武装直升机时，当时世界上最成功的武装直升机 AH-64 "阿帕奇"和意大利的 A-129 都成了南非的借鉴目标，而且其 8 吨左右的起飞重量，灵活性似乎更胜一筹。这似乎很贴切"隼"这一动物的特色，既凶猛又灵活！1992 年，南非装备局宣布其自行研发的 CSH-2 型武装直升机投入生产时，震惊了世界，而且在相当长的时间内，其在世界武装直升机的排名方面，名列前茅。但和其他武装直升机最大的不同是，其产量只有 12 架，毕竟，南非本国需求量有限，而以南非的政治地位，要重型武器，实在是难上加难，虽然南非也是世界各大武器装备展上的常客。

南非除了研发了"石茶隼"，还"研制"了一款战斗机，即"猎豹"，其也是阿斯特拉公司研制的，是在法国"幻影Ⅲ"的基础上通过机身大幅度重新改造，更换大部分部件，改进飞控系统等而成，事实上，南非是在当时同样饱受国际社会制裁的以色列的帮助下研发的。虽然是大改型号，或者说是派生型号，但南非在 20 世纪 80 年代能做到如此，已经非常难能可贵。要不是国策的改变，以此为契机，其后继自研型号肯定能发展出来。这让人不得不感叹，一型武器的发展，殊为不易，而一旦一项政策改变，就真的覆水难收。巴基斯坦曾在过去引进过 4 架"猎豹"，大约是因为其和装备的"幻影"Ⅲ系列通用，维护起来方便，价格又便宜吧！

而在以动物命名的武器中，南非的装甲车辆堪称是"群星荟萃"，简直就是南非的动物世界。主要有如下几种：

"大山猫"装甲侦察车，又被称为"狞"，是一种 8×8 轮式装甲侦察车，具有侦察、攻击和火力支援作用，采用南非丹尼尔公司（对，就是现在依然在各大防务展频繁展现身姿的那家南非防务公司，上面提到的阿斯特拉公司，貌似也融合到了该公司）的 GT4-76 毫米速射加农炮可用于反坦克和火力支援，还装备有 2 挺 MG4 机枪和 8 具烟雾弹发射器。"大山猫"的 76 毫米线膛炮主要是为了对付周边国家的 T-54/55 和 T-62 坦克的主装甲，能从各个角度击穿这些苏式坦克的装甲。而且备弹 49 发，且具备夜间作战能力，其最大公路速度可达 120 千米/小时，行程可达 1000 千米，能当坦克用，又矫捷无比，叫"大山猫"是真的名副其实。

G-6 "犀牛" 155 毫米自行火炮，丹尼尔公司研发和生产，安装在 6×6

轮式装甲车底盘上,该武器不但在南非服役,还出口到了阿联酋和阿曼等国。

"蜜獾"6×6轮式步兵战车,该战车被认为是世界上第一个服役的轮式步兵战车,目前在非洲和中东有13个国家使用,而南非就服役有500辆。而且该车还发展出了多种型号,可以配备炮塔、反坦克导弹、防空平台、迫击炮系统等,堪称多种用途。

"獾"8×8轮式步兵战车,是新一代的步兵战车,主要是为了取代老式的"蜜獾"步兵战车,也发展出了多种型号。

不过,凡事总有例外,南非有一款以"哈士奇"命名的探雷车,采用低压轮胎,能显著降低接地压强。车体也不大,但离地间隙很大,能有效降低地雷爆炸对乘员的伤害,连美国都很喜欢这款探雷车,进口了大约129辆。"哈士奇"原产地可不是南非,而是俄罗斯,又叫"西伯利亚雪橇犬",可是同阿拉斯加犬和萨摩耶齐名为"雪橇三傻",民间称呼阿拉斯加犬是"大傻",哈士奇是"二傻",萨摩耶是"三傻"。哈士奇又因为表情古怪,被人称为"二哈"。其实,这三种雪橇犬并不傻,他们拥有一副吃苦耐劳的筋骨,而且亲近人类,只是由于块头较大、精力旺盛,所以才显得憨笨可爱。以距离热带十万八千里的雪橇犬命名一款扫雷车,算是南非武器装备命名中的另类。

南非以一个中小国家的国力,能发展出如此众多型号的武器装备,殊为不易。而这些命名各异的武器装备,也仿佛非洲的动物特色一样,显示出其各自的特点,也为世界各国武器的命名增添了一抹亮色。

21 谁是战争之王
以设计师命名的武器

"在苏联兵工厂的所有武器中,没有一种像卡拉什尼科夫一样有利可图,定型于1947年,更多人俗称它为'AK-47',又称'卡拉什'。它是举世闻名的冲锋枪,战士们最喜爱的武器,高雅而简单的把9磅重锻钢与实木完美结合,它绝不会断裂、卡壳或过热。就算沾满泥巴和沙土一样可以正常开火。"

在好莱坞大片《战争之王》中,尼古拉斯·凯奇饰演的国际军火商尤里对苏联的Ak-47自动步枪爱不释手,该枪以其设计师卡拉什尼科夫命名。在全世界很多国家,武器的命名也都冠以设计师的名字,让我们深入战史,追寻这些让武器和设计师相得益彰的故事。

卡拉什尼科夫与AK-47

AK-47是世界上最著名的,产量最高的轻武器(另一款是"毛瑟"系列的栓动步枪,目前世界上有1亿把"毛瑟"98及其衍生型号),AK-47从1947年定型(这也是其大名出处,AK-47自动步枪,俄文:1947-год Автомат Калашникова,译文:1947年式"卡拉什尼科夫"步枪,

谁是战争之王 | 以设计师命名的武器

> 苏联枪王卡拉什尼科夫和他的雕像

> 苏联枪王卡拉什尼科夫和他设计的 AK-47

英文：AK-47 Assault rifle），其于 1949 年装备苏联部队。除了大规模装备苏军外，世界上有许多国家也都进行了仿制或特许生产 AK 系列，其中包括德国、捷克斯洛伐克、匈牙利、波兰、罗马尼亚、保加利亚、埃及、古巴、朝鲜等。AK-47 的设计思路也影响了以色列、芬兰等多个国家的步枪设计路线。按不同统计 AK 系列包括了未经许可的仿制品，产量从三千万到一亿不等，是世界上历来累积产量最多的枪械。

卡拉什尼科夫曾说："我研发这件武器是为了保家卫国、对抗法西斯，我的一生全部奉献给了国家。"不过，他拥有一家德国公司百分之三十的股份（使用卡拉什尼科夫的冠名权，然后获取提成），此公司由其孙子运营。这家公司生产并销售以卡拉什尼科夫为商标的伏特加、雨伞和刀具。所以，真的，他没从 AK-47 的发明上赚到一分钱，原因很简单，苏联没有给他专利。直到 1991 年苏联解体，卡拉什尼科夫只是苏联政府部门的一位职员。

虽然没有从设计的枪中赚取一分钱，但 AK-47 是世界上最成功的一款轻武器，死在 AK 枪口下的人，比死在炮火、空袭加在一起的还要多。据统计，每年有 25 万人死于 AK 下，也让 AK-47 成了杀伤最多的步枪。目前已有 20 个国家制造过 AK-47，苏联已经不再生产，但其数量巨大的存货以及衍生型号遍布全球。AK-47 是历史上最受欢迎的步枪，莫桑比克甚至将其印在国旗上。如此受欢迎的 AK 自然也少不了与其配套的各种配件，比如握把、枪托、扳机、导轨和各种瞄具，尤其很多人不喜欢用 AK 原装瞄具。与 AR-15 非常相似的是，AK 已经脱离了邪恶的人机功效，摇身一变成了一把更战术、更顺手的现代化武器。AK-47 是历史上数量最多的非法买卖，以及使用数量最多的枪支。从索马里海盗到本·拉登，AK-47 的形象毫无疑问成了经典的"反派枪"。任何一部 80 年代的电影，大部分的反派都用着 AK-47。

因为 AK-47 太有名了，所以卡拉什尼科夫也获得了"世界枪王"的称呼。但这样一位枪械设计大师，却没有上过大学。1919 年 11 月 10 日，他出生于哈萨克斯坦阿拉木图远郊库利亚的一个小自耕农家庭，并且只读了当地的 10 年制学校，相当于中国的初中毕业。1938 年，19 岁的卡拉什尼科夫应征入伍，在基辅服役。因为对机器与生俱来的兴趣，所在连队的连长推荐卡拉什尼科夫前往军械技工技术训练班学习，经过 3 个月的培训，卡拉什尼科夫又被保送到坦克驾驶学校学习，服役期间他设计过一种通过惯性旋转计数原理记录坦克机枪射击子弹数量的装置，又设计过一种坦克油耗计和新履带并获过奖，于是他又在 1939 年冬被派到列宁格勒工厂，担任他所设计的坦克装置生产的技术指导。后来已经证明 Mp-44 的设计师雨果-施梅瑟，战后"协助"过卡氏的工作。

1941 年 6 月 22 日苏德战争爆发，他曾作为一名坦克指挥官在军队中服役，在 1941 年 10 月严重受伤。当卡拉什尼科夫在医院疗伤时，伤员们常在一起谈起前线德国人使用的自动武器。于是有了设计自动武器的念头，他还让护士把医院图书馆所有关于轻武器书籍找来阅读，其中一本费德洛夫的著作《轻武器的演进》对他有很大的启发。回家养伤期间他设计出第一支原准备与当时的 PPSh-41、PPS-42/43 竞争的冲锋枪，结果名落孙山，但引起了苏联的注意。他在 1943 年被推荐进入正规学校并被分配到武器试验场担任技术员。

1944年卡拉什尼科夫根据7.62×39毫米M43中间型威力枪弹设计了一支卡宾枪。他设计的闭锁机构日后成为"卡拉什尼科夫"系列枪械的核心。在1947年，他在这种卡宾枪的基础上改进了突击步枪，即著名的AK-47，样枪在比较测试中显示了极高的可靠性和有效性。

1949年AK-47突击步枪成为苏联军队的制式武器，当年卡拉什尼科夫28岁。卡拉什尼科夫被调到了生产AK-47步枪的伊热夫斯克军工厂，继续设计轻武器，相继开发出一系列的轻武器装备苏联军队。他改进了AK-47最终定型为AKM，并在1959年开始装备苏军。他在AKM的基础上发展了一系列班排用机枪，著名的有RPK，还有根据AK-47突击步枪的工作原理所设计的PK通用机枪。在卡拉什尼科夫后期的职业生涯，他设计的AK-74小口径突击步枪以及RPK-74再次成为苏联军队标准制式武器。

在本·拉登流传颇广的一张照片上，他的身旁摆放着一支AK-74（AK-47的改良版），这是卡拉最不愿看到的场面。他曾说过："我很想问，我的枪是怎么到拉登手上的。"晚年的卡拉生活简朴，作为退伍军人，他住在乌德穆尔自治共和国的一套两居室里，生活条件很一般。西方记者曾经询问他："如果您在西方，早就因为这项专利成为大富翁了。"卡拉回答道："我当时研究它是为了消灭纳粹法西斯，保卫祖国，根本没有考虑过靠它赚钱。我已经得到了应有的荣誉，家乡甚至为我建立了一个铜像，还为我建立博物馆，我很满意。"1999年是卡拉80岁的诞辰，时任俄罗斯总理的普京亲自前去道贺，并授予了他中将军衔。暮年的卡拉回忆往事时，并未因发明AK-47而后悔。他经常说："枪械本身无罪，扣动扳机的人才有罪。"即便如此，老人仍对AK-47造成的数百万死亡感到一定程度的歉疚。他曾说："早知道政治家会如此滥用我的发明，我宁可发明一台剪草机。"

是的，卡拉什尼科夫几乎是和苏联的轻武器设计捆绑在一起的。虽然其设计了一系列的轻武器，但人们最熟悉的，依然是AK-47！

斯通纳与M16

如果说有一款轻武器能和AK-47齐名，那么，就非M16莫属，如果说

AK-47代表着皮实耐用，那么M16就代表着精准，如果说AK-47代表着火力，那么M16就代表着杀伤力，如果说AK-47代表着廉价，那么M16就代表着等级！如果说AK-47代表着后坐力，那么M16则代表着舒服射击，而在电影世界，如果说AK-47代表着邪恶，那么似乎M16就代表着正义，当然了，这主要是电影世界，美国也是当之无愧的世界老大！所以，那些美国认为的邪恶国家自然只能使用AK-47。由于美越战争初期M16的实验型号出现各种后勤保障问题导致的枪支使用效果不佳的情况，在改进后，M16很快发展出了各种衍生型号，尤其是可以用作狙击步枪和"精确射手步枪"使用，还可以用于远程火力支援。这使得其无愧于一款优秀的轻武器。这主要是其可以加装各种附件，比如瞄准镜、榴弹发射器等。

  M16步枪是世界上最普遍生产的5.56×45毫米步枪。当前，M16/M4系统在15个北约国家和全世界80多个国家使用。美国和加拿大（迪马科C7）总共生产了800万支枪，大概有90%还在使用。除军队外，M16系列也被许多特警队、私人保安机构等组织所采用。

  和卡拉什尼科夫一样，大名鼎鼎的枪械大师斯通纳也是个没有受过大学教育的设计师（这不是学生读者不好好学习的理由哦，毕竟时代背景不一样），斯通纳，1923年11月出生于美国印第安纳州，高中毕业时，由于家里供不起上大学，只能进厂做工，做工时，迷上了枪械设计。1940年时，他以优异的成绩被当时的维加飞机公司，即现在的洛克希德飞机公司录取。而由于二战的爆发，斯通纳也一腔热血地参军了。由于在维加飞机公司一年的学习，其对飞机设计特别感兴趣，甚至还学会了驾驶飞机。所以得知被分配到海军陆战队加利福尼亚艾尔托罗航空站时，他欣喜若狂，因为正是在这里，作为一名飞机军械士，他对飞机的各种机枪和机炮特别熟悉，为其后来从事枪械设计奠定了很好的基础。

  战争结束，斯通纳带着荣誉退役，先后在几家飞机公司工作，但并未放弃自己在部队的兴趣爱好——枪械，1954年时开始应聘到加利福尼亚的一家公司担任射击比赛武器和救生步枪的设计师，正式开始了他的枪械设计生涯，开始为美军设计武器，并生产了他设计的第一款武器——AR-10自动步枪，可惜没有被五角大楼采用。后来斯通纳得知美国陆军正在为5.56毫米口径弹药设计一种步枪时，其将 AR-10 按照比例缩小，设计了 AR-15，这其实就是后来的 M16。M16 步枪是世界上首支高速军用步枪。它的装备标志着枪械进入了一个新的发展时期。除了重量轻、携带方便的优点外，小口径步枪还具有后坐力小、初速高、弹道低伸、节省原材料、降低生产成本等优点。

1963 年，斯通纳又推出了积木式枪，也就是"斯通纳枪族"。据说，该枪的背后还有个故事。有一次，斯通纳到幼儿园接孩子。他被孩子玩积木的情景迷住了。斯通纳想，枪是不是也可以用一种部件为基础，换用不同枪管、枪托等部件，和搭积木一样组成不同枪种？经过努力，他终于试制成功了这种积木式枪，即所谓的"斯通纳枪族"。因为这种枪便于大批生产，适应了部队装备通用化、系列化要求，因而深受各国军队的青睐。这期间，斯通纳还为简化枪械设计、减少枪械部件设计了"斯通纳"86（Stoner86）轻机枪。他推出的"斯通纳枪族"更是深受一些国家军队的青睐。除 M16 外，斯通纳还设计了"斯通纳"枪族、"阿雷思"轻机枪、供步兵战车用的射礼步枪。从 5 毫米到 155 毫米的枪炮弹药。斯通纳设计的 SR-25 步枪、SR-50 步枪的名称中"SR"就是"StonerRifle"（"斯通纳"步枪）一词的缩写。

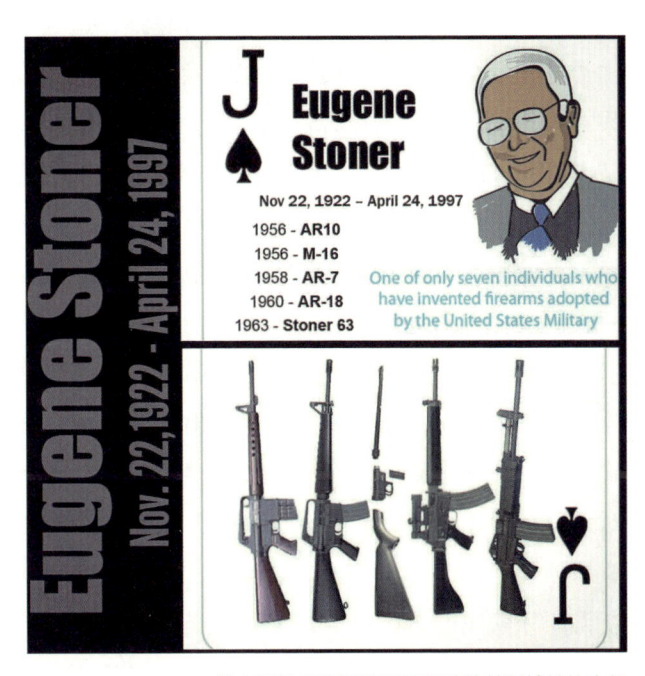

> 英文版关于斯通纳和他设计的美制枪械的介绍

> 斯通纳和卡拉什尼科夫"东西方枪王双雄会"

乌齐与"乌齐"冲锋枪

许多轻武器发烧友对乌齐冲锋枪耳熟能详,但对其设计师,恐怕就没有那么熟悉了。熟悉以色列历史的人都知道,建国初期的以色列被周边国家围着打,但愣是没被打趴下,反而越打越强,这其中既离不开这个民族聪明的优秀基因成分,也和其英勇善战以及外部的支持有莫大关系。而以色列的新兵在去哭墙宣誓时,身后背的武器,总是一把"乌齐"冲锋枪。既是因为这是以色列人设计的武器,也是因为这款优秀的武器,救以色列于危难之际。

而其设计者,也是一名现役军人,即乌齐·盖尔,也是1923年生人,世界三大枪王的年龄都差别不大,其中卡拉什尼科夫最长,1919年出生,另外两人同龄。但斯通纳1996年就去世了,乌齐2002年去世,反而是最年长的卡拉什尼科夫,2013年才去世,享年94岁,绝对的高寿。

乌齐本名戈特哈德·格拉斯,出生于德国,格拉斯在很小时,父母就离异,但格拉斯生活的农场有许多古董,也包括各种老式枪械,这使得格拉斯对武器有特殊的癖好。格拉斯10岁时,德国纳粹党夺取政权。格拉斯的父亲意识到了德国不再适合犹太人居住,于是在犹太复国思想的感召下,1933年获得国际联盟的移民批准,来到了当时巴勒斯坦的港口城市海法的亚古尔农场。而同年,格拉斯所在的犹太人学校也被迫迁移到了英国的肯特,三年后,格拉斯追随父亲，也来到了亚古尔农场，并且去了一个新的名字——乌齐·盖尔，意思是"我的权利是主给的"。

年轻时的乌齐·盖尔不但是个武器迷，也是一个强烈的民族主义者，在他刚刚毕业不久就参加了以色列人的地下组织"哈伽拿卫军"，成为"帕尔玛"突击队中的一员，主要从事武器的维修工作。当时在英国托管下的犹太人受到很多限制，为了应对阿拉伯人的袭击，武器都要通过秘密方式获得。当时以色列人的武器可谓是五花八门，包括英国的"恩费尔"德步枪、"司登"冲锋枪，德国的Mp40冲锋枪等，还有一些是以色列人自己设计的稀奇古怪的武器。1943年，20岁的乌齐·盖尔在运送几支"司登"冲锋枪到以色列地下兵工厂的途中被英国巡逻队发现，并因此被判刑6年。对乌齐·盖尔而言，这是其一生中最黑暗的记忆，监狱里暴力横行，没有床，没有马桶，吃最差的饭菜，但是在监狱里乌齐·盖尔熟练掌握了很多机械加工技术，为后来"乌齐"冲锋枪的设计打下了坚实的基础。两年半以后，由于表现好，乌齐·盖尔被提前释放。

1948年5月14日，在犹太人宣布建立以色列国后不到24小时，五个阿拉伯国家的军队对这个新国家发动了大规模进攻，这就是第一次阿以战争。在战争期间，乌齐·盖尔在以色列北部参加了很多次战斗，由于表现突出，很快就被选去参加一个军官训练班。在训练班上，乌齐·盖尔首次向人们展示了他在亚古尔农场设计的冲锋枪样枪。凑巧的是，当时的教官迈耶·斯洛

> 乌齐冲锋枪之父乌齐·盖尔

> "乌齐"冲锋枪以短小精悍、利于近战著称

丁斯基早年也曾从事过武器的设计工作，看到乌齐的设计后，迈耶很快对这个天才的小伙子产生了浓厚的兴趣，在他的大力举荐下，1949年10月，乌齐·盖尔被吸收为冲锋枪研制小组的成员，从而有了一展才华的机会。在当时，由于以色列工业基础薄弱，加之面对沙漠作战环境复杂的难题，研制一支新的冲锋枪对年轻的乌齐·盖尔而言并不是一件容易的事。

以色列军方对新式冲锋枪的要求是：制造简单、坚固耐用、轻便短小、火力强大、防沙性高。据称乌齐·盖尔在研制"乌齐"冲锋枪过程中大量汲取了捷克M23、M25冲锋枪的设计思想，并参考了"司登"冲锋枪和BSA冲锋枪的设计经验。有意思的是，乌齐·盖尔在推出乌齐冲锋枪后曾受到过投诉，理由是"乌齐"冲锋枪是捷克M23的仿制品，乌齐·盖尔涉嫌抄袭，后来在经过对两支枪的对比分析后，结果一目了然，自然也就不了了之了。经过两年的研制和不断改进，乌齐·盖尔研制的冲锋枪最终战胜了由以色列人查姆·卡拉设计的冲锋枪，正式被以色列国防军采用。有趣的是，在冲锋枪设计成功后，命名时却发生了小小的争执，乌齐·盖尔最初将该枪命名为"UMI"，即以色列国首个字母的缩写，后在军方的要求下，才按乌齐尔姓氏希伯来语的缩写而简称为"Uzi"（乌齐），在我国也被译为"乌兹"。由于乌齐的巨大贡献，1958年，以色列总理大卫曾亲自为其颁发国家安全荣誉勋章，他也是以色列获得这项荣誉的第一人。

乌齐·盖尔的晚年一直在从事"乌齐"冲锋枪的设计和改进工作，先后与美国斯图姆鲁格公司等很多公司合作，生产了9毫米派拉贝鲁姆口径的Mp9冲锋枪、M201冲锋枪等很多变型枪。而"乌齐"冲锋枪，自从研制成功，不但装备了以色列部队，而且遍布全球。"乌齐"冲锋枪后来又有微型和微微型各种改进型，它们深受防暴部队和特种部队的喜欢，是他们得心应手的武器，在许多国家已家喻户晓。

以设计局总师命名的苏联和俄罗斯飞机

对于国人而言，苏联的飞机设计大户，比如米格设计局、苏霍伊设计局、安东诺夫设计局，都是耳熟能详的，如果不熟悉这些设计局，最起码知道这些设计局设计的大名鼎鼎的产品，比如米格设计局的米格-15、米格-21、米格-29，苏霍伊设计局的苏-27、苏-30、苏-35，安东诺夫设计局的安-12、安-124、安-225等,而图波列夫设计局,则有大名鼎鼎的图-16,图-95、图-22、图-142等。

这些各种型号的飞机，都是以其创建者的名字来命名的，而各个设计局的创建者，往往都是各个领域的"大咖"，这就导致其设计特色会保持很久，比如，在战斗机领域，米高扬、古列维奇设计局和苏霍伊设计局擅长设计战斗机，而图波列夫设计局以轰炸机和加油机以及运输机为擅长，安东诺夫设计局以运输机和加油机为特长，米里设计局和卡莫夫设计局则专注于各种直升机的设计，而卡莫夫尤其擅长反潜直升机的设计，伊留申设计局则专注于运输机、轰炸机、强击机的设计，而雅克夫列夫设计局则擅长垂直起降战斗机、教练机以及轰炸机的设计，别里耶夫设计局则特别擅长水上飞机的设计，拉夫契金设计局则擅长歼击机以及无人机的设计，米亚西谢夫设计局则擅长战略轰炸机，后来更是以航天器的设计闻名于世。

如此众多的设计局非常有苏联特色，也影响到了后来的俄罗斯。这首先和苏联的体制有关系，苏联的军工体系因为分工明确，因为投入的资金和技术众多，导致苏联的飞机设计尤其是军用飞机设计，在各个方面全面发展；也是苏联当初因为战争，因为要在各个方面赶超西方发达国家，所以以某个技术突出的专业人才为骨干，迅速搭建一个最专业的平台，然后在这个领域获得突破性进展，进而以某个型号为起点，技术进一步升级演化，进而在某个领域形成最资深的代表，如果这个设计局一直保持体制对其投入，就很容易一直持续良性发展，而一旦体制发生变化，比如苏联解体，就导致了许多设计局要么关门，要么合并，甚至被其他国家相关企业兼并。

另外，苏联的飞机命名，基本都是分作三部分，第一部分是设计局名称的简写，比如苏霍伊，简称"苏"，以此来表明是那个设计局设计的，简单地说，苏霍伊设计的飞机，都是以"苏"打头，米高扬和格列维奇都是以二位设计师的简写打头，卡莫夫设计局的产品都是以"卡"开头，如此这般。虽然这些设计局后来往往进行了改组重建，比如苏霍伊设计局成了苏霍伊航空联合体，图波列夫设计局再加上其他工厂组成了图波列夫航空联合体等,但命名方法却一直延续至今。

第二部分则是设计序号，由阿拉伯数字组成，如米格-9、米格-15、米格-21、米格-29等等，基本一眼可以判断出这款飞机的序列、设计时代、技术水准等。而且苏联的体制，战斗机（歼击机和截击机）往往使用单数序列号，而其他飞机，比如轰炸机、运输机、教练机往往使用双数序列号。比如图-16、图-22、图-160、安-2、、安-22、安-74等。而以4结尾的往往是民用型号，如图-134、图-144、图-154等。

第三部分则是俄文字母构成的改型标号。如 п 表示装有搜索跟踪雷达的全天候型，Ф 表示加大推力型，М 表示经过改装，Б 表示改型为强击或轰炸用，Р 表示改型为侦察机用，С 表示设有附面层吹出装置等，К 表示多用途。俄罗斯出口印度的苏—30м к и（或英语MKI）战斗机的最后一个字母"и"是俄文"印度"的第一个字母。

虽然首任设计师奠定灵魂，而且后来带出来的学生在技术方面有很强的延续性，但后续的发展也往往和后来的设计师有关，这方面，苏联的体制其实也和今天许多民营企业一样，比如苹果公司，比如希尔顿酒店，而苏联的这些不足百年的老店，可能也会在拼尽全力后，一直延续下去，也许会在等待中取得新的成绩。

> 苏霍伊设计局首任总设计师帕维尔·奥西波维奇·苏霍伊的雕像

舰船上的"伐木工"和"克格勃"

20世纪60年代末，苏联国防部科研所围绕以自动化指挥提高作战编队中舰载和无线电设备武器的作战使用问题进行了研究，苏联红海军舰载作战指挥信息系统的研制由此初露端倪。无巧不成书的是，负责研制该系统的总设计师是乌里扬诺夫斯克"火星"设计局的瓦列里·德米特里耶维奇·巴达耶夫，他毕业于莫斯科林业技术学院计算机系，由于苏联总设计师在装备命名中掌握较大的话语权，结果，巴达耶夫设计的舰船作战信息指挥系统都被赋予了与森林、林木相关的名称。

70年代初，巴达耶夫研制出了专供重型巡洋航母舰的新一代作战信息指挥系统，命名为"林荫道-2"，其试验样机被装备在"基辅"号重型巡洋航母舰上，1976年顺利通过了实验，而后列装海军。到了苏联第三代水面战斗舰艇用作战信息指挥系统，由于使用了电子元器件而使技战术指标得到提高，自动化程度也有所提高，1980年进行国家试验，该系统后来定名为"伐木工"系统。它采用基于以太网计算机分布式网络系统，可以自动接收本舰、编队及岸上指挥所信息，生成战场态势信息，对编队舰艇、飞机进行控制，为舰载武器提供火控支持，系统最多可以支持9艘舰艇组成的编队（包括35个飞行器），最多可以同时处理256个目标，在载舰战术工作站最多可以同时显示60个目标。

在总设计师巴达耶夫的影响下，苏联舰载指挥信息系统几乎被林业词汇

> 苏联红海军"基辅"号航空母舰

所垄断，先后出现了"林荫路"系统、"伐木工"系统、"林木采伐区"系统。当然，装备在军舰上的这些系统，并不是在森林里砍伐树木，而是在大洋上"劈波斩浪，开路前行"。

苏联舰载武器装备命名中的笑话，并没有止步于此。当苏联航母服役后，为了解决舰载机升降移动问题，涅瓦设计局的天才设计师科甘设计了一套MCT-3飞行器机械化运输系统，这是三条铺设在机库甲板上的转移航空器的轨道系统，每条轨道长120米。该系统除了转运轨道，还包含强大的牵引电机，可以让航母的机库里不用巨大的牵引车就可以移动飞机，以免飞机和牵引车在封闭的机库里工作时排出燃气污染。除了设计MCT-3外，设计师科甘还为苏联海军设计了许多复杂的、不同寻常的舰上特种机械装置。

很多舰载机械设备的名字都是由科甘本人确定的，其中，一种用于维护飞机和直升机用的起重装置被科甘命名为"KGB-1500"，名称写进了所有的舰船文件中，包括合同的明细表。很容易让人联想到苏联著名情报机构"克格勃"的缩写。然而，设计师科甘本人却并不这么认为，他给出了这个缩写词的两个解读方案："载重量1500千克的舰载货物滑轨"，"舰载货物滑轨"几个俄文单词的首字母加在一起正是"KGB"；或者"科甘·格里戈里·鲍里索维奇"，其首字母合在一起，也正好是"KGB"。

三百六十行，行行出状元
以职业命名的武器

职业是人类社会精细化分工的产物，从古代社会的士、农、工、商，到现代社会的律师、医生、警察、消防员等，都是职业分工的体现。有趣的是，在各国武器装备命名体系中，有些武器恰恰是以一些耳熟能详的职业名称来命名的。

飞翔的"海盗"

F4U战斗机是美国钱斯沃特公司二战中研发的一种螺旋桨战斗机，该战机的外号是"海盗"（Corsair）。从1940年首架原型机出厂，至1953年最后一架量产交付，"海盗"前后生产13年，创下了美国螺旋桨战机生产史上量产时间最长的纪录。战争时期，钱斯·沃特公司曾授权固特异飞机公司、布鲁斯特飞机公司生产"海盗"式战机，后两者生产的FG、F3A战斗机也被认为是"海盗"式战机。

"海盗"战机加速性能好，火力强大，爬升快，坚固耐用，是美国第一种时速超过640千米的战斗机，也是速度最快的活塞式战斗机之一。"海盗"战机最初打算作为美国海军主力舰载机使用，但由于降落安全性问题，其早期型号惨遭美国海军拒绝，美国海军陆战队勉为其难地当了"背锅侠",把"海盗"用作陆基战斗机。直到中期型号解决了着舰问题后,"海盗"才登上了美军航空母舰,与格鲁曼公司的F6F(外号"地狱猫",又称"悍妇/泼妇")一起,成为二战后期美军的两大主力舰载机。

"海盗"战机最早部署在所罗门群岛战区,其后转战南太平洋、菲律宾、冲绳岛等地。二战结束后,据美国海军统计,"海盗"的击落比率为11∶1,即每击落11架敌机才有1架被击落,部分日本飞行员认为"海盗"是二战中美军最强悍的战机。

实际上,"海盗"在太平洋战场的战斗岁月是相对轻松的,当它下场之时,日本海军有经验的舰载机飞行员已经损失殆尽,零式战机在美军新型大马力战机面前,也是只有招架之功而无还手之力。尤其是1944年10月,随着贝里琉岛战役接近尾声,日军战机回防本土,部署在南太平洋地区的美军战机除了对地扫射和投掷炸弹,几乎没有空战可打,装备"海盗"式战机的美军

师出有名：武器装备的命名和外号

> 二战美军"海盗"战斗机

第122中队，还多次客串"跨界大厨"，打着"战斗机氧气系统测试"的名义，利用副油箱把牛奶和可可粉带上天，利用高空低温制作冰激凌，简直奢侈到了令人发指的地步。

大产量的"农夫"

米格-19战斗机是苏联米格飞机设计局20世纪50年代研制的双发喷气式超音速战斗机，它不仅是苏联第二代喷气式战斗机，也是苏联量产的第一种超音速战斗机。北约给米格-19的代号是"农夫"（Farmer）。

机头进气的米格-19在今天看来确实像一位其貌不扬的空中农夫，但它刚刚问世时，可是性能出众的高手，具有极为出色的机动性，特别是在爬升率方面。米格-19爬升至1万米高度只需66秒，爬升至1.5万米高度也仅用3分30秒，而同时期的F-100"超级军刀"战斗机爬升至1.05万米高度，就需要将近4分钟。米格-19也有较出色的高空高速性能，其最大升限为1.75

> 米格-19战斗机

万米，可在万米高空以 1451 千米时速飞行。在美越战争中，美军的 F-4 "鬼怪"战机由于迷信"导弹万能论"，早早取消了机炮，结果被越南空军的米格 –19 压制得死死的，先后被击落多架。

游猎的"击剑手"

苏 –24 是苏联苏霍伊设计局设计的双座双发可变后掠翼多用途战机，北约代号"击剑手"（Fencer）。苏 –24 主要用以取代老旧的雅克 –28。它首次被派驻苏联国外的纪录，是在 1979 年派驻到民主德国的苏 –24B 型。在 1984 年派往阿富汗战场期间，苏 –24 更是得到了西方媒体的频繁报导。1989 年，苏 –24 曾少量出口至利比亚、伊拉克。直到 2004 年，还有数百架苏 –24 在俄罗斯空军中服役。

苏 –24 是一个战场多面手，除了携带传统的空对地导弹等武装进行攻击任务外，也可携带小型战术核武器，对纵深目标进行打击。最出名的任务之一，就是第一次车臣战争后的"斩首行动"。1996 年 4 月 22 日，车臣反政府领导人杜达耶夫使用海事卫星电话，且通话时间较长，被俄罗斯特别情报部门截获信息，通过全球定位系统精确定位杜达耶夫的位置，把数据传给了待命已久的空军部队，苏 –24 战机迅速起飞，向目标区域投下了两颗夺命导弹，杜达耶夫和 2 名保镖当场身亡。

部分苏 –24 也被改装为侦察机。2000 年 10 月 17 日，在美日"利剑 –2000"

> 苏联制造的苏 –24 战斗机

联合军演中，俄空军的 2 架苏 –24RM 型侦察机和苏 –27 战机一起，以低空编队掠过美国"小鹰"号航母，拍下了美航母的高清照片，害得不可一世的美国海军面上无光。

谜一样的"鞭答者"

米格 –23 战斗机是苏联米高扬 – 格列维奇飞机设计局 20 世纪 60 年代研制的一种可变后掠翼多用途超音速战斗机，1967 年 6 月 10 日首飞，1970 年服役。该机是设计师米高扬一生中最后一个亲自设计的项目，也是 20 世纪七八十年代苏联国土防空部队的主要装备。北约代号为"鞭挞者"（Flogger），意思是手持皮鞭行刑的人。

米格 –23 脱离了米格战斗机头部进气的传统设计，改为两侧进气，得以在头部安装大直径天线的火控雷达，实现了超视距攻击。值得一提的是，该机采用变后掠上单翼布局，飞行员可借助座舱里的操作手柄，使机翼后掠角在一定范围内进行切换，包括用于起降与巡逻的 18 度 40 分，用于空战的 47 度 40 分和用于超音速与低空高速飞行的 74 度 40 分，以满足不同条件下对飞机气动布局的要求，但不具备类似西方飞机的无级后掠角调节能力。

"鞭挞者"的突出特点是飞行速度快，高空时达 2.35 倍音速，低空表速达 1350 千米 / 小时，且水平加速性好，有利于低空突防、高速拦截和攻击后脱离，在起落架后的机身两侧有接头，可装助推火箭以缩短起飞距离，作战半径可达 1160 千米。然而，"鞭挞者"的实战表现并不是太好，出口海外后，除了在安哥拉空战中击落过几架法制"幻影"F–1C 和"幻影Ⅲ"外，其他时候面对的都是大多具有代差优势的对手。比如，出口叙利亚的米格 –23，在贝卡谷地空战中遭遇了以色列空军的 F–15、F–16，先后被击落几十架；出口叙利亚的米格 –23，在锡拉德湾遇到了美国海军的先进舰载机 F–14 "雄猫"，当场被击落 2 架；出口伊拉克的米格 –23，在海湾战争中碰到了具有绝对优势的美国空军，被击落 5 架。总的看，"鞭挞者"的运气几乎衰到了极点。

当然，米格 –23 也有令人大跌眼镜的时候——令人啼笑皆非的是，它的惊世表现是在事故中发生的。1989 年 7 月 4 日，一架驻波兰苏军米格 –23 发

> 苏联制造的米格-23战斗机

生机械故障，飞行员斯库里金上校弹射逃生后，眼看就要坠毁的这架"鞭挞者"突然昂起机头继续爬升，继而又向着西南方向继续飞行900千米，飞越波兰、民主德国、联邦德国、荷兰、比利时5国领空，如入无人之境。美国驻欧空军如临大敌，驻荷兰索斯特堡基地第32中队的F-15紧急起飞拦截，直到进入荷兰领空之后，伴飞的美国空军飞行员才发现座舱中没有飞行员，于是一路跟随这架"鞭挞者"飞入比利时领空，战机最终因燃料耗尽坠毁在比利时，造成一名18岁男子死亡。后来，专家反复研究后，终于破解了这个谜团：这起事故是飞机加速器的线路突然关闭后，发动机的推力下降造成的；当飞行员弹射跳伞时，飞机受到震动后线路又被接通了。于是飞机继续飞行，如幽灵一般直入北约腹地，险些引发了冷战时期东西方两大阵营的一场"热战"。

战车中的"武士"

FV-510 步兵战车，是英国陆军的履带式装甲战斗车辆之一，早期项目名称为"80年代机械化战车"（MCV-80），正式列装后的外号是"武士"（Warrior）。

FV-510 加装附加装甲后全重 28 吨左右，属于重型步兵战车，装甲以铝合金焊接为主，能抵挡 14.5 毫米穿甲弹以及 155 毫米炮弹破片的攻击，标准搭载步兵 7 名，车组成员 3 名；车体中央一座双人炮塔，装备一门 30 毫米机炮和 2 具陶式反坦克导弹发射具。"武士"的改型包括 FV-511 装甲指挥车、FV-512 装甲抢修车、FV-513 装甲回收车、FV-514 炮兵观测车和 FV-515 炮兵指挥车等，并在 FV-510 的基础上强化沙漠战性能研制出"沙漠武士"（Desert Warriors）步兵战车，外销科威特 250 余辆。

FV-510 曾参与海湾战争、伊拉克战争和波黑维和任务，表现十分优异。在海湾战争、伊拉克战争期间，FV-510 都在车体两侧加装附加装甲，对于降低损失与乘员伤亡帮助很大。第一次海湾战争最后阶段的地面战斗中，英军第 7 装甲旅的 69 辆 FV-510 在经过持续 96 小时、300 千米的长途行军后，全部都能投入战斗，证实"武士"在沙漠环境下的可靠性极高。第一次海湾战争中，只有 3 辆 FV-510 在战斗中损坏，其中 2 辆是被美军 A-10 攻击机误伤所致，而来自伊拉克军队的攻击，始终没有伤及 FV-510 步兵战车的任何乘员。

在伊拉克战争中，FV-510 步兵战车在围攻巴士拉战役中遭到伊拉克军队顽强抵抗，损失了若干辆，最后仍攻下巴士拉，成功为随后北上的美军开了道路。一辆 FV-510 在敌阵中横冲直撞，虽然先后身中 14 发伊军 RPG 火箭，

> 英国生产的 FV-510 步兵战车

但仍能平安将伤员运返英军阵地，这辆"武士"的驾驶员后来获得英国女王颁奖表扬。

倒着开火的"弓箭手"

二战初期，英军的反坦克武器是步兵用的 2 磅火炮（口径 40 毫米）和 6 磅火炮（口径 57 毫米），结果部队刚上北非战场，就发现火炮威力不足，前线英军官兵哀求国内"赶快提供威力更强大的火炮"。当英军将 17 磅牵引式反坦克炮（口径 76.2 毫米）投入战场后，又发现牵引式的反坦克炮机动性很差，不仅贻误战机，撤出战斗也极不方便。为此，英军不得不着急上火地加紧研制一款能发射 17 磅炮弹的自行反坦克炮。

1942 年 7 月，英国维克斯公司以老式"瓦伦丁"步兵坦克（Valentine）为底盘加装 17 磅反坦克炮，1944 年初完成样车，并命名为"弓箭手"（Archer）自行反坦克炮。为了平衡庞大的 17 磅火炮的重量，"弓箭手"自行反坦克炮采用了"倒坐观音"式的火炮布置，火炮的方向固定为朝着车体发动机一侧，当车辆前进时，"弓箭手"的炮口始终朝着车体后部。再加上驾驶员的位置在战斗时后方，背向炮口。因而给了人们以驾驶员是在"倒着开车"的假象。然而，歪打正着的是，这种火炮布置方式有两条优点，一条是车体前部没有外伸炮管，全车的纵向平衡易于布置；另一条是便于迅速撤离阵地，实行"打了就跑"的战术。

"弓箭手"自行反坦克炮从 1944 年 3 月开始装备英军，主要列装英军装甲师的反坦克营，由于服役较晚，"弓箭手"未能赶上诺曼底登陆作战，不过，它参加了从 1944 年 10 月以后盟军在欧洲的各次战斗，特别是在解放法国西北部的战斗和意大利战役中，发挥了较大的作用。由于它的穿甲威力较大，有一定的机动性，很受英国前线士兵的欢迎。

到二战结束时，"弓箭手"共生产了 665 辆。战后，这款自行反坦克炮继续在英军中服役，一直到 20 世纪 50 年代中期。其后，有部分"弓箭手"自行反坦克炮提供给埃及等国的陆军，并参与了第二次中东战争，对自己曾经的主人——来自英国的伞兵部队大打出手。

> 瑞典研制的"弓箭手"榴弹炮

无独有偶，瑞典博福斯公司20世纪70年代研制的155毫米FH-77BW榴弹炮，外号也叫作"弓箭手"。该采用沃尔沃A30D式6×6铰接式卡车底盘、52倍口径155毫米身管火炮，具有自主作战能力、纵深精确打击能力、快速反应能力。

"弓箭手"运载车采用"沃尔沃"A30D 6×6全地形越野载重卡车底盘。卡车上安装有6缸涡轮增压柴油发动机，最大功率245马力（2700转/分）。它的最大速度75千米/小时，越野速度45千米/小时，标准油箱可装225升燃油，最大行程500千米，爬坡度22度，涉水深1.2米，战斗全重26吨。可用空客公司的军用A-400M运输机进行远距离战略投送。"弓箭手"的传说，似乎还要流传下去。

自行火炮中的"教会人员"

在信奉天主教、东正教的国家,主教、牧师、司事、修道院长等,都是教会中的专属宗教职位。然而,这些宗教职位名称,却成了英军多款自行火炮的专属名称。

"主教"式自行火炮(Bishop)。和"弓箭手"自行反坦克炮一样,这也是一款使用"瓦伦丁"坦克底盘的英国自行火炮。1941年8月由伯明翰铁路运输和货车公司研制,实际上是把QF25磅加榴炮(87.6毫米)改装在了老式的"瓦伦丁Ⅱ"型坦克上,炮塔被更换为一个拥有一个很大后门的四方形固定战斗室。这种"急就章"的结果,是"主教"式变得很高,给沙漠作战带来了一些麻烦。火炮的最大仰角只有15度,射程只有5900米,比牵引式QF25磅加榴炮缩水了一半。为了提高射程,乘员们不得不在地面上架设人工坡道,并让坦克停在上面,使得车体倾斜,从而获得更大的射程。由于"主教"

> 二战英军装备的"牧师"自行火炮

> 英军曾装备的"修道院长"式自行火炮

存在诸多缺点，导致它只生产了100辆就停产了。

"牧师"式自行火炮（Priest）。这是美军在二战时研发的M7自行火炮。其战斗全重近23吨，乘员7人，主要武器是1门M2型105毫米榴弹炮，最大射程约11千米；辅助武器是1挺12.7毫米机枪；车辆最大速度为42千米/小时，越野速度为24千米/小时。1942年夏季，美国按照"租借法案"，向北非英军提供了90辆M7自行火炮。当它进入英军服务时，英国人便给它起了"牧师"的称号。这是因为它拥有一个像布道坛般的机枪手位置，同时，也为了沿袭英军"主教"式自行火炮的名字。这一命名，也奠定后来英军以教会职务名称为自行火炮命名的传统。

"牧师"自行火炮参加了1942年11月的阿拉曼战役，在北非战场中取得极大成功。英军在反攻时，发现"牧师"不仅能提供步兵间接火力支援，还可以水平发射大量的烟幕弹掩护坦克冲锋，这一战术降低了盟军装甲部队攻克敌军沙漠预设阵地的伤亡率，加快了北非德意军队的覆灭。截止北非战役结束前，英军共接收了828辆"牧师"。

"司事"式自行火炮（Sexton）。继"主教"和"牧师"之后，英军鉴于"牧师"产能不足，向美国和盟友求援，希望获得一款以美军坦克底盘为基础、以英军25磅加榴炮为武器的自行火炮。加拿大陆军工程设计分会便按照英军要求，以美军M4A1"谢尔曼"坦克的底盘为基础，于1942年6月研制成功原型车。英军测试后非常满意，将其命名为"司事"（教堂内的神职人员）。1943年夏，英国政府接收了300辆"司事"式自行火炮，逐渐用它取代了英军中的"主教"和"牧师"，先后参加了英国第8军在意大利的战斗、诺曼底登陆、法国解放战役和在东北欧的战斗。

"修道院长"式自行火炮（Abbot）。这是英国20世纪60年代开始列装的FV-433型105毫米自行榴弹炮。由英国维克斯造船与工程公司研制，为了节约时间和成本，使用了当时的FV-430装甲车底盘，配备有一个可全向旋转的105毫米榴弹炮炮塔，1964年开始量产，到退役时共生产了166辆。"修道院长"式自行火炮与美国的M109、法国的AMX-13-F3等属于同期型号，长期作为战后英国陆军主力自行压制火炮，后被AS-90自行火炮取代，英军自行火炮也总算摆脱了以宗教职务名称命名的习惯。直到今天，印度陆军中似乎仍有部分"修道院长"在服役。

你是矛来我是盾
针锋相对的武器命名

武器装备命名的最初功能是标识，后来逐渐衍生出炫耀、威慑等传播性意图。由于国际军事斗争的客观存在，敌对双方对同一武器装备的命名，往往是截然不同的，由此就产生了武器装备命名中的"对立"甚至是矛盾现象。

北约代号的"爱憎分明"

北约代号（NATO Reporting Name），是冷战时期北大西洋公约组织给敌对国家军事装备所起的编号与命名号。北约之所以给对手武器装备"上户口"，并不是出于什么好心，最开始是对手出于保密原因，不公开新型武器装备的真实型号，北约为了作战识别需要，确保北约内部使用不同语言的军事单位之间能正确地沟通，自行安排了一套命名体系。随着时间的发展，北约代号的影响力逐渐从内部标识走向外部认可，很多国家标识武器装备，都以北约代号作为重要参照，导致北约之外的一些武器装备的"本名"反倒无人知晓。

北约代号的出现，某种程度上可以视为西方国家对国际军事话语权的操纵和垄断。从已经公开的北约代号看，确实有便于识别的成分在内，比如，北约按照英语国家的习惯，给对手战机标识的第 1 个字母，与该机机种英文词的第一个字母相同：B 代表轰炸机，C 代表运输机，F 代表战斗机，H 代表直升机，M 代表其他飞机。某型飞机绰号单词中头一个字母所代表的用途，必须和该机主要用途相同。北约给苏联米格 –29 战斗机起的名字，就是字母 F 打头的"支点"（Fulcrum），其词头 F 正好代表战斗机。这样做的好处是一目了然、便于记忆，流传度也因此非常广泛。

但另一方面也要看到，北约对敌对政治集团或潜在对手的武器装备进行命名时，往往带有强烈贬义色彩的词汇。或者，采用带有弱化、丑化的词汇，以达到贬低对手武器装备性能的目的。比如，北约将苏联的雅克 –14 滑翔机称为"母驴"（Mare），雅克 –32 教练机被称为"螳螂"（Mantis），米 –6 直升机被叫作"吊钩"（Hook），安 –2 运输机被叫作"小马"（Colt），波 –2 轰炸机被称作"雄鹿"（Buck），一代名机米格 –15 被蔑称为"柴捆"（Fagot），米格 –21 战斗机则被叫作"鱼窝"（Fishbed），SS–21"圆点"短程战术导弹被安上了一个更恶心的名字——"圣甲虫"（Scarab）。或者，采用诡异、灾难等贬义词汇加以过分宣扬，以造成某种恐慌或类似威胁论的舆论氛围。比如，如北约称苏联图 –22M 轰炸机为"逆火"（Backfire），称图 –82 轰炸机为"屠夫"（Butcher），1976 年正式部署 SS–20 固体机动中程弹道导弹本来的名字叫"少先队员"（Pioneer），北约非要给人家起一个名字叫"军刀"（Saber），等等。

北约对苏联武器装备的命名，有时简直到了"为黑而黑"的地步。1965 年，苏联著名直升机设计师卡莫夫设计了一种多用途直升机卡 –26。这是一种双桨对转共轴式轻型多用途直升机。当时的北约毫不犹豫地给了它一个绰号"恶棍"（Hoodlum）。然而，与这个绰号恰恰相反，卡 –26 只是一款普通的民用型直升机，是当时卡莫夫设计局根据苏联民航局提出的农业直升机的要求研制的。苏联解体后，俄军内部对米 –28 直升机的昵称是"米老鼠"（Micky Mouse），形容其机首突出的雷达酷似米老鼠圆圆的鼻子，到了北约嘴里就成了"浩劫"（Havoc）；俄罗斯卡 –50 武装直升机本名叫"黑鲨"，北约则称呼为"狼人"（Hokum）。

北约代号对华约国家武器的贬低，大多数都是不客观的。1973 年，苏联卡莫夫设计局在卡 –27 直升机的基础上，设计出了专为消防设计研制的双发

师出有名：武器装备的命名和外号

> 苏联图-22M 轰炸机

> 俄军的米-28 直升机

通用直升机卡-32，北约很快给它起了一个绰号叫"蜗牛"（Helix）。然而，卡-32的性能却一点也不像是蜗牛——它具有昼夜全天候飞行的能力，可以当作吊车进行吊装建筑物和装备件的飞行，在外载达到5吨之多的情况下，航程仍能达到185千米。1983年5月11日苏联著名直升机女驾驶员叶利娅驾驶着一架卡-32用了不到五分钟的时间，爬升到了6001米的高度，接着她继续驾驶直升机在6552米的高空保持直升机的平飞状态，这两组数据都打破了当时的世界纪录。第二天，另一位苏联女驾驶员卡西娅驾驶着卡-32创造了以2分11秒爬升到3000米高度的世界纪录，当时卡-32的起飞重量达到了7吨多。此后，卡-32的飞行又多次打破了纪录。

在海军方面，俄罗斯海军的多款武器装备，也在命名上惨遭北约毒手。比如，俄罗斯海军1232.2型气垫登陆船，被北约命名为"贼鸥"（Pomornik），用的是自然界中60厘米长的笨鸟来命名。然而，这款气垫登陆船实际上是一个庞然大物，其俄罗斯本名为"欧洲野牛"，其排水量比著名的美军LCAC气垫登陆艇高出一倍以上，安装有5部大功率燃气轮机，最高航速可达63节，可运载3辆T-80坦克或8辆BMp-3步兵战车或10辆BTR-80装甲人员输送车，或140名海军陆战队和130吨货物。种种数据表明，这只"野牛"确实强悍，根本不是北约的"贼鸥"所能形容的。同样，俄罗斯1239型"海狮级"气垫导弹船被北约称为"秧鸡"（Corncrake），但它可是世界上最大的军用气垫船，满载排水量达1050吨，而且也是火力最强的军用气垫船，装备2座4联装SS-N-22舰舰导弹，1座SA-N-4舰空导弹发射装置，如果这样的战舰都被蔑称为"鸡"，北约的那些小型气垫船又该叫什么？

与贬低对手形成鲜明对比的是，美国在美制武器命名时，可是极尽溢美之词。美军的B-2轰炸机，具有强大的隐形和轰炸能力，能够执行高低空突袭和核打击任务。为了显示其重要地位，提高其威慑作用，美军特意为每架B-2轰炸机进行命名，命名规则为"州名+幽灵号"。21架B-2轰炸机的命名都是美国州名，此前也只有庞大的战列舰才有资格享受这样的殊荣。

不仅如此，美国在命名时还非常注重军事文化的传承。美军最新的F-35战斗机在命名时，不仅充分考虑海军和海军陆战队的意见，还向参与F-35项目的8个国家广泛征求意见，先后收到了各个国家提议的名字。美国空军、

> 俄罗斯海军 1232.2 型气垫登陆船外号 "北欧野牛"

海军都提议采用"闪电 II"名称，美国空军还提交了"龙卷风"（Cyclone）和"收割机"（Reaper）两个候选名称，美国海军陆战队则提出采用"喷火 II"或"野马"（Mustang），英国提出的名字是"狂暴"（Fury），澳大利亚提出叫"鬼怪"（Phantom），加拿大和美国海军陆战队提出叫"蝎子"（Scorpion），土耳其提出叫"天空统治者"（Skyruler），荷兰提出叫"黑曼巴"（Black Mamba，非洲毒蛇），丹麦提出叫"派阿萨"（Piasa，食人鸟），经过再三遴选，最终还是选择了响亮的"闪电 II"，既是为了纪念美军二战时的一代名机 P-38"闪电"，也是为了致敬英国盟友的"闪电"超音速喷气式战斗机。

北约给对手武器装备命名时的"毒舌"，和给己方武器命名时的慎重与褒扬，形成了鲜明反差，北约代号的政治倾向性由此可见一斑。从本质上说，北约代号命名体系就是一套军用识别符号，遣词用词根本谈不上什么客观性、科学性、准确性。

当"波塞冬"遇到"三叉戟"

"三叉戟"是一种多见于神话的双手用长柄兵器，据说是希腊神话中海神波塞冬的武器。在电影《海王》中，海神的三叉戟能够控制和召唤风暴，产生海啸、闪电或者冰雪，甚至可以利用水来传送到任何地方，甚至是外星球有水的地方。有意思的是，在海军兵器命名历史上，美国和俄罗斯围绕"三叉戟"和"波塞冬"较起了劲。

1971年9月14日，美国国防部批准了美国海军战略系统计划办公室申请的"潜射远程导弹系统研究计划"（ULMS），为了兼容于当时的"海神"弹道导弹发射系统，ULMS决定使用与"海神"潜射弹道导弹相同直径的发射管。该计划主要包括两个部分：① ULMS主要是对当时美国海军在役的C3"海神"（Poseidon）潜射弹道导弹进行改良，将其射程增加一倍，因此又称为"增程型海神"（Extended Range Poseidon，EXPO）；②研发一种全新型的ULMS II潜射弹道导弹，射程比ULMS再翻一倍，达到6000海里级（11112千米）。1972年5月，美国海军宣布将ULMS正式命名为"三叉戟（Trident）C4"，ULMS II则正式命名为"三叉戟II（Trident II）D5"。这也就是后来的"三叉戟"I型（UGM-96 Trident I）和II型（UGM-133 Trident II）。

从性能水平看，美制"三叉戟"是一款非常先进的潜射弹道导弹，其弹头用三级固体运载火箭发射，并用位于导弹前端的弹头母舱来散布弹头，使它们分别投向不同的目标。导弹又综合集成了惯性导航系统、天文导航和卫星导航，比大多数陆基弹道导弹命中精度更高，而它的洲际射程又可使导弹潜艇在大洋中几乎任何地方巡逻，而敌方很难搜索到。"三叉戟"导弹也因此成为美国"俄亥俄级"战略核潜艇的主战武器。

正常情况下，俄罗斯不会在武器命名上同美国亦步亦趋。但凡事也有例外，在美制"海神"（Poseidon）潜射导弹退役、"三叉戟"服役数十年后，俄罗

师出有名：武器装备的命名和外号

> 英国海军核潜艇发射的"三叉戟"潜射弹道导弹

斯突然也把"波塞冬"（Poseidon）作为其水下兵器的名字。2018年3月1日，俄罗斯总统普京在向联邦议会发表国情咨文时首次介绍了"波塞冬"多用途潜航器。据称，该无人潜航器是一种供无人水下航行器使用的新型水下武器，采用核动力推进，不仅可以无限期自主航行，还具有特比的机动性，最大潜深超过一千米，其水下每小时约200千米的速度任何鱼雷都赶不上，现有核潜艇的最大时速不过60千米，鱼雷为90千米，根本无法回击它的进攻。俄媒称"波塞冬"号还配备了最新一代声呐，确保在3D模式下看到水下环境和海底地形，还可以安装高分辨率摄像头。

俄国防部2018年7月19日发布消息称，俄罗斯将完成独一无二的"波塞冬"无人潜航器的试验研究工作，其能够毁伤航母和洲际距离的岸上基础设施。俄武装力量总参谋长顾问小组主任分析师伊戈尔·卡萨托诺夫对记者表示："'波塞冬'潜航系统技术参数证明了抗损能力。它独一无二的性能，可以使俄罗斯海军成功应对在大洋战区任何方向上的假想敌航母及舰艇打击群。"海军专家认为，通过几个"波塞冬"无人潜航器，就可以完全控制北冰洋的水下和冰下区域，任何外国潜艇都无法隐藏在北极冰层下悄然靠近俄罗斯海岸。

到底是美国"三叉戟"导弹凶猛，还是俄罗斯的"波塞冬"厉害？目前还没有最终答案，但有一点可以证实，新一轮的水下战略技术对抗已经拉开了帷幕。

坦克中的"南北军名将"

二战以后，坦克装甲车辆大多以著名军事将帅的名字命名，美国人尤其喜爱采用这种方法。美国坦克都有制式编号，如M26、M48、M60等，在其后往往还要加上著名将领的名字，比如M26"潘兴"、M48/60"巴顿"，等等。其中，美国二战时的中型坦克M3，是一个特殊的存在，它同时以美国两位著名的军事将领的名字命名，提供给英军、装有英国设计炮塔的M3坦克，称为M3"格兰特"（Gxant）中型坦克，其他大多数标准型M3中型坦克被称为"李"（Lee）型。这种命名方法，在世界坦克命名序列中也是非常罕见的。

"格兰特"和"李"，是两位美国将领的名字。格兰特，是指尤利塞斯·S·格兰特将军；李，则是指罗伯特·李将军。这两位将军均毕业于西点军校，名列西点军校"四大将"（另外两位是麦克阿瑟和艾森豪威尔），但两人的成长轨迹之巧合，简直可以写成一部小说：出身名门的罗伯特·李是西点军校的模范生，平民出身的格兰特则在西点劣迹斑斑（4年累计记过290次）；在美墨战争中，两人均立下战功；南北战争爆发后，格兰特将军是北军的总司令，而李则是南军的杰出统帅，在和格兰特狭路相逢之前，罗伯特·李对北军将领基本上是遇佛杀佛、见魔降魔，麦克莱伦、伯恩赛德和胡克先后被李打得惨败；而这两位在内战中交手之后，罗伯特·李硬是被格兰特拖入了消耗战泥沼，历时4年的美国南北战争中，以北军的胜利而告终。阴差阳错的是，多年之后，美国人竟将这对内战沙场上的老对手，攒在了M3中型坦克上，真有几分黑色幽默的味道。

除去格兰特和罗伯特·李，美军坦克命名序列中还有一对南北军名将。

M3轻型坦克以斯图亚特将军的名字命名。斯图亚特是著名的南军指挥官，指挥英明果断，重视侦察和情报收集，被李将军称为"军队的眼睛"。他善于侦察和突然袭击，屡建奇功。被晋升为南军少将，最终1864年的一次战斗中重伤身亡。中国人民解放军坦克博物馆就有M3"斯图亚特"轻型坦克的珍贵馆藏。

M4中型坦克以威廉·谢尔曼将军命名。谢尔曼既是格兰特军校时的同班同学，也是美国南北战争中北军的著名将领。1864年，格兰特东征罗伯特·李时，谢尔曼亲率3个军攻打佐治亚州，占领了亚特兰大，从侧后方给南军以毁灭性打击。格兰特当选美国总统后，谢尔曼于1869年初任陆军总司令。

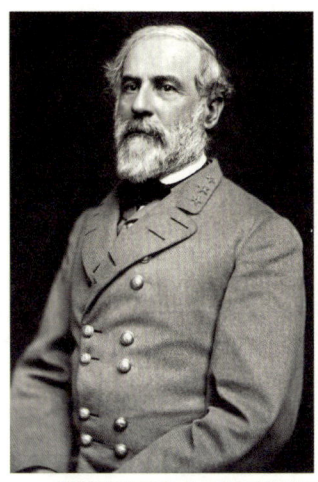

> 美国南北战争中的南军统帅罗伯特·李和以他的名字命名的 M3 坦克

> 美国南北战争中的北军统帅尤利塞斯·格兰特

> M3 "李将军" 式坦克（右）及 "格兰特" 将军式坦克（左），留意两者炮塔的分别